数字经济与未来传播

第一辑

内容电商与传播

杨 吉 主编

内容电商直播：知识变现的中转与迭代　　洪长晖　卓紫艳

内容电商高校人才培养机制研究　　赵礼寿　马丽娜

当前我国内容电商的规制架构与合规要点　　杨 吉

内容电商的升维与突围　　卢 佳

论直播电商内容创新的五大策略　　李新祥　韩雨洁

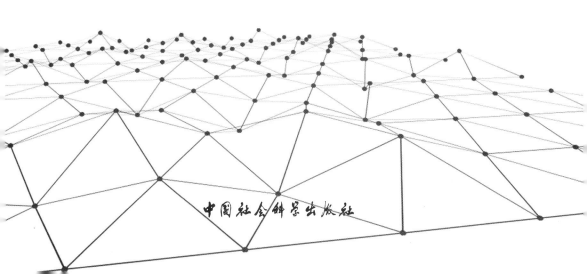

中国社会科学出版社

图书在版编目 (CIP) 数据

数字经济与未来传播. 第 1 辑, 内容电商与传播/杨吉主编.
—北京: 中国社会科学出版社, 2023.8 (2023.9 重印)
ISBN 978 - 7 - 5227 - 1827 - 9

Ⅰ. ①数⋯　Ⅱ. ①杨⋯　Ⅲ. ①电子商务—传播媒介—研究
Ⅳ. ①G206.2

中国国家版本馆 CIP 数据核字(2023)第 074445 号

出 版 人　赵剑英
责任编辑　陈肖静
责任校对　刘　娟
责任印制　戴　宽

出　　版　中国社会科学出版社
社　　址　北京鼓楼西大街甲 158 号
邮　　编　100720
网　　址　http://www.csspw.cn
发 行 部　010 - 84083685
门 市 部　010 - 84029450
经　　销　新华书店及其他书店

印　　刷　北京明恒达印务有限公司
装　　订　廊坊市广阳区广增装订厂
版　　次　2023 年 8 月第 1 版
印　　次　2023 年 9 月第 2 次印刷

开　　本　710 × 1000　1/16
印　　张　18.25
插　　页　2
字　　数　239 千字
定　　价　99.00 元

丛书编委名单

主　　任：黎瑞刚

编委成员：张　雷　林利宏　赵礼寿　杨　吉

　　　　　刘　楷　蒋莉莉　卢　佳　王　林

　　　　　余家汉　朱维汉

执行主编：杨　吉

统稿编辑：沈思佳　靖相飞

鸣谢单位：乐其电商集团　滨江区互联网产业园发展

　　　　　服务中心　浙江传媒学院教育基金会

目　录

开　卷

内容如何电商？ ……………………………………………………（ 3 ）

观　念

内容电商直播：知识变现的中转与迭代 ……………………（ 9 ）

内容电商与媒体软实力互动关系探究 ………………………（25）

行　业

七年探索　七家入场：内容电商的平台

　　竞争演变（2016—2022）…………………………………（53）

重塑人货场，主流媒体直播带货的困局和可能 ……………（74）

营　销

媒体深度融合时代广电媒体直播带货研究 …………………（91）

品牌与价值：技术赋能下新消费品牌营销传播模式探究………（106）

“大码女性”的时尚内容营销及受众价值感知 ………………（121）

教　育

内容电商高校人才培养机制研究 ……………………………（145）

法　律

当前我国内容电商的规制架构与合规要点 …………………（163）

实　务

内容电商的升维与突围 ………………………………………（181）
数字化零售实务搭建中的三个特征 …………………………（201）
论直播电商内容创新的五大策略 ……………………………（216）

案　例

景宁畲族自治县持续推进电商
　　直播式"共富工坊"建设 …………………………………（237）
数字化内容营销助力品牌长短期价值提升 …………………（246）
艺恩数据:内容电商白皮书……………………………………（256）

作者介绍 ………………………………………………………（279）

开卷

内容如何电商？

系列丛书的第 1 辑我们关注"内容电商"。

这是一种适时出现的电商传播模式。它的应运而生依托于社交媒体，脱胎于粉丝经济，借助于话题吸引，也得益于平台博弈。它不用非得在意是否"现场直播"，也不用刻意营造"买它、买它"的氛围感，更不用特别突出"以成交为导向"。这种形态下的电商，它的最直观的表现或印象，或许就是董宇辉在直播间内不时出口成章的励志金句——

"当你背单词时，阿拉斯加的鳕鱼正跃出水面；当你算数学时，南太平洋的海鸥正掠过海岸；当你晚自习时，地球的极圈正五彩斑斓；但少年，梦要你亲自实现，世界你要亲自去看；那些你觉得看不到的人和遇不到的风景；都将在你的生命里出现。"直播电商都说"人、货、场"，人在了，场有了，来，不妨猜猜货究竟是卖什么的？

都说 1995 年是互联网的"商业元年"，而四年后的 1999 年，一般被认为是中国的"电商元年"。虽然电商产业的集中爆发期和各种势能的突飞猛进期得到了 2010 年之后，但粗略地、纵向地观察中国电商发展二十余年，如果从传播、推广模式的角度去看，它大致可以分成三个阶段：人找货、人找人和货找人。这三种类型不是此消彼长、非此即彼，而是可以同时存续、并行共生的。

人找货型电商，通常依靠规模效应，平台网站尽力提供一应俱全、琳琅满目的货品服务，并且要力促价廉物美、口惠实至，它的典型代表无疑是淘宝、天猫、京东；人找人型电商，则是用一种社群分发机制，利用人际上"强弱关系"的转化来打通商品的销售渠道，从各种主打"私域流量"的微商到拼多多，均是此类范例；而货找人型电商，走的是多样化需求满足的路线，用户带着或娱乐或社交或资讯消费的目的进入平台，通过兴趣价值被引导和购买欲望被激发，非计划性地进行消费，抖音、快手就是主打此电商模式的标杆。当然，在它们那里，往往是以"兴趣电商"的称谓来指代本辑所通称的"内容电商"，两者仅是命名上的不同。

我们之所以会关注内容电商，是出于它已经成为继传统电商、直播电商、社交电商、跨境电商之后，又一种正在冒尖和已然常见的销售模式；同时，我们之所以愿意用整辑的篇幅去讨论，是因为它毕竟是崭新的销售理念或传播手法，它的潜力有待挖掘、它的前景有待审视和它的价值有待评估。

当内容电商业务开始大量地出现在公众视野里，有越来越多的平台加入这场热闹的竞争行列，这不仅仅是选择跟哪个 MCN 机构合作，又或者是倾向跟哪个流量博主、专业达人品牌露出的问题。从专业的角度去看，以下才是我们真正需要关心和寻求答案的思考：一方面，内容电商与传统电商的本质差异是什么？内容创作究竟给予电商平台哪些赋能，效率改善还是交易提升？另一方面，作为社交属性强的内容平台该如何布局电商，它的决策依据和环节设计有哪些？原本的电商企业或平台倘若要参与内容电商，它是否仍有优势、在竞争中有无胜算？

针对以上一连串问题，我们试图通过十余篇主题各有侧重、视角多元切入的专文来探讨。正如各位即将看到的，在这些组稿中，有从学理和观念维度分析内容电商的，不管是它作为知识变现的一种外化如何实现中转与迭代，还是探究它与媒体软实力的互动关系；有从行业立场来梳理内容电商的发展史的，当然，也包括在这一波"广电 + MCN"浪潮中，它被置于实践层面的困境与出路问题；也有从高校专业教育出发，讨论内容电商高校人才培养机制的建立与健全的。

本丛书在策划之初，就坚定地确立了一个编辑方针，那就是所作的研究——不论其输出成果或文体形式到底是论文还是报告，又或是案例分析，始终要关注数字经济与网络传播相关领域中的行业实际问题，并注重产业指导与商业转化。有鉴于此，本书还收录了数篇结合实务、实操、实例的稿件，如《技术赋能下新消费品牌营销传播模式探究》《内容电商的升维与突围》《数字化零售实务搭建中的三个特征》等，其中，还有出自本人的一篇关于我国内容电商规制框架和法律合规指引的撰文。

如同眼下各大平台或机构对于内容电商的尝试与摸索，本辑收录的一些文章亦不过是围绕内容电商、立足本土语境和根据既有经验的一个阶段性智识成果。挂一漏万或偏颇武断在所难免，此处还得请各路同行包涵、诸位方家指正。但即便如此，对于"内容何以电商"的议题，仍有两个初衷是我们想借由本书的出版同外界清晰传达的：

其一，我们肯定内容电商，并非要厚此薄彼地去否定其他电商模式，不同模式有不同的发展阶段和所适配的应用环境，而内容电商所展现出的"兴趣度""娱乐化"的特质因不同寻常，故而值得驻足观望；其二，我们多维且较深入地探寻内容电商的发展节奏、模式策略和价值创造，力图为已经发生的总结、为可能到来的预判。

最后，祝阅读愉快。

执行主编　杨　吉

观念

内容电商直播：知识变现的中转与迭代

洪长晖　卓紫艳*

摘　要： 互联网重构了人们的生活消费模式，中国电商行业一直处于高位发展态势。2019 年以来，电商直播凭借强交互性、高交易效率成为品牌方所追捧的营销方式，并一跃成为电商行业的风口与经济增长点。在互联网流量瓶颈和信息过剩背景下，以优质内容为核心竞争力的内容电商直播突出重围，深受资本市场的青睐和追捧。通过对"东方甄选"直播间内容生产特点的观察，从主播形象、知识输出、讲好故事和场景搭建四个方面分析其内容创新成功的原因，并为电商平台、品牌方、商家等多方主体提供营销建议。

关键词： 电商直播；电商平台；"东方甄选"；内容电商平台

一　引言

21 世纪以来，中国电商如火如荼，深刻影响了人们的娱乐和消

＊洪长晖，传播学博士，上海大学新闻传播学院副教授，研究方向为传播与社会发展、新媒体文化；卓紫艳，上海大学新闻传播学院硕士研究生，研究方向为新媒体文化。

费模式。在互联网技术、支付系统和物流系统的支持下，电商平台生态系统得以完善，逐步迈入成熟发展期。根据数据显示，2021年全国电子商务交易额高达42.3万亿元，相比于2020年增长了19.6%。① 可见，中国电商依然处于高位发展且势头依然十分强劲。移动互联网的普及使得中国网络购物用户空前庞大。截至2022年6月，我国网络购物用户规模达8.41亿，占网民整体的80.0%。② 但我国互联网渗透率接近饱和，互联网人口红利即将殆尽，平台获客成本不断攀升，使得电商销售额增速放缓，行业竞争已经进入争夺存量阶段，亟待开发新的低成本流量入口。为了应对流量瓶颈，电商行业一直在积极寻求变革创新。

电商直播作为一种新型的电商营销方式应运而生，为中国电商行业带来了新的契机。早在2016年，以淘宝、京东为代表的两大电商平台和以快手为代表的内容平台开始探索"直播＋电商"的形式，纷纷上线直播功能。电商直播使得网络购物不再局限于传统电商平台，而是向内容化、社交化发展。2017—2020年，电商直播业态高速发展，淘宝孵化了红人体系、通过"双11"成功点燃直播带货的概念，并推出了"点淘"手机软件；众多内容平台也搭建了以直播为入口的电商板块，如抖音、快手和小红书，并逐步上线了购物车功能、店铺入口，强化其电商功能。在2019年疫情的冲击下，线上购物的需求增大，电商直播一跃成为互联网的新风口，以李佳琦为代表的主播进入大众视野。电商直播业态从诞生至今，迎来了规范化的改革、行业进入成熟规范时期，建立起电商直播环境的有序性。招商证券基于品类占比和漏斗模型进行的规模测算，2025年直播电商的整体规模将达到3—4.2万亿元。

---

① 来源：2022电子贸易大会：https://baijiahao.baidu.com/s? id = 1742753656722075986&wfr = spider&for = pc.

② CNNIC：第50次《中国互联网络发展状况统计报告》，2022年8月。

电商直播这种购物方式很快被用户接受,在营销领域发挥着举足轻重的作用。根据中国互联网络信息中心(CNNIC)发布的第50次《中国互联网络发展状况统计报告》显示,截至2022年6月,我国电商直播用户的规模达到了4.69亿人次,占全体网络直播用户的44.6%,接近一半的比例,使电商直播成为网络直播中发展最为突出的业态之一。随着5G网络的普及,线上消费需求的增加、碎片化的信息接收习惯,使得直播成为电商行业的流量"宠儿",也成为各大品牌和企业争夺流量的竞技场。

在多种类别的电商直播中,"内容电商直播"的概念被提出,已成为流量瓶颈下电商挖掘存量市场的重要手段,根据2022抖音电商生态大会官方数据,平台上每月有超过2亿条短视频、超900万场直播内容,这些内容大大激发了用户的兴趣,使得用户停留、互动、下单购买,满足购物需求。其中,"东方甄选"作为内容电商直播的代表,具有较高的研究价值和借鉴意义。本文以"东方甄选"直播间为例,分析其内容创新的方式和成功之道,以期为内容电商直播从业者、平台和商家提出建议。

图1 2020.6—2022.6 网络购物用户规模及使用率

资料来源:CNNIC 中国互联网络发展状况统计调查。

二 内容电商直播的多维度审视

(一) 内容电商直播的概念

顾名思义，内容电商直播就以用户为核心，它利用各大平台大数据，为各个人群打上各类型标签并进行分类，再针对人群兴趣点进行内容输出，最后引导用户进行消费。内容电商直播是电商行业在激烈的竞争中诞生的创新形式。它最突出的优势在于内容生产的创新，将优质的内容传播给用户，为所售卖的商品附加情感、知识、娱乐等其他价值，从而达到商品销售的目的。

内容电商直播对于用户来说更具有吸引力。与传统电商不同的是，内容电商主要依靠优质内容与用户之间建立情感连接和信任基础，通过激发用户的情感共鸣来吸引用户产生交易行为。因此，内容电商直播在互联网流量瓶颈和信息过剩的背景下更具有发展性。

内容电商直播的平台包括抖音、快手、小红书等。受流量需求和变现需求的双重驱动，快手、小红书、抖音等内容平台借助优质内容与流量优势，积极探索变现方式并引入电商模块，大力发展电商直播业务。

(二) 电商直播的分类

根据直播的平台不同，电商直播主要分为两种形式：一种是直接在传统的电商平台上开展的直播，比如淘宝、京东、拼多多等平台都推出了直播板块；还有一种是镶嵌在社交平台的直播方式，通过在社交媒体上的直播，以促成用户的购买行为，即从"观看者"到"消费者"的身份转变，具有代表性的平台包括抖音的兴趣直播、快手直播和小红书商城的直播。

由于平台不同，尽管都有直播带货的形态，但直播在两类平台有所差异。相比于传统的电商平台，内容平台占据了用户大量前端时间，通过为丰富的用户标签与精准的算法推荐，能够切入非计划性购买场景，为用户推荐非价格敏感型的商品。

（三）内容电商直播的特点

按照学界的一般共识和目前业界发展的经验汇聚，本文总结了内容电商直播的优势与特点，主要包括以下几点：

1. 实时互动塑造在场感

在内容电商直播中，观看用户可以通过评论留言、刷礼物、点赞等方式与主播进行实时互动，主播可以为观看用户解疑答惑，提高了买卖双方交流信息的效率，减少了双方信息的不对称，缩短了决策时间，提升了消费效率。同时，实时互动能够为消费过程增添乐趣，提高用户的在场感与参与感，使用户在购买之余产生轻松有趣的心理体验。

2. 优质内容吸引消费者

在内容电商直播中，用户往往先成为内容的消费者，也就是被电商的内容吸引，然后再成为商品的消费者，因此在内容电商中，"内容"是吸引用户强有力的武器。电商直播的存在，极大地提升了消费者的感官体验。

3. 刺激和创造消费需求

内容电商直播改变了传统电商购物过程中搜索式的"人找货"的购物模式，提供了一种"货找人"的购物思路。用户在使用电商平台时可以不带有明确的消费需求，如同逛商场一般体验沉浸式购物。在这个过程中，购物的主体由货回归到人本身，很好地将消费者线下"逛"商场的场景重现于互联网电商及内容平台，用户对平台的使用可以是有目的性的购物，也可以是无目的性的消遣，大大增加了电商平台的使用契机和时长。

三 "东方甄选"直播间的内容生产分析

作为头部在线教育机构，新东方受到"双减"政策影响被迫转型，从 2021 年下半年开始进军直播电商领域，推出以农产品销售为核心的电商品牌——"东方甄选"，开启助农直播的新业务。2021年 12 月 28 日，"东方甄选"正式开播，但直播效果平平——实时观众人数和商品销售额相对惨淡。直到 2022 年 6 月，"东方甄选"直播间凭借"双语带货""知识带货"，受到了外界的诸多关注。2022 年6 月 16 日达成销售额 6605 万元，观看人次 6044 万，位列抖音直播日榜前三名。

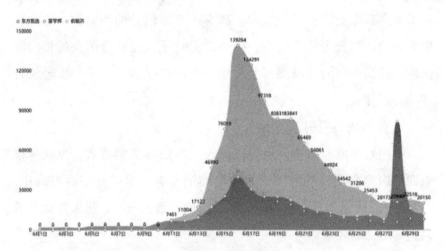

图 2　董宇辉、东方甄选、俞敏洪百度搜索指数（6 月 1 日—6 月 30 日）

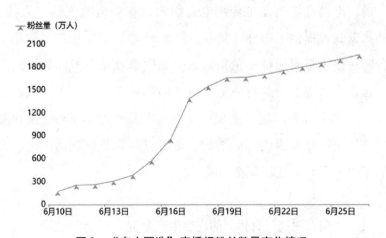

图 3　"东方甄选"直播间粉丝数量变化情况

"东方甄选"的成功扭转了亏损局面,为新东方实现了超预期盈利。10月26日,新东方公布了季度财报,显示2022年6月1日至8月31日,以"东方甄选"为核心业务的港股子公司新东方在线实现超预期盈利。根据第三方数据显示,2022年6—8月,"东方甄选"3个月累积销售额约22.49亿元。6—9月,"东方甄选"已连续4个月位列抖音直播带货第1名,并持续保持高速增长势头。①

"东方甄选"的火速"出圈"印证了内容电商中知识变现的可能性。"东方甄选"的主播由新东方的教师组成,包括董宇辉、顿顿、明明、YOYO等,他们在讲解商品的过程中旁征博引,表现了优秀的知识素养与人格魅力,这构成了"东方甄选"直播间鲜明的特色之一。在当前网络直播带货模式趋于成熟、观众和消费者出现审美疲劳的情况下,董宇辉凭借"双语带货"和其独特的个人风格火爆"出圈"。"东方甄选"直播的出圈,为内容电商直播的新路径与新探索提供了可能性。新东方老师这个知识群体的集体带货,正在开创和引领一个全新的直播带货模式,进一步证实了"内容"对于电商直播的价值。以下主要以董宇辉老师的直播内容为例,从四个方面分析"东方甄选"直播间内容生产的特点及优势。

(一) 主体多元化:开拓内容生产视角

电商直播业态的蓬勃发展吸引了各行各业的人加入主播行业。根据《2020年中国网络表演(直播)行业发展报告》,2020年中国主播账号累计超1.3亿,日均新增主播峰值为4.3万人。内容电商直播凸显了主播的作用与地位,使人成为媒体、成为渠道,成为电商的交易重要入口。主播成为新型消费场景中商家与消费者的强力主导与纽带,交易的关键在于专业主播的知识分发、信任代理和人

---

① 来源:https://www.nbd.com.cn/articles/2022-10-29/2525742.html.

格连接。映射到线下实体店场景,主播兼具"导购员""产品模特""店铺客服"和"产品代言人"的多重身份。① 他们是直播间的门面,相当于商店里的推销员,既是商品的介绍者也是内容的输出者,其不仅承担商品信息的全方面输出,也是直播风格和氛围营造者。有些主播具有深厚的行业知识与丰富的从业经验,能够专业地解读商品,为用户的消费决策提供意见,例如李佳琦;有些主播通过极具个人风格的语言,能够为用户提供娱乐价值,从而吸引用户完成交易行为。

新东方让教师们登上直播间,既打破了用户对于电商直播主播的既有印象,也刷新了用户对新东方老师的认知。对"东方甄选"直播间的策划人员来说,如何在内容电商直播竞争激烈的背景下,发挥新东方在线各学科老师的个人优势,并将直播间商品联系起来是他们所要解决的首要问题。"东方甄选"的主播都是受过良好教育、具有丰富教学经验的教师们,因此他们在介绍商品时,不但会详细介绍产品的规格和特点,还会对其背后的文化进行深入解释,将英语教学、历史、地理、人文等知识融入销售过程之中。教师角色带有的知识魅力和亲近感,与直播领域大部分主播形成了差异,刷新了用户的体验。教师的身份更容易获得用户的信任,内容和转化以人设为链接形成了强关联,有效提升了销售额的转化效率。多元化的电商直播主体,为内容电商注入更多的活力,为内容生产不断开拓新的视角。

(二)知识的输出:提供用户认知价值

"东方甄选"的转化逻辑之一是通过知识输出,向用户提供认知价值,从而实现商品的销售。大部分直播间依赖折扣、赠品,用低价格来吸引观众,而"东方甄选"直播间依靠"知识带货"突出重围,

---

① 段淳林:《"直播+电商"重构下的人货场》,《中国广告》2020年第Z2期。

在竞争激烈的电商直播平台中，探索出了新的内容生产方式"3331 实战带货法则"——30% 讲产品知识；30% 讲相关百科；30% 谈人生观、价值观，谈未来、谈梦想、谈情怀；10% 输出金句。"东方甄选"的知识输出可以归纳为以下几个方面。

第一，中英双语介绍产品。新东方的老师在介绍商品时，还会教用户如何使用英语单词和语法。"牛排原切怎么说？Original Cutting。点餐希望肉质熟一点怎么说？Medium-well。"直播间里的董宇辉边说边在黑板上写下英文单词。在介绍桃子的特性时，他鲜活生动地向大家介绍了桃子口感的表述方式，"桃子叫作 peach，它的口感，juicey and sweet"。在烹饪工具上，方老师还教会了大家如何区分 pot 和 pan："圆柱形的那种叫 pot，送的那种锅叫 pan"。这种中英夹杂的直播带货方式，吸引了不少有求知欲的网友们。有网友评价，"一时间我不知道该下单还是该记笔记""这直播看得我想拿个本子拿支笔记下来"。可见，知识带货在推销商品的同时，也给用户带来了认知价值，而这种认知价值的提升进一步延长了用户在直播间的停留时间，提高了用户黏性。

第二，诗词歌赋畅谈人生。直播时，董宇辉读到李白的《独坐敬亭山》的中英两版"众鸟高飞尽，孤云独去闲，相看两不厌，只有敬亭山"。"All bird shave flown away, so high; A lonely cloud drifts on, so free. Gazing on Mount Jingting, nor I am tired of him, nor he of me."向网友强烈推荐《许渊冲：美得窒息的唐诗宋词诗经》，"许渊冲老师真牛，神来之笔，用的词汇很简单，意境绝美，画龙点睛，而且你很难换到一个比他更好的词汇"，他读完这样感慨，处处流露出他对许渊冲老师的崇敬之心。通过他的娓娓道来的讲解，网友们从英文感受到了诗词的魅力，也让这本书也登上了抖音平台图书爆款榜单的榜首。除此之外，董宇辉曾运用富有诗意的文字介绍大米——"没带你看过长白山皑皑的白雪，没带你感受过十月田间吹过的微风，没带你看过沉甸甸的弯下腰犹如智者一般的谷穗。没带你去见证这一切，但是亲爱的，我可以让你品尝这样的大米。浪漫不止星空花海，还有烟火人间"。

第三，上知天文下知地理。董宇辉向用户讲解宇宙天体、自然地理的知识，一万单库存的地球仪立马售罄。当他在提到甘肃定西时，向用户讲述了北宋年间张载意欲收复洮西失地的历史故事。直播间被打造成一个集"双语教学、诗词歌赋、人生感悟、天文地理"和农产品为一体的销售平台。"东方甄选"的主播们将商品销售和知识输出相结合，开启了全新的知识带货模式。这种别出心裁的直播内容收获了广大网友的热烈追捧，商品的销量也居高不下。正如同网友评价那样，"董宇辉真是上知天文下知地理，博古通今，格局大、思想高、三观正"。

（三）讲述好故事：激发用户情感共鸣

在注意力经济主导的互联网中，"如何讲好故事"和"什么才是好故事"成为许多直播策划者需要解决的问题。直播间的主播一般担任故事的讲述者，他们是语言和画面传播的组织者，创设叙事情境、引导用户进入叙事情境中。叙事的内容包括但不限于社会语言环境、视觉等感官体验、人物呈现等。[①] 在内容电商直播中，好故事要能够打动用户、激发用户的情感共鸣，从而拉动商品的销售。

董宇辉的故事之所以获得了大众的关注，一方面，董宇辉的故事具有真实性与接近性。"我就是一个农民的孩子，或者说是一个如我一样在大城市努力奋斗的年轻人。"董宇辉这样评价自己。他以一个普通人的视角，运用接近大众的、朴实生动的语言来唤起用户的情感共鸣，拉近双方之间的心理距离，建立起用户对他及其所售卖

---

① 陈昭婷：《扶贫直播报道的场景化叙事研究》，长春工业大学 2022 年版。DOI：10.27805/d. cnki. gccgy. 2022. 000148.

的商品的信任。

另一方面,他的故事传递了正向积极的价值观。他在直播间分享英语学习经历,从一个因为发音错误被老师要求站在门外的初中生到现在成为一名新东方的英语老师,并非因为他的聪明,而是因为他努力背单词、背作业本甚至背英语试卷。大学期间他为了改善英语口语,苦练 BBC。他说"普通人也可以过得落落大方,只要勤奋一些就行了""太阳光到地球都需要 8 分钟,静下心修炼自己,你也能散发光芒"。这位陕西农村出身的青年,如今的成功恰恰在于他恪守了中国人脚踏实地的坚持,不是向命运妥协,而是"厄运向你袭来的时候你没躲,有一天好运就会撞个满怀"。他的故事正是抓住了现代人焦虑、迷茫、压力大等痛点,从而实现了产品最大化的情感连接。

好的故事还需要具备转化能力。董宇辉多次讲述自己的亲身经历,现在的成功离不开他过去的勤奋与努力。他不只是一个推销商品的主播,不只是一个新东方的老师,他也是一个努力的普通人。在"东方甄选"的直播间里,用户不仅能收获密集的知识点,还能听到真实又励志的故事。用户们不仅为"知识"付费,还为董宇辉讲述的故事、传递的正能量而消费。

(四)场景化营销:打造沉浸式课堂

电商直播中的"场"是在线下直播场景、直播器件的支撑下由直播平台和直播间构成的立体化营销场景,最终的呈现方式是一个富媒体形式的视讯一体可交互的屏端直播间画面。直播间的场不仅包括静态的布景、道具,还包括主播的语言和行为,这使得直播间内的"场"是一个丰富多变、生动互动的极具观赏性和娱乐性的营销空间。内容与电商的深度融合也对消费场景提出了更高的要求——通过直播塑造全新的购物场景,激发新的消费可能性。直播间的场景化营销,是内容营销、社交营销、视频营销场景的统一,提升了信息传达的效率，容易吸引顾客的注意，从而在"沉浸式"体验和互动中激发需求，甚至促成购买行为。

内容电商直播要想打造沉浸式的营销场景，关键是要深挖消费者痛点，联系产品的使用情景和体验，通过激发用户的场景感知来刺激消费需求、引导其进行后续的消费。"东方甄选"也抓住了场景化营销的服务逻辑。直播主要是在室内摄影棚进行，部分是在户外进行。首先从直播间布置来说，"东方甄选"以厨房为背景，采用了绿色与褐色作为主要配色，与直播间主打的农产品品类相契合，体现了自然健康的风格，迎合了消费者追求健康的需求。桃子、五常大米、玉米等来自不同地区的农产品在这里成为直播间爆款。直播间的布置与商品的使用情境相一致，能够更大程度上刺激用户的消费需求；其次，为了匹配"东方甄选"知识带货的风格，主播们借助一支笔和一块白板，营造了直播课堂的氛围感，使得用户眼前一亮。让用户在购物之余还能感受文化的魅力。"东方甄选"直播间不仅是一个购物平台，也成为一个分享知识、传播优秀文化的课堂，这种别具一格的场景化建构，使得消费者收获了奇特的直播体验，极大增强了消费者的购买欲。

场景化营销的取胜之道仍然是以消费者为中心。"东方甄选"的直播间里，无论厨房的环境搭建，还是主播的口播与互动，都是以消费者为中心，满足消费者个性化的消费需求，与消费者建立情绪共鸣的结合点，甚至为企业或产品进行口碑式宣传。

四 内容电商直播的可持续发展之路

内容电商直播要发挥内容的作用，必须始终把内容创新作为驱动力，将内容作为营销对象，将内容的转化能力放在重要位置。然而，随着电商直播的竞争越来越激烈，仅以内容取胜并非易事，仅以内容的竞争力也难以维持长期的发展。因此，内容电商直播想要可持续地发展，必须加强生态化建设。

（一）以内容创新为驱动力

内容电商直播流量的变现在本质上依靠的是优质的内容质量，能否持续供应优质内容是决定主播和直播平台生命周期的关键。优质的内容没有一个既定的模板，但在以盈利为目的的电商直播业态中，能够打动用户并且让用户愿意为之付费的内容才能称得上优质的内容。2021 年以来，抖音电商逐渐建立起一套优质内容生产方法论，明确创作者的交易主体责任，推出"真实、可信、专业、有趣"的核心创作理念；2022 年 3 月 28 日，抖音电商正式启动"春雨计划"，同时发布了《电商优质内容说明书》，再次对"优质内容"明确定义和标准。根据说明书内容，抖音电商对于电商内容分级体系包含 6 个一级维度：声画质量是基本门槛，信息价值、直播交互是核心维度，作者影响力、品牌价值、商品品质是加分项。内容平台和电商平台还可以通过流量扶持和收益激烈来引导用户创作，例如快手直播在 2022 年将拿出 5 亿现金和 30 亿流量来激励优质内容创作、赋能主播成长，为内容生态建设和优质主播在快手的成长保驾护航。

内容创新也意味着差异化、品牌化的内容策略。创作优质内容能够满足用户的个性化需求。"东方甄选"就是典型的成功例子。通过创新直播内容，通过双语讲解、分享知识、传递情感等方式，实现了差异化、品牌化的转型。除此之外，"口红一哥""东方美食生活家"等现象级直播大号就是直播内容品牌化、垂直化的典型代表。电商直播可以从商品品类、渠道、概念等差异要素入手，形成具有竞争力的优势，有利于避免同质化竞争。

内容电商直播的创新还可以联合短视频、图文等表现方式。在内容平台抖音和快手中，短视频和直播是常用的驱动增长的内容形式，两种内容形式相辅相成、相互补充，可以达到双擎共振的作用。

短视频更多被定义为多元的"种草"场景，而直播则更多被定义为是一个高效的成交场景。① 短视频吸引用户，并引导用户进入直播间，也就是说，从短视频过渡到直播的过程，相当于完成用户引流到交易完成的过程。

（二）将内容作为营销对象

无论是在传统电商还是在内容电商直播中，最主要的变现途径仍然是以产品或服务被售出为终点。但在内容电商直播中，传递产品的价值载体、内容和方式发生了变化，产品的价值呈现更加丰富和立体化。菲利普·科特勒将营销人员需要营销的对象归结为 10 个主要类型的实体：产品、服务、事件、体验、人物、地点、财产、组织、信息和观念。② 直播的内容属于信息和观念，从这个角度来说，原来用来营销产品的直播"内容"，同样可以成为营销的对象。

将内容作为营销对象的思路肯定了内容在当下互联网中的转化能力。"东方甄选"的直播实践也为新媒体环境下知识变现提供了思路。知识带货，从一定意义上来说，用户是以实体商品的消费为中介，实则是在为提高的认知价值、情感价值等付费。进一步说，电商直播不仅是出售产品和服务，更是将通过主播的语言和行为互动、内容生产和场景的打造构建起来的产品、服务、事件、体验、人物、地点、财产、组织、信息和观念等融合体作为商品。如此一来，在平台算法机制的作用下，消费者可以通过感兴趣的内容和喜欢的主播形象，完成与产品或服务的"邂逅"。

（三）加强电商生态建设

建设内容电商直播生态是电商行业高度竞争下的必然趋势，需要多方主体的协同努力。对于内容平台来说，自建电商业务能够提

---

① 范瑞真：《内容电商时代，企业如何玩转抖音带货》，《中国眼镜科技杂志》2020 年第10 期。

② 科菲利普·科特勒、凯文·莱恩·凯勒：《营销管理》，格致出版社 2016 年版。

高平台变现的能力,增加了平台的利润空间,反过来也拉动了平台优质内容的生产。对于主播和 MCN 机构来说,平台的算法能够帮助他们匹配到相应的"兴趣用户",从而实现内容的转化。对于商家来说,内容电商直播不仅意味着营销手段的全面升级,也意味着对产品或服务的质量、品牌建设等方面提出更高的要求;除此之外,电商直播的竞争也关乎流量、供应链、运营模式等方面的综合较量。

五 总结与展望

内容电商直播是数字化时代背景下,内容、直播与电商相互融合的产物。传统电商平台以直播为手段重构了线上购物的逻辑,而内容平台的加入,一方面使得互联网的内容生产有了转化的方向与动力;另一方面也为商家和品牌方丰富了数字化的营销手段。与传统电商平台的货架形式相比,内容电商直播凭借精准的算法机制、实时互动性、高转化率等优势成为资本青睐的营销方式。

通过对"东方甄选"直播间内容生产的分析,不难发现主播形象、知识输出、故事讲述和场景搭建对商品转化的重要作用。"东方甄选"始终坚持优质的内容,充分发挥了新东方的教师资源与优势,将直播变成了一场知识、文化及价值观的传播课堂。以"东方甄选"为代表的内容电商直播,成功探索了电商直播内容创新的营销通路,展现了内容创新的巨大潜力和乐观前景;以内容为驱动创造新的直播电商场景的做法,也为品牌与内容平台提供了更多的信心。对于行业来说,从野蛮生长到强抓质量,对内容的高要求标志着直播电商行业的整体升级,细致而明确的优质内容标准让创作变得有章可循,内容生态将趋向健康、丰富和多样,整个行业将迎来优胜劣汰,实现健康稳定发展。

于此同时,为了更好地满足用户的需求,内容电商行业更要迈向生态化建设。平台、主播、MCN 机构、商家、监管部门都是电商直播行业生态中的重要参与主体。基于此，监管部门需要不断出台相关的法律法规，行业从业者应当加强自律，促使内容电商直播业态在规范和标准的规则之下，调动内容生产主体的创作动力，增强营销手段创新力，实现经济效益、社会效益和生态效益的有机统一。

内容电商与媒体软实力互动关系探究

于雅琨*

摘　要： 社交媒体盛行的网络与新媒体时代中，用品牌化内容打动消费者，逐步成为各大电商企业进行品牌传播的新思路。因此，深耕"媒体软实力"，熟稔各媒介平台特性，巧妙运用媒介渠道把商业内容与用户需求融为一体，以赢得用户的喜爱，成为内容电商积极探求和培养企业软性竞争力的目标。本文从媒体软实力研究路线入手，以娇兰（Guerlain）美妆产品、贝亲（Pigeon）母婴产品和美士（Mars Petcare）宠物护理为例，剖析内容电商如何灵活运用媒体软实力进入中国市场，并积极通过媒体平台收集公众反馈，形成以良好信息沟通循环为基础的高效宣传模式，从而收获用户积极主观评价，树立该品牌在用户心目中的良好形象，最终实现口碑和销售双赢。

关键词： 内容电商；媒体软实力；品牌化内容；社交媒体

中国电子商务自 1995 年发展至今，经历了从"工具"（点）、"渠道"（线）到"基础设施"（面）① 三个不同层次和维度的发展时期。每一阶段的跨越式发展都与科技进步和社会发展息息相关。

---

* 于雅琨，媒体与传播学博士，浙江传媒学院乐其数字经济研究中心研究员。

① 袁东升：《电商基础：策略·运营·技术》，北京理工大学出版社 2018 年版。

2013 年后，随着宽带、云计算、网络第三方支付等基础设施的进一步完善，中国电子商务经济体开始蓬勃发展。① 正当人们沉浸在以天猫、淘宝、京东、苏宁易购等为代表的电商所带来的购物狂欢与便捷时，"内容电商"在 2018 年②悄然兴起。自此，以仓储物流配送为基础的商品运营的电商模式（淘宝、京东等）③ 成为"传统电商"，商家和消费者则将更多地目光投向了新兴的"内容电商"。

当前学界对"内容电商"的研究多集中于其运营的基本路线、模式以及针对消费者购买行为制定营销策略等。④ 很少有学者将研究重点锁定在内容电商运营中不可或缺的环节——"媒体"本身及"媒体软实力"上。

据商务部商务大数据调查及中国连锁经营协会整理分析，2021年，国内包括日用品在内的必需品线上销售增速快速提升继续保持两位数增长。⑤ 其中，销量名列前茅的就是个护产品。⑥ 因此，本文

---

① 袁东升：《电商基础：策略·运营·技术》，北京理工大学出版社 2018 年版。

② 李双：《内容电商运营的基本路径研究》，《中国集体经济》2021 年第 30 期。

③ 邓倩：《内容电商与传统电商的比较研究》，《财会学习》2019 年第 31 期。

④ 邓倩：《内容电商与传统电商的比较研究》，《财会学习》2019 年第 31 期。Suresh, K. R. & Latha, K. L. , Using Social Media as an E-Commerce Medium: Determinants of Technology Acceptance to Use E-Commerce via Social Media. International Journal of Recent Technology and Engineering (IJRTE), 2019, 8 (4S3): 172 – 177;

段宏霞：《内容电商运营模式分析——以〈小红书〉为例》，《产业与科技论坛》2020 年第 19 卷第 6 期;

Hung, K. , Tse, D. K. & Chan, T. H. , *E-Commerce Influencers in China: Dual-Route Model on Likes, Shares, and Sales*, Journal of Advertising, 2022, 51 (4): 486 – 501;

Liao, M. & Sundar, S. S. , *When E-Commerce Personalization Systems Show and Tell: Investigating the Relative Persuasive Appeal of Content-Based versus Collaborative Filtering*, Journal of Advertising, 2022, 51 (2): 256 – 267;

冯磊：《"短视频电商"现象分析及对我国电商发展研究》，《中国商论》2022 年第 15 期。

巨量算数：(2022 年 04 月 15 日)，2022 抖音电商节点营销白皮书，检索来源：巨量算数：https://trendinsight. oceanengine. com/arithmetic-report/detail/679;

朱卫军：《内容电商发展困境的出路探索》，《大众商务》2022 年第 8 期。

⑤ 中国连锁经营协会：《2022 中国网络零售 TOP100 报告》，中国连锁经营协会 2022 年版，检索来源：http://www. ccfa. org. cn/portal/cn/xiangxi. jsp? id = 443860&type = 10003.

⑥ 中国连锁经营协会：《2022 中国网络零售 TOP100 报告》，中国连锁经营协会 2022 年版，第 6 页。

将从媒体软实力研究路线入手，以个护产品类别中具有代表性的三个案例：娇兰（Guerlain）美妆产品、贝亲（Pigeon）母婴产品和美士（Mars Petcare）宠物护理，并使用"多模态分析法"，依照上文中提出的四阶段模型进行逐阶段分析。

"多模态分析法"是分析研究视觉元素（如图像和图形）如何创造意义，在不同情况下说话者如何做出选择进行描述。[①] 这种方法着重分析口语和符号学中的符号系统或交流方式，旨在"了解我们如何以多种不同的方式相互交流……例如语音、手势……视觉设计"[②]。因此，使用这种方法能帮助本研究深度剖析这三类电商销量名列前茅的产品是如何在宣发过程中编辑文案的，如何利用不同媒体的性质规划产品宣传发布时间及平台，并选择有影响力的明星或网红为其背书的，最后通过检验这三种产品的宣传效果，探究"媒体软实力"在内容电商运营中所扮演的角色。从而精准地总结出内容电商在营销的各阶段中如何使用媒体，以及媒体如何在各阶段发挥媒体软实力，助力这三个品牌取得好口碑和销售的成功。

一 "内容电商"不仅仅是以内容为王

"内容电商"自 2018 年起为人所熟知，在经历了若干年后发展的今天，当我们谈起"内容电商"的时候，我们讨论的是什么？是东方甄选主播"中关村周杰伦"，在直播间一边"上课"一边带货？是疫情期间央视主持人组团"直播助农"以拉动消费增长？还是各社交媒体平台上（抖音、小红书、快手等）各类"网红"通过自己的账号各显神通，先推荐"爱用好物"而后直播销售该产品？这些都是在日常生活中，消费者从自己的角度观察或亲身参与过

---

① Machin, D. & Mayr, A., *How to do critical discourse analysis: a multimodal introduction*, London: SAGE, 2012.

② Burn, A. & Parker, D., *Analysing media texts*, London: Continuum, 2003.

的"内容电商"营销环节的实例。若想深入了解"内容电商",还要从消费者的身份中抽离出来,客观地从其定义及它与传统电商的区别谈起。

传统电商即普遍意义的电子商务(Electronic Commerce),自电商兴起以来,不少政府、组织、企业、学者等均为其下过定义,仅袁东升在《电商基础:策略·运营·技术》(2018)中就列举了多达12种定义。袁东升[①]在综合考虑了多方重点后,将电商定义为:

> "电子商务是各种具有商业活动能力和需求的实体(生产企业、商贸企业、金融企业、政府机构、个人消费者……)为了跨越时空限制,提高商务活动效率,而采用计算机网络和各种数字化传媒技术等电子方式实现商品交易和服务交易的一种贸易形式。"

从该定义中,可以提出传统电商的核心在于:依靠网络信息技术进行高效跨区域商贸交易。例如,天猫、淘宝、京东、苏宁易购等。而内容电商则是在传统电商的基础上衍生出的电商营销新模式:

> 【内容电商】以消费者为中心,以触发情感共鸣为源动力,通过优化内容的创作、内容的传播和销售转化机制去实现内容和商品的同步流通与转化,用来提高营销效率的一种新型电商模式。[②]

---

① 袁东升:《电商基础:策略·运营·技术》,北京理工大学出版社2018年版。
② 邓倩:《内容电商与传统电商的比较研究》,《财会学习》2019年第31期。

其核心是"以用户为中心的内容创作，实现用户和内容情感共鸣，通过提高产品价值而进行传播、销售等一系列过程的新型电商模式"①。比如，通过微信小程序开设微店，在小红书、抖音直播间进行销售等。为了使二者的对比更加一目了然，现将二者的异同点点归纳总结如下：

表1   **传统电商与内容电商相似点**

项目	传统电商	内容电商
交易对象	世界各地，不受时空限制	
交易时间	一周7天，每天24小时服务	
营销推动	交易双方一对一双向沟通	
购物方便度	消费者按自己习惯和时间安排购物	
对消费者需求把握	能快速捕捉顾客的需求并及时应对	
销售方式	买卖自由	
物流渠道	流通环节简化，降低了流通成本	

根据袁东升《电商基础：策略·运营·技术》（2018）整理归纳。

表2   **传统电商与内容电商不同点**

项目	传统电商	内容电商
流量来源	通过广告投放引流	通过优质多媒体内容引流
消费场景	在电商平台选择商品	观看或阅读媒体内容的过程
消费心理	综合评估、主动搜索、挑剔心理	单独评估、被动接收、亮点心理
运营重点	商品运营	经营用户
销售地点	虚拟空间（提供商品列表和图片）	多媒体展示及直播间实物展示

根据邓倩《内容电商与传统电商的比较研究》（2019）整理归纳。

由此可见，内容电商通过制造优质多媒体内容在各社交平台上及传统媒体网站上发布，对其营销的产品或服务进行包装宣传，激发消费者购买欲望。令消费者感到自己在购买了该产品后不仅享受了该产品的使用性，还在情感和心理上因为拥有了该产品而成为营

① 李双：《内容电商运营的基本路径研究》，《中国集体经济》2021年第30期。

销内容中宣传的某种人群或拥有了某些品质，大大满足了消费者的心理需求。从而为维护稳定的消费群体，提高消费者的品牌忠诚度打下良好基础。

因此，面对一举多得的新型电商模式，商家通常采用"内容电商化"和"电商内容化"① 两种模式进行内容电商运作。"内容电商化"主要是通过社交平台进行电商交流。这种运营模式的中坚力量是流量明星和网络红人，他们在通过自己的影响力吸引了一定粉丝量的基础上，再在社交平台引入盈利的产品或服务，从而吸引大量的消费者，将流量引入电商平台。"电商内容化"则是通过在社交平台的文案、视频中深层次多维度突出关键词、预告直播内容等，并通过"公众号＋小程序"或"短视频＋直播间"的方式，引导潜在消费者。②

在"内容电商"的浪潮中，优秀的电商层出不穷。例如，成立于 2020 年 6 月 9 日的杭州市滨江区直播产业联合会（又称滨江区直播电商产业联盟），通过链接品牌商、供应链、MCN 机构、服务商、孵化器、直播产业园区、院校、智库、专业事务所和融资机构等，形成了头部引领、快速集聚的矩阵式"直播滨团"地域服务品牌，在内容电商激烈的竞争中脱颖而出。

艾媒咨询③在《2022 年中国社交零售行业市场及消费者研究报告》中，总结并预测了以内容电商为主的中国社交电商行业规模及增速，如图 1 所示。

---

① 朱卫军：《内容电商发展困境的出路探索》，《大众商务》2022 年第 8 期。
② 邓倩：《内容电商与传统电商的比较研究》，《财会学习》2019 年第 31 期。
朱卫军：《内容电商发展困境的出路探索》，《大众商务》2022 年第 8 期。
③ 艾媒咨询（iiMedia Research）是全球新经济产业第三方数据挖掘和分析机构，创始于 2007 年。秉承"用数据让所有决策都有依据"的使命，艾媒咨询聚焦新技术、新消费及新业态，通过"大数据挖掘＋研究分析"双引擎，以研究市场地位、消费行为、商业趋势为核心。https：//www.iimedia.com.cn/about.jsp。

图1　2015—2025 年中国社交电商行业规模及增速

　　数据表明，中国社交电商行业交易增速在 2016—2017 年爆发式增长后回落，但交易额却在 2018 年成三倍速上升，并自此保持稳步快速增长。这短期超高速发展的背后是一条完整的媒体产业链的全方位支持。艾瑞咨询①在 2020 年进一步总结归纳了视频内容全产业链图谱②，如图 2 所示。

　　由此可见，视频内容全链条的完备发展为从内容电商从内容生产到营销传播，再到平台的发布和播放终端的选择以及技术支持，给予了全方位的支持，并在我国形成一个巨大的经济市场。仔细观察这环环相扣的一条龙产业，不难发现媒体在每个环节都扮演着不可或缺的角色。内容电商无论是通过内容电商化还是电商内容化，都是精心设计并巧妙运用媒体将消费者、网络红人、商家、社交平台紧密连接在一起。通过上述文献梳理，本研究将内容电商运营流

---

①　艾瑞咨询（iresearch. com. cn）是中国新经济与产业数字化洞察研究咨询服务领域的领导品牌，为客户提供专业的行业分析、数据洞察、市场研究、战略咨询及数字化解决方案，助力客户提升认知水平、盈利能力和综合竞争力。

②　艾瑞咨询：《2020 年中国视频内容全产业链发展研究报告》。

图 2　视频内容全产业链图谱

程总结如图 3 所示，并将此流程作为探究内容电商与媒体软实力的基础模型。

图 3　"内容电商"运营流程图

综上，随着大量不同服务在内容电商中不断争夺领先地位，内容电商若能巧妙运用媒体的力量，有望突破现有模式，打造直播新体系，以探索更长远的发展。

二　"内容电商"运营中"媒体软实力"不可小觑

在上一节中，本文已将"内容电商"与传统电商的异同、其特殊的运营模式进行了系统梳理，并总结出内容电商运营的流程模式（见图 3）。显而易见，媒体在内容电商运作的各个环节都是不可或缺的因素。但目前针对"内容电商"的研究中，很少有学者或研究将研究重点放在挖掘内容电商运营中如何利用媒体自身特性将宣发效果最大化，更鲜有研究致力于使用"媒体软实力"的框架分析内容电商的营销。因此，本文将从这个研究缺口入手，着重解决以下研究问题：

"媒体软实力"在内容电商运营中扮演了什么角色？

若想解决这个问题，首先要理清两个概念："软实力"和"媒体软实力"。对于"软实力"的研究开始于20世纪90年代，这个概念是由美国国际政治学者Joseph Nye为美国冷战后如何运用自身非军事强硬手段而达到巩固其超级大国的地位而提出的。在Nye①的定义中，"软实力"是一个国家通过其自身文化魅力、社会制度、政治政策等非武力或贿赂的手段吸引其他国家青睐的能力。比如，英国文化教育协会（British Council）一直致力于英国与世界之间的文化、教育和其他交流，以使英国更广泛地了解其他文化和文明。

自1934年成立以来，英国文化教育协会的独特之处在于，他们建立信任的努力不是在带有激进宣言的政治真空中进行的，而是以一种更理想的方式通过发展文化关系来传播和加强影响力。② 这意味着英国文化教育协会采用的是人与人之间的沟通策略，而不是进行政府对政府的单向传播。为了实现通过"交流"和"互惠"发展长期和长期友谊的目标，英国文化协会推出了不同的文化项目，以连接英国人民和世界人民，从而达到吸引其他国家青睐的效果。这就是英国软实力在对外交流中的具体表现。

然而，在软实力概念提出的三十余年的时间里，各国专家、组织、学者都根据自己国家的国情并结合自己的专业知识对这个概念进行了进一步的阐释，令软实力的概念更加完善、丰富，运用也更灵活。譬如，Portland，一家战略传播咨询公司，自2015年以来一直

---

① Nye, J., *Soft power*, Foreign Policy, 1990：153–171.

② Fisher, A., *A story of engagement：the British Council 1934–2009*, London：Counterpoint, 2009.

与政府、非政府组织和学术机构（例如南加州大学公共外交中心）合作，研究一种评估一个国家的软实力的方法，并每年更新出版一版"软实力30强指数"——"全球最全面的全球软实力比较评估"。[①]

如图4所示，[②] Portland评估指数是将对一个国家软实力有效性的评价分为两个部分：软实力资源（评估比例占65%）和软实力效果（评估比例占30%）。软实力资源（见下图左侧方框）从一个国家的政府发展、数字化、文化、企业、参与和教育等方面来衡量一个国家的文化、政治价值观和外交政策等无形的软实力资源。

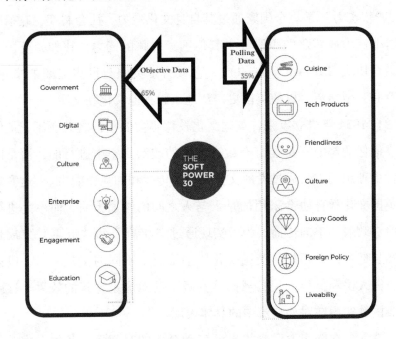

图4 Portland 软实力评估表

而对一个国家运用软实力效果的验证则通过监测国际公众对该国家软实力的接受度来判定此国家软实力交流是否有效。具体来说，

① Portland, *The Soft Power 30: a global ranking of soft power* 2016, London: Portland, 2016.
② Portland, *The Soft Power 30: a global ranking of soft power* 2019, London: Portland, 2019.

Portland 对国际受众发放调查问卷，对受访者认为具有吸引力的国家的特定方面（见上图右侧方框）的好感度进行准确评估。通过分析问卷数据得出相应分值，再综合软实力资源的评分，两项分数相加即得到一个国家软实力的评分，这便是 Portland 创建的一种评估一个国家软实力沟通有效性的计算模式。

综上，"软实力"的概念及评估方法已解释清楚，读者也许会产生疑问，"软实力"是研究国家策略的概念，与"媒体"和"内容电商"的关联在哪里呢？这个问题不难回答。前文中提到"软实力"自 20 世纪 90 年代被提出后，不断有专家学者对其进行研究深化，并尝试在不同领域应用这个概念。"媒体软实力"就属于此类通过跨学科研究而产生的延伸结合概念之一。而且在媒体软实力的研究中，学者们也遵从软实力评估的基本框架，即：既注重分析塑造媒体软实力资源，也注重观察调研媒体软实力的接受度。接下来，本文将继续解读"媒体软实力"的相关概念。

在对"媒体软实力"进行定义的过程中，国内学者倾向于从新闻编辑室民族志研究的角度出发，将媒体自身的特点和性质作为衡量其软实力的标准。比如，丁柏铨和王涛[1]认为，"媒体软实力""往往表现为内在的和外在的无形力量。内在的无形力量是指内部的'精气神'和由此形成的向心力、凝聚力；外在的无形力量是指媒体在社会上、受众中所产生的吸引力、亲和力、引导力和影响力"。

这个定义将"媒体软实力"认定为媒体由编辑室内形成的媒体文化和精神力量以及这种文化精神力量由内而外带来的社会影响力。这一观点也得到了王文[2]和陈芸[3]的认同，陈芸认为，"媒体软实力"

① 丁柏铨、王涛：《论媒体"软实力"——以另一种视角考察媒体竞争力》，《新闻传播》2006 年第 12 期。

② 王文：《中国媒体软实力何时崛起》，《人民论坛》2011 年第 13 期。

③ 陈芸：《The Soft Power of Chinese Media——从"媒体软实力"角度探讨中国媒体超越之道》，《大众商务》2009 年第 105 期。

把"焦点集中在媒体本身，关注媒体自身的问题、与媒体竞争发展密切相关的多种要素。比如媒体的公信力，等等"。

这就是说"媒体软实力"是指媒体自身的软实力，而不仅仅是将媒体作为施展国家软实力的渠道和手段。

喻国明和焦中栋进一步将"媒体软实力"从以下四个方面予以表述："表达力、吸引力、影响力和竞争力，这四种力量是前后关联、互相影响的"①，具体内容详见图5。

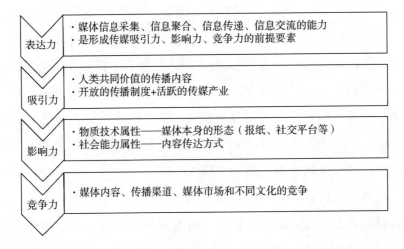

图5 "媒体软实力"的组成

根据喻国明、焦中栋：《中国传媒软实力发展报告——传媒软实力的构建与评测方法（2009）》整理。

综上所述，"媒体软实力"就是指各媒介平台运用其特性和渠道，赢得用户对该媒体的喜爱、树立该媒体在用户心目中良好形象和积极主观评价的软性竞争力。为了探究"媒体软实力"在内容电商运营中扮演了什么角色？就要将媒体软实力的评估模式嵌入到内容电商的营销流程中进行综合分析，即将上一节中内容电商运营流程模型

---

① 喻国明、焦中栋：《中国传媒软实力发展报告——传媒软实力的构建与评测方法》，同心出版社2009年版。

与媒体软实力四要素相结合归纳出以下研究模型，如图6所示。

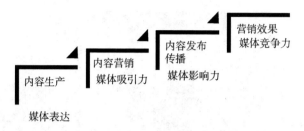

图6　"内容电商"与"媒体软实力"结合模型

此模型为四阶段阶梯式模型，第一阶段是内容电商内容生产阶段，此阶段充分体现了媒体软实力中媒体表达力。第二阶段是内容营销传播，也正是媒体发挥其软实力中媒体吸引力的最佳时机。以此类推，第三阶段和第四阶段都有媒体软实力因素与内容电商的营销相匹配。

因此，在接下来的研究中，本文将参照上述模型，以娇兰（Guerlain）美妆产品、贝亲（Pigeon）母婴产品和美士（Mars Petcare）宠物护理为例，通过多模态分析法对这三个营销案例依次进行定性分析，最终解答本文提出的研究问题。

三　"内容电商"与"媒体软实力"相辅相成，相得益彰

在系统梳理整合了"内容电商"和"媒体软实力"相关理论内容并形成研究框架后，本节将具体阐述所选三个实例在内容电商营销各阶段媒体软实力的表现。

1. "内容电商"巧用媒体为营销造势

首先要分析的是娇兰在2021年中秋节前夕策划的"#welcome 礼#"，以驱动高端美妆人群扩容。如图表7所示，娇兰本次营销主推产品是黄金复原蜜（容量50毫升，售价1140元①）和金钻粉底液（容量

---

① 价格来自娇兰官方网站。

30 毫升，售价 750 元①）。

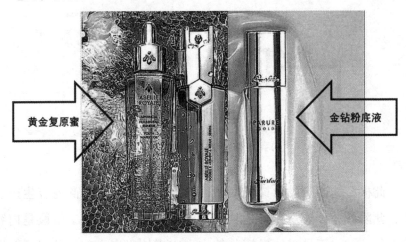

图 7　娇兰 2021 年 "#welcome 礼#" 主打产品

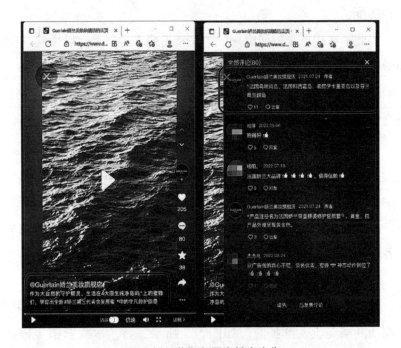

图 8　娇兰黄金复原蜜抖音广告

---

① 价格来自娇兰官方网站。

此次的营销开始于2021年7月，娇兰通过品牌官方抖音账号发布黄金复原蜜的广告片，并在9月通过"网红"博主制作抖音美妆视频和明星"网红"抖音直播，逐步推进营销宣传，加速了品牌的曝光，提升品牌全渠道新客占比，获得了扩容品牌新客的营销成果。

具体而言，在"内容生产"阶段，娇兰在2021年7月24日发布第三代黄金复原蜜的广告，并着重强调该产品是"生活在法国乌埃尚岛、法国科西嘉岛、希腊伊卡里亚岛及芬兰奥兰群岛四大纯净岛屿上的蜜蜂"所孕育出的产品（见图8对话框圈出的信息）。

在2分5秒的广告中，娇兰团队用航拍手法给观众依次展示了上述四个岛屿的风景，同时配以解说。解说词不但将产品原料描述为"一种珍贵的'液体黄金'"，并且强调了娇兰科研团队的创造力（图9白框内文字所示），即选用优质原材料搭配高科技，从而研发出更具突破性的护肤产品。

图9 娇兰抖音广告科技关键词

从这则先发广告中不难看出，娇兰着重使用了一系列暗示消费者其产品高端、优质的词汇，比如"四大纯净岛屿""炼金术""创新科技"等以吸引消费者。由此引导消费者并激发其想要拥有高品质产品的心理。

在 2021 年 7 月预热后，娇兰从 9 月 4 日开始，将营销活动推进到"宣传阶段"。通过明星、头部"网红"的直播开始造势，如图 10 所示。

图 10　娇兰抖音营销时间线

并在 2021 年 9 月 14 日由抖音美妆博主"易烫 YCC"推出了"白月光美人 2.0#刘亦菲　白秀珠名媛妆"仿妆视频，这条视频成功收获 1.7 万次点赞，将营销活动推向了小高潮。如图 11 所示，"易烫 YCC"将仿妆内容清晰地打在标题上，并且在具体使用到娇兰产品的时候给了产品特写镜头（见图 11 红色标注），以图片和文字相结合的形式进行展示，方便潜在消费者进行搜索，快速"种草"转化。

在此之后的 2021 年 9 月 15 日—30 日期间，娇兰邀请各领域头部主播联合直播宣发，强势入局抖音平台，扩容品牌人群。并最终在抖音中秋礼遇季中大规模曝光，并稳步增长①，呈现了良好的营销

---

① 巨量算数：《2022 抖音电商节点营销白皮书》2022 年 4 月 15 日，检索来源：巨量算数：https：//trendinsight. oceanengine. com/arithmetic-report/detail/679.

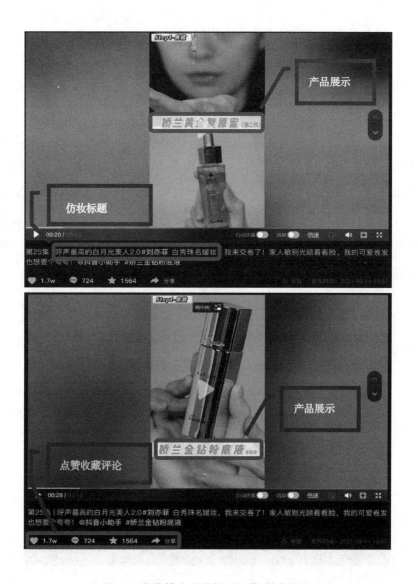

图 11 美妆博主"易烫 YCC"抖音仿妆

效果。

娇兰 2021 年"中秋#welcome 礼#"的营销属于知名品牌为实现消费人群扩容进行的精准营销。接下来要分析的贝亲（Pigeon）2022年开年大促，却是针对母婴用品消费用户，结合春节节日氛围，从情感表达出发满足消费者需求的内容营销。

2022 年随着虎年春节的临近，消费者对于虎年元素的追捧热情也逐渐高涨。在婴幼儿用品品类中，家长往往面对众多选择时会无从下手，但其中也蕴藏着机会——"套餐仪式感"。贝亲便抓住了这个商机，设计出了虎年限定礼盒（由于满减叠加规则不同，直播间销售价格在 225—252 元不等）。^①并在官方小红书和微博账号上以图文形式进行预热。如图 12 所示，贝亲虎年限定礼盒选取了传统文化中代表喜庆的红色，另外在奶瓶上搭配老虎印花及增加笑脸卡通老虎头的红色袜子，将春节穿红色的民间习俗和礼盒融合在一起，从包装和设计上融入了丰富的节日元素。

图 12　贝亲 2022 年虎年限定奶瓶礼盒

而且在一个套餐礼盒中将不同产品打包销售，令消费者能在一次购买中体验到多种产品，并以虎年视觉元素做装饰，增加了产品

---

① 价格信息来源 https：//detail. tmall. com/item. htm？ id=662845319979&pid=mm_ 25282911_ 3455987_ 122436732.

的美观性和趣味性，也令消费者在打开包装和使用的过程中体会到"仪式感"。

在以图文并茂的形式为商品营销预热后，在 2022 年春节第一天，贝亲邀请"大狼狗夫妇"、罗永浩、戚薇等主播和明星开启了与抖音宝妈们的首次对话（见图 13），以"新年给虎宝宝的新生礼"为话题为后续的营销埋下伏笔。

图 13　贝亲虎年礼盒抖音直播

在首播造势后，念念妈、一一妈妈、千惠等达人集中上线。再次以妈妈的视角将"萌虎限定礼盒"的产品卖点、春节祝福有机结合在直播中，以中国红的强视觉效果吸引抖音年轻宝妈，并通过直播间超级福袋，提升互动、关注、停留三大关键指标提升直播间热度，在宝妈心中留下强记忆点，达到破圈、扩大曝光及提升影响力的效果。

娇兰和贝亲两个案例都是由品牌方主导，并主动设计营销内容和时间线，再选择合适的明星、网红、主播通过短视频平台进行宣传和直播，从而达到扩大品牌影响力，扩容品牌新客的效果。下面要分析的玛氏集团（Mars Petcare）旗下主营宠物食品的子品牌美士（Mars Petcare）与上述两种营销不同。美士充分利用了明星代言人的粉丝群体力量，在线下预热并和线上官宣代言人后形成联动，掀起一股营销浪潮，一举多得。

与以往品牌官宣先行，粉丝跟进互动的营销模式不同，美士此次营销先在粉丝群内预告，利用美士周边在粉丝域内进行福利活动，提高粉丝互动率，使粉丝自发进行短视频宣传，而后拉动粉丝经济。其中，最具代表性的是上海交通大学 HHH（Happy Homeless in Holiday）计划，在其抖音账号"喵汪在校园"中发布了"一则校园猫咪新闻"（见图 14），在疫情期间借助粉丝群进行动员，号召线上线下公益共创，将短视频收入都用于校园流浪猫救助。

图 14 "喵汪在校园"为美士预热

在预热期间，为了提升内容吸睛度，美士还邀请抖音宠物"网红""摩卡和卡布""顽皮的矮脚猫"等进行视频全面铺量，利用简短的故事内容介绍美士产品的独特性，为观众、粉丝群体"种草"。例如，"摩卡和卡布"在 2022 年 3 月 28 日发布的 40 秒视频中，猫主人用轻松愉快的故事内容讲述了"馋猫"饿了，主人给猫喂食的过程。视频中不但清晰地展示了美士产品（见图 15），还使用了"量身打造""人可食用级别的天然肉和海鲜"等字眼，突出产品的精致和食材的新鲜。这条短视频在抖音上收获了 2.1 万次的点赞量，直至 2022 年 6 月，仍有用户在该视频下留言询问哪里可以买到同款产品，可见营销效果良好。

图 15　"摩卡和卡布"抖音短视频为美士营销预热

粉丝线下、线上预热结束后，2022 年 3 月 30 日，美士官方宣布杨洋成为品牌代言人，并在微博、抖音等社交媒体上发布官方广告。这也标志着本次猫粮营销的第二轮"内容生产"正式开始。首先，美士将代言人的广告投放到抖音开屏广告，让抖音用户第一时间知晓品牌目前正在进行的营销，提升品牌曝光率（见图 16）。此后，明星广告为"网红"矩阵提供了新的创作素材，短视频持续提升营销声量，本次猫粮营销也在持续升温。

　　为加快传播速度，美士与玛氏集团（Mars Petcare）的另一子品牌——希宝进行直播连麦，来扩大品牌直播间知名度，吸引新粉观看，促使老粉停留，提高直播间知名度和销售量。这次营销比较成功地呈现了内容种草即转化的效果，并为品牌长期运营、吸引更广泛的消费群体，尤其是代言明星粉丝中的消费群体打下基础。

美士开屏广告

明星代言人截图

图 16　美士在抖音投放开屏广告

　　综上，"内容电商"营销的三个实例已分析完毕，现将这三个实例在营销各阶段的具体表现总结如下（见表3）。下一节将重点阐述媒体软实力在内容电商中扮演的角色。

表3   内容电商营销各阶段表现汇总

	内容生产	内容营销	内容发布传播	营销效果
娇兰 Guerlain	品牌打造广告，明星、"网红"、主播制作短视频宣传	暑期广告预热，并迎合抖音中秋礼遇季，进行为期一个月的宣传和直播销售	抖音短视频平台及抖音直播间	为娇兰美妆新品加速破圈
贝亲 Pigeon	官方小红书、微博账号图文宣传	明星、网红、主播直播销售	小红书、微博及抖音直播间	化解新品爆冷，实现品效合一
美士 Mars Petcare	代言人粉丝和官方账号线上线下联动	抖音开屏广告展示明星代言人，并在抖音直播销售	抖音短视频平台及抖音直播间	吸引新人入会，持续培养，激活新老客贡献度

2. 媒体软实力在内容电商营销中有多重身份

在图6中，本研究将"内容电商"与"媒体软实力"结合为一个统一完整的模型。在每个阶段中，媒体都会发挥其不同的作用以助力内容电商的营销。因此，媒体软实力像三头六臂的哪吒，一"人"分饰多角。在内容生产阶段，媒体软实力体现在媒体扮演了信息制作者的角色；在内容营销阶段，媒体软实力体现在媒体角色转换为品牌发声者；内容发布传播阶段，媒体软实力体现在媒体承担起信息传送者的任务；在最后检视营销效果阶段，媒体软实力体现在媒体变身成为成果展示者。

具体而言，首先，作为"信息制作者"，媒体，尤其是社交媒体平台，在三个实例中，为"网红"达人、明星和普通用户提供尽可能多样化的信息内容。无论是文案、图片还是短视频的投放，是个性化信息服务的体现，旨在全方位提高用户体验感。这充分体现了媒体软实力中，媒体信息采纳和转述的能力，在保证传递有效信息的同时，还要为信息注入二次甚至多次传播的潜力，以推动后期销售。因此，在营销信息创作的过程中，媒体参与度越高，内容的呈现就越丰富。

其次，作为"品牌发声者"，媒体以消费者为中心，以情感共鸣为目标，在直播销售或短视频预热中，都在追求做到有温度的营销。之所以这样做，是因为在物质资源丰富、社交平台信息爆炸的时代，消费者视野不断开阔，购物时的选择空间也在不断扩大。因此，为吸引消费者的注意，内容电商采取通过媒体发声的办法，灵活使用媒体以拉近与消费者的距离。令消费者在网购的同时，能够满足跟随风潮，走在时代前端的情感需求，从而达到精准营销的目的。所以，在内容营销的过程中，媒体发声越强，就越容易吸引流量，为直播销售做铺垫。

再次，当媒体转化身份成为"信息传送者"时，就充分体现了媒体的开放性、规模性、即时性。社交媒体平台，最突出的特性就是即时沟通，不受时间空间限制随时互动。并且不同社交平台之间的联动，还会产生一加一大于二的效果。因此，无论是网红达人还是普通用户，都既是电商官方账户发布的活动信息的接收者，又是该信息的二次传播者。这充分说明，媒体在此阶段中，依靠自身的社交属性，为商家和潜在消费者编织了一个买卖关系网络，搭建了一个沟通商品交易信息的平台。

最后，当媒体以"成果展示者"的身份出现在内容电商营销的最后一个环节时，媒体展示的是具有独创内容、统一主题、专业化运作甚至跨平台合作的营销成果。同时，也展示了参与营销的媒体所具备的专业素质，比如，媒体态度立场、价值观、经营理念等。选择具有良好口碑和用户群体的媒体进行营销和成果展示，也从侧面体现出内容电商在数字媒体时代整合营销的实力，对其通过媒体打造长期品牌，收获稳定消费人群，颇为有利。

四 结语

本文通过搭建"内容电商"与"媒体软实力"研究模型，运用多模态分析法深入分析了娇兰（Guerlain）美妆产品、贝亲（Pigeon）母婴产品和美士（Mars Petcare）宠物护理营销案例，得出结论：媒体软实力在内容电商营销中不可或缺，且兼有多重重要身份。

内容电商若能巧妙运用媒体软实力，从消费者心理入手，精心策划与制定运营内容，有助于其突破传统电商的瓶颈，达到事半功倍地推动品牌打造和品牌推广的良好效果。同时，通过综合运用媒体软实力也可为新生品牌进入内容电商市场提供全面传播路径，即积极地通过媒体平台发布信息，收集公众反馈，形成良好信息沟通循环，并由此制定高效宣传模式，提升新品牌曝光，实现品效合一。

行业

七年探索 七家入场：内容电商的平台竞争演变（2016—2022）

摘　要：2016 年开始，电商发展进入下半场，流量去中心化的趋势不可逆，平台急需转型。在具体表现上，电商和内容边界日益模糊，优质内容的竞争优势极大影响了电商平台的转化成果，强化内容生态已经成为促进电商发展的新增长点，内容电商应运而生，主要指"以内容连接消费者和商品"的电商模式。

经历七年演变，七大平台陆续入场，共同将内容电商的发展推向高潮：淘宝有着最完整的电商闭环和最优质的购物基础设施；字节跳动后来居上，在海内外都吸引了大量流量；微信的社交数据最全，几乎了解每个消费者的性格和"衣食住行"习惯；小红书发展成了国内外最知名的"种草"平台，优质笔记层出不穷；快手拥有独特的"老铁"文化，以此为基础提出了信任电商；拼多多裂变引流速度最快，游戏化营销屡试不爽；京东物流优势依然坚挺，从四处合作走向了自主培育。

关键词：内容电商；直播带货；短视频；种草；平台竞争

---

* 陈楠，浙江传媒学院新闻与传播硕士，研究方向为新媒体运营与品牌传播。

引 言

内容电商的发展与各平台直播电商、短视频等媒体形式的发展息息相关。

2016 年，以蘑菇街、小红书为代表的垂直电商平台率先开启了国内的内容电商模式，淘宝向社区化、内容化和本地生活化的三个方向探索，7 月份利用 VR 技术首推造物节。9 月底，京东直播上线。

次年 9 月，今日头条推出"放心购"功能，实现了头条体系内部的电商闭环，初具独立电商平台的雏形。2018 年年底，淘宝"鹿刻"和淘宝直播被"派遣"作为独立的手机软件上线。

2019 年，拼多多入局直播，直播电商圈三足鼎立初现苗头。而在淘宝，李佳琦直播间迎来了千万粉丝，"双 11"当天商品交易总额直超百亿，为直播火爆的 2020 年吹响号角。

艾媒咨询的数据显示，2020 年中国直播电商市场规模达到 9610 亿元，同比增长了 121.5%。[①] 而根据字节跳动旗下巨量引擎的统计，截至 2020 年年底，国内直播电商用户规模已经达到 3.88 亿，渗透率达 39%。

2021 年，中国短视频使用时长已经超越即时通讯，增长势头依旧。2022 年，薇娅、李佳琦、辛巴等头部主播风光受损，但平台的内容电商竞争热度不减。

七年来，电商内容化和内容电商化已经互为表里，成为企业电商变现的必经之路。阿里巴巴、字节跳动、腾讯、京东、快手、小红书、拼多多 7 家企业在电商领域搅动风云，以各自的杀手锏与"软肋"，在竞合交融中共同描绘出中国特色的内容电商图景。

---

① 马玥：《数字经济对消费市场的影响：机制、表现、问题及对策》，《宏观经济研究》2021 年第 5 期。

一　淘宝：电商优势得天独厚，站内站外两开花

淘宝无疑拥有最完整的电商闭环，"用户＋品牌＋服务商"的三位一体生态，已经植入平台基因。站在金字塔顶端，淘宝选择了继续强化"超级矩阵"，完成"内容化"转型。

通常来说，传统电商向内容电商转型的第一步，就是建立内容生态。作为最早转型的平台之一，淘宝也不遗余力地践行这一原则。

2013 年和 2014 年，阿里巴巴入股新浪微博、收购 UC，获取了两大流量入口。2015 年淘宝头条上线。随后，UC 推出了商品推广功能，即在文章中嵌入商品信息，这进一步完善了阿里巴巴整体的内容电商生态，也增强了站内作者流量变现的能力。此外，围绕淘宝内容生态的公司数量也在逐年增加，截至 2020 年 2 月，淘宝直播 MCN 机构数量就超过了 1000 家。

在强大的电商产业链支持下，淘宝有足够的底气开展一系列变革和合作，主要体现在站内直播和短视频的发展，以及站外的流量人才汇聚。

（一）站内：直播地位直线上升，短视频化趋势明显

淘宝对直播的重视并非与生俱来，而是不断与形势互构而成。这主要体现在三个方面，一是平台入口的级别递进，二是直播人才的培养，三是细节呈现的"短视频化"。

首先，原本"淘宝直播"这一功能入口的位置在"地下 5 楼"（首页下划 5 次），到了 2019 年"双 11"，淘宝首页将直播新增为一级入口，直接升级为顶层入口。这并非无迹可寻，据官方数据显示，截至当年 8 月，淘宝直播用户超 5 亿，平台流量同比增长 59% 以上，商家商品交易总额增长超 55%。2020 年，淘宝直播的成交额超过 4000 亿元。

其次，挖掘与培养新业态主播。2017 年，淘宝结束了平台补偿

红利期，启用激励方式，将达人收入改为奖励制度。2022 年，淘宝联合点淘举办了"中国新主播"大赛，共有 1111 名主播入围，最终选出了年度 11 强。同年，淘宝召开淘宝直播 MCN 机构季度会议，公布了直播营销的三大方向，其中虚拟主播和 3D 场景成为平台新驱力。

在短视频方面，淘宝站内最大的动作是 2020 年 12 月上线的"逛逛"，与直播不同，"逛逛"刚一落地，在 2021 年初就正式占据了首页一级入口。阿里巴巴将其定位为淘宝内容平台，以图文、短视频的形式给用户种草，类似于在淘宝生态中的"小红书"。

这一策略明显奏效，当年"双 11"，淘宝有三分之一的订单来自于内容"种草"，"逛逛"成为了比肩抖音的第二大内容"种草"平台。2021 年年底，"逛逛"又增设了在内容中嵌入店铺链接的功能，以此来刺激消费者逛店，实现跨店铺购买。

此外淘宝还通过其他方式来进行"短视频化"转型，比如用短视频替代商品主图，在淘宝直播手机软件中增设视频频道等，以期潜移默化地改变用户习惯。

（二）站外："星 X 计划"聚企业，光合平台留作者

在自身已有的"超级矩阵"之上，淘宝也从未放弃过对联盟合作的追求。

早在 2010 年 4 月，阿里就推出了电商广告平台——淘宝联盟，当时所有的导购网站都基于此而发展，风靡一时。2013 年，微淘成为了阿里布局新形态电商的开端，但联盟形态却没有就此消散，在近年动作频频，为淘系生态汲取养分。

2020 年，淘宝联盟就内容生态发布了"星 X 计划"，联合市场上多家日活跃用户数量超千万的核心内容平台，以"百场百万"为目标，在全年策划及落地了上百场电商活动，致力于形成全新的内容电商生态联盟阵地，为淘系商家和推广达人创作提供更多元的电商运营场。^① 微博、百度等企业加入到了首批计划中。

2021 年 4 月,淘宝对外发布了光合平台,聚合创作者、服务商和商家等多主体,希望用创作者、服务商的内容能力,帮商家进行内容"种草"。同时配套"有光计划",对创作者进行补贴。根据当年的数据,光合平台有超 600 个 MCN 机构,超 30 万专业创作者和超 10 万商家创作者,在平台用户的招募和动员方面影响甚广。

二　字节跳动:短视频优势明显,海内外多点发力

2017 年起,字节跳动开启了电商征程,2018 年与淘宝达成了合作,但次年 5 月,抖音开放个人入驻抖音小店,主动打破了合作,后迅速服务升级、抢占市场。

2020 年抖音电商商品交易总额超 5000 亿元,2021 年度商品交易总额翻番,达 10000 亿元。虽然尚不足阿里 2021 财年商品交易总额(8.119 万亿元)的八分之一,但已相当于拼多多 2019 年全年交易总额。值得关注的是,其中近 40% 数据来自抖音小店,这说明抖音一直以来试图达成的独立电商交易闭环已经颇见成效。

(一)抖音:"野心勃勃"的电商变现

时间退回到 2018 年,抖音在"双 12"期间为天猫淘宝带货促成单数超过 120 万。

但从 2019 年一季度开始,抖音转而开始为自己的电商业务搭建服务工具,推出"精选好物联盟",与字节旗下电子商城"放心购"联动,并上线电商小程序,进一步方便达人带货。

2020 年 4 月,抖音签约罗永浩,高调加入了直播销售的平台混战。

最大的转折点出现在 2020 年 6 月 18 日当天,字节跳动正式成立

---

① 《淘宝联盟打造内容生态"星 X 计划",加速推进内容电商》,载数字营销市场,ht-tps://mp.weixin.qq.com/s/lyYFVddZ6B6c7Ni86DH61g。

了以"电商"命名的一级业务部门，将电商明确成战略级业务。在内容电商的带动下，当年1至11月，抖音电商整体商品交易总额增长11倍，小店整体商品交易总额增长44.9倍，开店商家数量增长17.3倍。

2021年，巨量引擎发布了全新电商广告品牌——巨量千川，外放产品体系，计划通过涨粉期、转化期、沉淀期三个阶段，为商家提供一体化电商广告解决方案。

这一年，抖音还提出了"兴趣电商"，它的本质依然是"内容电商"，但更加强调用户"潜在的"而非"已有的"消费需求，可以精准触及更广泛的用户，这主要体现在三农群体。2020年，仅抖音就有110位市长、县长参与了带货，直播活动总销售额1.23亿元，其中有6819万元销售额来自国家级贫困县，助力了脱贫攻坚。①

在商品质量方面，据《2020抖音电商消费者权益保护年度报告》显示，抖音电商先期投入1.6亿元，成立消费者权益保障基金，累计下架违规商品超百万件。

相较于传统电商的"双11"和"6·18"，抖音将"8·18"打造成为了全新的购物狂欢节。为了配合节日营销，抖音大幅改善了商城建设，不仅将原有的"百亿补贴"频道改成了"商城超值购"，还新设置了"直播精选""低价秒杀""热点话题"等频道，希望通过更清晰的分类和更多样化的分区，给消费者带来更好的消费体验。

除此之外，抖音还将电商的行业运营分为了内容和货架两条业务线，正式走向"淘宝化"。2022年5月31日，在抖音电商生态大会上，抖音电商总裁魏雯雯表示，兴趣电商将升级为全域兴趣电商阶段，从内容场、中心场、营销场三大场域协同发力。

---

① 彭燮：《发力"兴趣电商"，抖音电商总裁康泽宇表示有质量的GMV才是核心指标》，载《中国品牌与防伪》2021年第4期。

（二）今日头条：抖音"内容池"的 B 面探索

早在 2014 年，今日头条手机软件就上线了名为"今日特卖"的电商业务，这是字节跳动首次将电商业务植入内容平台中。

2017 年，今日头条又上线了"放心购"业务，后在 2018 年 9 月将其升级为"值点商城"，并打造了一款独立的电商手机软件"值点"。这款产品主打无中间商赚差价的低价策略，类似于"拼多多"，但最终效果没有达到预期。

现在的今日头条形成了以"值点（头条小店）＋抖音直播（抖音小店）"为"双核"的电商运营模式。此外还利用自身的算法优势，为用户精准推送其可能会在抖音上关注的直播间。在搜索方面，只要搜索相关产品的关键词，就能精准显示出正在销售该商品的抖音直播间。

抖音直播与今日头条手机软件的融合度非常高，基本上用户每浏览 5—6 个图文内容，就会出现一个直播入口。此外，今日头条在用户的个人主页内新增了全新的"订单"功能和"优惠券"功能，这两个新功能分别可以同步用户在抖音内的购物订单记录和红包、优惠券等。

综合来说，今日头条的图文与抖音直播共同组成了抖音电商的"内容池"。

（三）Tiktok：既要吸引卖家，也要推广市场

据 App Annie 的数据显示，截至 2021 年上半年，TikTok 和抖音在全球总下载量突破 30 亿次，成为全球第一大非游戏类应用。和抖音电商一样，直播也是 TikTok 电商的核心配置。

TikTok 非常重视卖家的社交平台表现，对在 Facebook、Instagram 等社交平台上做过直播的商家赋予认可，但针对在亚马逊等电商平台开过直播的群体，则热情有限。

为了吸引更多商家一同测试市场，TikTok 曾推出"英国跨境商

家自播激励计划"，要求商家在直播间挂售的商品不低于 10 个、连续直播时长需超过 1 小时，并给予完成任务的商家三重福利：开播免佣金激励、动销包邮激励和商品交易总额打榜激励。但获得奖励的账号如果被发现有恶意刷单、虚假交易等情况，将被取消资格，也不再享有政策奖励。

同时，TikTok 电商也在扩大海外的结盟对象，与 Shopify 建立了合作伙伴关系，将在美国、英国和加拿大的部分 Shopify 商家测试应用内购物功能：商家在自己的 TikTok 主页创建"迷你店铺"，并以类似购物车的方式嵌入到短视频或者直播间，用户点击后即可跳转到独立站落地页进行交易。

TikTok 直播电商于 2021 年先后进入英国和美国市场。在英国TikTok Shop 中，品牌方或"网红"能够以直播形式销售商品，消费者在 TikTok 内就能完成购物全程；而在美国推出的 TikTok Shopping 中，消费者需要点击直播商品的购物链接，跳转至站外完成购买。

探索从未停止，随着国内经验的进步和国外市场的成长，TikTok 直播电商拥有脱颖而出的一切可能。

三　微信：社交数据最全，发力"克制"但可期

微信天然有做内容电商的基础设施，比如说包括社交关系、聊天记录、工作职业身份等最全的用户生活数据，以及影响力巨大的内容平台——公众号。小程序让用户最大程度地留在了微信应用内，视频号又给了用户展现自我的广阔平台。

虽然相比其他平台，微信的电商属性是最弱的，但腾讯也从来没有放弃在内容电商分一杯羹的决心。目前来看，小程序、公众号、视频号之间的打通和连接意义非凡，实现了公私域联动，保证所有流量和交易都可以在微信里达成。

（一）"公众号＋小程序"制造交易闭环

2014 年，腾讯曾在微信开放微店入口用来改造微商，但收效甚微。

这一困局直到 2017 年才逐渐明朗起来。一些头部大号发展成了标杆电商，电商环节的产业链也开始细化。据新榜 2016 年年底的数据统计，微信每 7 个大号，就有 1 个做内容电商。但当时微信的电商导购特性并不明显，由内容跳转到购买界面通常要通过"识别二维码"这一步骤，此时，微信小程序的出现，不亚于天降甘霖。

同年 1 月 9 日，"微信小商店"上线，不需要下载安装即可使用，对小微商户尤其友好，在微信与淘宝之间"建墙"多年后，真正将商家的销售渠道也留在了微信内，防止流量外泄。

2018 年 6 月，微信搜索开放了商品类目搜索，可以直达商品购买页面。

到了 2022 年的"6·18"，微信搜索可以直接导流京东对应产品的小程序产品页。搜索直达单品导流京东，是路径最短的导流方式，标志着腾讯在内容电商领域开始借力、发力。

（二）"视频号＋激励手段"改善直播生态

在很长一段时间里，微信视频号的重心都是丰富内容生态，商业化动作乏善可陈，直到 2020 年下半年，才上线了购物车功能。经过一年的试水，2021 年年末，微信视频号交出了一张不错的成绩单：直播销售商品交易总额较年初增长超过 15 倍，其中私域占比超过50%；直播间平均客单价超过 200 元，整体复购率超过 60%。[①]

2022 年，官方团队继续加大了对内容电商的投入，宣布将做三件事：继续对所有商家免收技术服务费；推出商家激励计划；构建服务商开放生态。这直接反馈在了当年的"6·18 大促"，上线第三

---

① 李静：《微信视频号首战"6·18"：一场商业化的阳谋》，《中国经营报》2022 年第 6 期。

年的视频号加入战局，通过激励手段，推动商家将私域流量导入"6·18"直播间，并以转化率为目标为商家提供公域流量的激励。

一直以来，公私域联动是视频号的优势所在，一个品牌可以通过借助社群会员等自带流量，帮助直播间冷启动，吸引而来的公域流量又能沉淀到企业微信，形成私域—公域—私域之间的流转。

但微信电商生态仍然有亟待解决的问题：目前还没有头部账号。淘宝和抖音、快手，都是通过头部主播来开拓市场，引入商家。因此在这一点上，微信有"下重棋"的必要性。

四 小红书：成败皆为"种草"，转型压力巨大

从跨境电商热潮入局，再到如今成为国内外标志性内容"种草"平台，小红书在内容领域的优势十分明显，但"内容电商"的转型跨度之大，也让小红书倍感压力。目前小红书的估值高达200亿美元，是知乎的23倍，资本期待着小红书增速加快，在疲软和广告市场及巨头加快入场的"种草"行业里，内容电商成为小红书的一线曙光。

（一）成于"种草"，社区信任程度深

创立于2013年的小红书，早期定位是海外购物信息分享社区。2014年，小红书顺应平台内容调性，将链条伸向交易，上线了跨境电商业务"福利社"，之后又引入第三方品牌，丰富平台的产品品类和产品最小出库单位（SKU）。

不过随着竞争加剧，2017年小红书更加强调自己的社区属性，打上了"国民种草机"的标签。在这一阶段，电商只是一个纵向变现方式，并没有上升到战略定位。

当时为了激励创作，小红书搭建了从"尿布薯"到"金冠薯"的十级成长体系，从精神激励和物质激励两个层面鼓励用户提升级别。QuestMobile曾在2020年指出，在抖音、快手、微博和小红书四个平台中，抖音、快手的平均带货转化率为8.1%和2.7%，微博为

9.1%，而小红书的平均带货转化率高达 21.4%。也是同年，小红书推出了百亿流量向上计划，期望通过流量扶持催化内容产出，以稳固平台的"种草"内容。

小红书最初的策略是主动为淘宝导流，在"双 11"前夕，用户点击部分笔记链接便可直接跳转到淘宝，但最终带来的是不足 70 亿元的商品交易总额，远比不上抖音、快手的几千亿商品交易总额。

因此，从 2021 年起，小红书的态度就发生了转变，试图将流量与转化留在自有平台，宣布切断电商外链。在 8 月 2 日，官方正式推出"号店一体"机制，内容电商属性进一步凸显，用户账号被分为专业号和非专业号，专业号可以零门槛开店。

到了 2022 年年初，小红书将社区和电商两大业务板块进行合并，还推出了"社区商业公约"，强调"请不要在个人页、评论、私信等场景把交易引导到站外"。优秀的带货转化率再加上社区调性，让小红书的用户信任度高居前列。

（二）困于"种草"，破圈难度系数高

自 2014 年就开始试水电商业务的小红书，到 2020 年商品交易总额仅有 10 亿美元，良好的社区基因并没有给小红书带来高转化率。这或许是因为小红书本质上是内容平台，和电商业务模式不同。想要做好电商，充足的流量、高效的分发及配套的基础设施缺一不可，但小红书在这些方面都不具有优势。

第一，小红书的流量以垂直见长，但不够充沛和多元。据小红书首席市场官公布，截至 2021 年 11 月，平台月度活跃用户为 2 亿，从内容平台角度来说已经不俗，但对电商而言，还远远不够。同期，抖音、快手月度活跃分别突破了 6 亿和 4 亿。

第二，流量分发上，小红书的分发机制侧重于社区氛围的维护，导致其电商业务的转化链条相对低效。且小红书虽有自己的保税仓，但在供应链纵深上明显弱于综合电商。

第三，对"KOL"的管理与平台生态维护难以平衡。自 2021 年 12 月 16 日启动"虚假种草"专项治理以来，小红书已封禁 81 个品牌及线下商户，数万条笔记。这在净化社区氛围的同时，也让众多"KOL"和品牌望而却步。

第四，"种草"的天然优势正在被追赶。近几年，淘宝率先上线"逛逛"，京东和拼多多也上线了与"逛"有关的板块；腾讯打造了"种草"工具"企鹅惠买"；抖音还推出了"种草"手机软件"可颂"，广告语为"定义你的生活"，就像是翻版的"小红书"。

从 2014 年 8 月推出"福利社"到 2022 年推出"社区商业公约"，小红书一直在促成转化变现，但不管是资本和渠道堆集，还是供给链治理和运营经验，目前看来，都还有些差距。

五 快手：下沉优势明显，扶持力度渐强

快手自有的内容电商业务开始得早，发展也快，2018 年 6 月就开始做的快手小店及其与后端服务商的深度绑定，促使快手更早形成了闭环。快手电商负责人笑古曾公布 2021 年快手电商发展的三个关键词：大搞信任电商、大搞品牌、大搞服务商。这本质上体现了快手向主流品牌商靠拢的转向，也正是快手电商的核心逻辑。

（一）坚定发展信任电商，激励留存创作者

快手一直通过全方位扶持创作者实现平台与内容生产者的共赢，并以此促成自身的爆发式增长。2021 年 10 月，快手正式官宣"新市井商业"品牌理念，磁力引擎打造了 5 亿 + 人的数字市井家园，在公域有活力、私域有粘性、商域有闭环的生态下，品牌可以持续在快手实现扩圈、连接、经营和洞察四大价值。[1]

---

[1] 马涛、陈晓逸：《快手磁力引擎，深耕新市井商业里的广告生态——专访快手磁力引擎产品负责人杜铮》，载《国际品牌观察》2022 年第 9 期。

　　"老铁"文化带来的用户黏性是惊人的，据统计，2016 年开始就在快手发布作品的创作者中，"万粉"和"十万粉"创作者到今天还在活跃发布作品的比例分别超过 70% 和 80%，"百万粉"创作者的创作活跃比例则达到 94%。

　　快手官方认为：持续产出优质、多元化的内容，关键在人。而要创作者保证持续的创作热情，则需要持续让创作者获得至少令自己满意的收益。2022 年 6 月，快手宣布升级"青云计划"，在第三季度结束之前，快手电商每天将拿出 8 亿公域流量，覆盖短视频和直播，定向扶持优质潜力主播和品牌快速成长。

　　2022 年 7 月 29 日，主题为"全新升级　全心陪伴"的 2022 年快手光合创作者大会在云南丽江举行，从指引信息、流量资源、服务措施和加速变现四大维度为创作者提供实在的解决方案。连续 3 年，快手每年帮助 2000 万名创作者获得收入，过去半年快手创作者总收入同比增长 25.3%。

　　自提出信任电商以来，快手电商就成为了短视频与直播行业内的独特存在，2022 年第一季度财报显示，快手电商商品交易总额达到了 1751 亿元，同比增长 47.7%，全年活跃买家数已超过 2.1 亿。

　　（二）更加注重品牌运营，公私域双轮循环

　　继抖音之后，快手开启了自家"商城"板块的小范围内测，"商城"将作为独立板块进行运营，置于平台首页顶端，与"发现""同城"并列。这省去了用户通过小店进入商城的步骤，不仅方便了消费者购物，还节省了商家的时间。

　　快手是从下沉市场起步的，现在为了扭转平台固化印象，吸引品牌长效发展，专门设立了 SKA 品牌运营中心。品牌可以在快手得到流量、预算、服务、工具和政策等方面的赋能。

　　在提出信任电商概念一年后，2022 年，快手电商在服务商大会上首次公布了一个公私域双轮循环生意增长模式，希望以此来培养更优秀的主播和有长效经营意愿的商家，扩大消费群体规模。同时也在战略的"三个大搞"的基础上，增加了"大搞快品牌"这一策略，再次加速品牌化进程。

"6·16"当天，小米在快手直播间的销售额火速破亿，公私域的贡献几乎是对半分，这让快手有了进一步推出公私域双轮循环新流量策略的信心。到了第四季度，快手平台品牌自播商品交易总额是第一季度的九倍以上，活跃电商主播数量全年持续增长。

为了帮助品牌发展，快手还精心培养了一批专业"操盘手"，即每场直播实战中进行具体操作的个人。这些"操盘手"具有运营直播所有环节和把控节奏的能力，能从问题诊断、策略调整、选品、如何导入更多公域流量等方面来提升直播间的卖货效率和涨粉能力。

2022年3月以来，伴随着第三方外部链接跳转的停止、电商生态自建的有序推进，由快手小店承担的交易闭环正在站内逐步形成，其对平台商品交易总额的贡献已达99%以上。

六 拼多多：游戏化裂变营销，在短视频上发力

拼多多的异军突起，彻底改变了下沉市场电商的格局，也颠覆了"微信生态不适合做电商"的刻板印象。拼多多最大的创新就在于没有用货架电商的传统路径，而是采用了新型的以社交关系、娱乐游戏和数据驱动的"货找人"模式。

（一）病毒式外链扩散，迅速崛起

正如拼多多创始人黄峥在致股东的第一封公开信中所讲的那样，拼多多是一个由分布式智能代理网络驱动的"Costco"和"迪士尼"的结合体，游戏化的互动是拼多多长期以来所奉行的运营准则。

拼多多的"内容"与社交场景结合非常紧密，比如"拼小圈"的同级"种草"、化简为繁的砍价得物。这些内容营销的底层逻辑是

高效的信息匹配,即不停地模拟着整个空间里人群的群体情绪,并试图对整个空间做调整,让群体体验更加开心。[①] 现任首席执行官陈磊曾总结归纳出一个"Scuba 模型",即:场景(Scene)驱动服务;服务带来用户(User);用户带来数据(Big Data);数据经由 A. I(人工智能)和 Computing(计算能力)处理后,优化用户体验,而体验又带来新用户增长,从而形成正向循环。

因此,拼多多的突围路径在于以社交平台辅助为基础的"货找人"模式,依托大数据和算法,精准地把商品推荐到目标消费者面前,并利用游戏式玩法、娱乐体验及社交裂变属性,来促成庞大的爆发式销量。

2022 年 3 月,拼多多发布了 2021 年第四季度及全年度财报,这是公司首席执行官陈磊上任一年以来的首份财报。截至 2021 年年底,年活跃买家数达 8.69 亿,同比增长 10%,单季新增约 140 万。回看 2021 年第一季度至第三季度,单季新增用户分别为 3500 万、2610 万和 1700 万。[②]

财报电话会上,陈磊表示,现在的用户规模不太可能再继续高增长,改变是必然的选择。"过去一年,市场上涌现出了不同的平台及电商模式,这是我们需要多学习、多借鉴的。"

(二)上线短视频专页,迎头赶上

据财报显示,2021 年,拼多多单季新增年活跃买家数量分别为 0.35 亿、0.26 亿、0.17 亿、0.014 亿,已连续五个季度逐季递减。与其他平台相比,拼多多更晚加入短视频的战局,在获客增长上所受阻力不小。

2020 年春节期间,拼多多手机软件上线了"多多视频"功能,

---

① 郑刚、林文丰:《拼多多:在电商红海中快速逆袭》,《清华管理评论》2018 年第 9 期。

② 叶丹:《增速放缓后,互联网平台还有什么"故事"可讲?》,《南方日报》2022 年。

但仅嵌在"个人中心"页面内，与"多多爱消除"等泛内容功能平行。2021年年初，拼多多将名为"大视频"的内测功能移动至部分用户的首页一级入口。2022年年初，"多多视频"地位再次升级，上线至软件首页底部的一级入口，代替了原先的直播入口。这与淘宝直播的"楼层跨越"有异曲同工之妙。

"多多视频"与抖音、快手等短视频平台的页面设置相仿，并继承发扬了拼多多出手"阔绰"的性格。以"伯乐计划"为例，用户每邀请一位新作者入驻并完成等级认证后，即可获得300元现金，奖金累计无上限，受邀者也能获得每月1000—10000元不等的现金扶持及每日最高60万的流量扶持。

近年来，下沉市场成为电商巨头们的新博弈场，阿里巴巴和京东相继推出了"淘特""1688""京喜"等手机软件，如何构筑更高的"护城河"来留住并满足新的用户需求？"多多视频"只是一个开始，为了在娱乐化外壳下实现用户留存和转化，拼多多或许将推出新的举措。

七 京东：以跨界补短板，加速布局新内容生态

京东以自营电商起家，在诞生之初，就重点培养了采销优势和自建物流的核心竞争力。在"内容电商"方面，京东此前广泛与各个互联网平台进行了合作，直到近两年，才开始利用"6·18"等大促来完善自有的内容生态。

（一）早期以合作为主，弥补流量不足

在对内容电商的探索过程中，京东与众多平台都建立了联系。

2016年，京东与今日头条达成全面战略合作，推出"京条计划"，正式涉足内容电商。从移动分发的流量来考量，京东联手今日头条，是瞄准了其庞大的用户群和精准的算法推荐能力，希望能通过今日头条，来为品牌找到潜在客户。但事实上，当时将今日头条

作为电商流量的入口不止京东一家，还有淘宝、天猫及其他品牌商的内容推荐。

2017 年 9 月，京东与网易合作推出了"京易计划"。一方面，京东在网易新闻上开设了"京东特供"一级购物入口，并依托网易个性化的用户数据，助力京东、京东的品牌合作伙伴及京东平台上的商家实现精准广告投放；另一方面，双方也在内容层面展开了深度合作，网易新闻为京东开设直播频道，京东则通过导购、分佣等模式助推网易号创作者提升内容变现能力。

2018 年 3 月，京东与美丽说合作的"微选"也开始陆续开放上线。不难看出，连续跨界合作彰显出京东在内容电商领域的信心不足和相对谨慎。

（二）布局新生态内容，注重营销价值

与行业常规直播带货不同，京东一直看重直播营销价值，将其定位于"营销场"。2022 年 5 月 20 日，京东在"6·18"启动发布会上宣布，将全面整合直播、短视频、大图文三大板块，全面升级内容生态。

于是我们看到，2022 年的"618"，京东除了直播，还重点布局了新生态内容：以"专业人带专业货""全场景多元直播形态""微信视频号直播 IP 矩阵""加码短视频与图文内容"为四个发力点，打造全新的消费方式。并邀请到了来自美的、方太等企业的六百余位总裁，为消费者提供集趣味性和专业性于一体的直播内容，提供"总裁价"，直接做出最大让利。

为了让"专业人带专业货"，京东邀请了一千余位优质垂类达人。这些标签鲜明的头部垂类 KOL 联动站内主播，凭借对各品类的深入了解，在直播间为消费者进行"信任植入"。

在短视频内容板块，京东推出了"专业种草"全民"趴"，发起一百余个品牌官方话题，票选出全民种草好物，提供了 100 万条以上的优质短视频内容，让商品推荐精准触及消费者。

图文板块也是京东内容新生态的杀手锏，京东邀请了一千余位专业"种草"官，分享高质量的图文内容，完成晒单分享，将专业"种草"与兴趣社区紧密结合在一起。

八 海外市场潜力大，巨头追赶正当时

在观察海外内容电商生态时，亚马逊当仁不让，它既是电商平台，也是全球流媒体大户，早在2019年，整体的内容预算就已经达到了60亿美元。

亚马逊将内容当作集客入口，以优质内容吸引用户，再转化为平台的消费者。2014年，亚马逊斥资9.7亿美元收购了海外第一大游戏直播平台Twitch。在体育上，又先后拿下了NFL、ATP巡回赛、2019—2022每赛季20场英超比赛的转播权。

与国内相似，2016年也是亚马逊直播带货的开局之年。当年3月，一档名为"Style Code Live"的时尚类直播节目在亚马逊上线，观众可以在观看节目的同时，点击视频下方的链接购买相关商品，但这档节目只维持了15个月。

2017年，"亚马逊红人计划"开办，"网红"加入计划后，可以向粉丝分享特定的商品链接，如果粉丝完成购买，就能获得一定比例的报酬。

2019年，亚马逊重新进入直播销售行业，成立了专门的直播电商平台Amazon Live，并推出了面向品牌和主播的Amazon Live Creator，助力发展直播销售。据亚马逊官方数据指出，观看视频的客户转换为购买者的比例是非观看客户的3.6倍，这给了其一定的策略信心。

但据霞光社观察，截至目前，最热闹的亚马逊官方直播间，在线观看人数也不过三千余人，其余大多数直播间的观看人数平均只

有几十人。Coresight Research 也有数据显示，美国直播电商市场仍处于起步阶段，2021 年年底，美国直播电商的市场规模约为 110 亿美元，还不到中国的 1/18。

国外的"内容电商"大多为明星或网红在社交媒体发视频"种草"，但这与国内存在很大区别：一方面，他们不负责"拔草"；另一方面，海外几乎没有专业的直播电商平台，即便亚马逊旗下拥有 Twitch 直播平台，与电商业务的互联也很少。

其他海外社交平台也正在努力构建起自己的内容电商生态。

2020 年 5 月，Facebook 上线了 Facebook Shops 和 Instagram Shops，致力于让用户可以直接完成从浏览商品到购买商品的闭环。YouTube 目前成为了海外视频带货效果最好的平台，2021 年 10 月，谷歌宣布计划将其打造为一站式的购物平台，借鉴中国已有的内容平台转型模式，让用户可以同步进行看视频和购物，实现"种草"到"拔草"的闭环。

总体来看，虽然国外直播电商落后于国内，但海外巨头经济规模庞大，市场化手段成熟，风口之下，势必也会做出新的努力，拥有无限的潜力。

结语　内容电商的未来

（一）存差异，且求同

纵观七年来的平台竞争演变，存在着明显"此消彼长、求同存异"的趋势。各项差距都在逐渐被缩进、拉平。譬如拼多多和快手的下沉优势，正被淘宝的"1688""淘特"攻占；小红书的"种草"优势，正面临着"逛逛"和"可颂"的强势威胁；抖音的短视频优势，被拼多多等平台的一级直播入口所分流……对于平台而言，直播电商竞争核心还在于流量的高粘性和后端核心供应链壁垒的建设，除了最早发展电商的阿里巴巴，其他平台都在奋起直追，打造自己的生态护城河。

而展望未来，电商和内容进一步融合的背后，不同平台基于自身的基因和引入直播目标的差异性，可能会有各自的发展空间和赛道，最终共同推进效率的优化。

（二）因技术，而虚拟

5G商用之后，技术迭代的速度进一步加快，为众多领域带来了新的变革。应用在内容电商领域里，除了更加精准和个性化的算法，就是虚拟主播的诞生。

在提升效率、减少失误的共同愿景下，虚拟主播有望成为业内看好的一大发展方向。一方面，从直播销售的层面来看，虚拟主播的执行成本将处于较低的量级，销售成本也有望低于明星主播和头部、腰部的各大主播；另一方面，各大平台几年来在人工智能领域内的资源投注颇高，虚拟主播能够成为技术的试金石和蓄水器，对未来市场的前瞻力与投入决心将会促使头部公司继续为此发力。

（三）造品牌，自己来

直播电商是增量场，品牌自播逐渐成为了主流，未来更多优质内容的生产，将来自于品牌自主创作。根据艾瑞咨询的数据显示，目前企业自播已经成为众多品牌的主要销售场景之一，2020年企业自播成交额占整体直播电商超过三成，预计2023年占比将接近一半。①

安踏、李宁和良品铺子是这一策略的佼佼者。"双11"期间，安踏在快手的商品交易总额曾突破了四千万。而李宁的抖音官方账号拥有超476万的粉丝，在去年"双11"近30天直播带货商品交易总额超过1500万。良品铺子在2020年就正式成立社交电商事业部，加速布局抖音、快手等渠道，2021年公司电商业务收入为48.58亿

---

① 《中国直播电商行业报告2021年》，《艾瑞咨询系列研究报告》2021年第9期。

元，占总收入的比重为52.10%。此前其一场直播就能卖出5800万元的零食，贡献了公司全年收入的6%。

正如头部主播对直播平台的影响，这些品牌的正面案例，也将会为后来的其他品牌提供指引，加速入局内容电商，为已经炙手可热的电商赛道"再添一把火"。

阿里、京东、拼多多在国内电商市场三足鼎立的局面已经持续多年，但增速已经明显放缓。目前阿里求稳，京东继续推进物流与供应链的建设，拼多多则继续重投农业。自内容电商爆发以来，抖音、快手分别以5%、4%的市场份额合计拿下了接近10%的市场份额，让市场见证了内容的巨大影响力，倒逼传统电商进行变革。

当前，电商平台加速"内容化"、内容平台加速"电商化"，在可以预料的将来，双方将继续深入对方的腹地，在更广阔的领域进行白热化的竞争。

重塑人货场，主流媒体直播带货的困局和可能

朱永祥[*]

摘　要：直播带货迅速发展，主流媒体如何在网红流量和供应链主导的生态逻辑中赢得一席之地？如何借助直播带货迅速发展的契机，推动"媒体＋直播"快速融合？这是摆在主流媒体面前的挑战，也是机遇。本文通过分析主流媒体直播带货的逻辑冲突，提出从助推品牌的角度重塑"人货场"。这种重塑，既可以助力企业品牌升级和受众消费升级，也能重塑主流媒体的价值，体现媒体融合的"内容＋服务"，实现主流媒体的社会效益和经济效益。

关键词：主流媒体；直播带货；媒体融合

一　引言

2020 年，"小朱配琦"等直播带货初体验的主流媒体因金句频出被网友称为"文化带货"的典范，而在 2022 年这一评价主流媒体带货风格的专有名词被"东方甄选"重新定义，成为直播带货领域的一股热潮备受关注。

---

　* 朱永祥，复旦大学传媒管理 EMBA、高级编辑、硕士生导师，浙江省青年网红研究中心主任、浙江传媒学院播音主持艺术学院口语传播与数字媒体教学部创始人。

2022年6月，"东方甄选"直播间以高频的文化输出重新定义直播带货。以董宇辉为首的"东方甄选"主播团，上知天文下知地理，短短一周时间，"东方甄选"账号粉丝从100万暴涨至1282万，日销售量从75万飙升至6257万。6月中下旬，"东方甄选"直播间销售总额已经超2亿。新东方股价涨幅一度达到100%，身价骤增60亿。"东方甄选""文化带货"的方式成为吸引用户的"流量新贵"，重新洗礼直播电商行业。

在此之前，央视新闻主播朱广权在"谢谢你为湖北下单"的公益带货之中，就因金句频出首创"文化带货"一词，为直播带货界注入一股清流，颇有示范意义。然而，头部平台和头部媒体交织的直播盛宴，却难掩更多主流媒体直播带货面临的困局，近两年来主流媒体直播带货出圈的案例寥寥无几。正像移动互联网所信奉的头部逻辑一样，直播带货所要撬动的流量和供应链，成了众多主流媒体发动直播带货的心头之痛。

二 主流媒体直播带货的逻辑冲突和当下困局

"人、货、场"被认为是解读电商直播的三个重要维度。"人"就是主播和MCN机构，"货"则是品牌方和供应链，而"场"指的就是平台，诸如淘宝、抖音和快手这样可以创造消费场景的电商平台或流量平台。这三个维度，显然不太符合传统主流媒体"内容+广告"的商业逻辑。

1. 人：主持人与带货主播的逻辑冲突

就移动互联网平台而言，直播带货这一新技术形式赋能个人力量兴起，最大化凸显"人"的作用。主流媒体也同样意识到了这一点，根据CSM《融媒直播加速释放赋能价值——网络直播研究报告2021》显示，2021年1—8月，广电机构、栏目账号开设的直播近1.5万场，网络直播累计时长超过8.7万小时，观看量超过18.9亿

次。而 2021 年 1—8 月广电主持人、记者开设的直播超过 1.4 万场
（与广电机构、栏目账号几乎持平），网络直播时长超过 3.4 万小时，
观看量超过 7 亿。其中近四成直播为带货直播，涵盖日用百货、书
籍、服饰等品类。

可以说，主持人凭借其长年的观众积累和专业能力，尽管被认
为是主流媒体直播带货的一大优势，但对其来说，却无法回避两大
问题：一是流量，二是话术。

传统广电主持人作为节目的"人格化"中介符号，服务于节目
内容，自身大都缺乏专业内容输出的能力。因此我们在抖音等短视
频平台上看到的主持人的短视频内容往往更多是制造台前台后反差
萌的娱乐段子，尽管也有粉丝围观，但并不利于用户的深度连接，
而且过于夸张的反差萌，反而容易消蚀主流媒体的属性和主持人背
负的公信力。因为一些观众会误以为主持人在台前原来是一种言不
由衷的表演。

而在移动互联网领域，只有那些具有鲜明人格化标签的主播才
能赢得用户追随。罗永浩在接受巨量引擎采访时说："虽然在不同时
代需要针对不同的新形势变化，但内在的东西和人性是不变的。所
以即使我做了很多调整，本色还是一样的。"罗永浩直播带货首秀
后，网友纷纷评论"一切都是熟悉的配方，熟悉的味道，熟悉的罗
永浩"。在粉丝面前，罗永浩呈现的只有 A 面，没有 B 面。幽默、真
性情、敢吹牛、带有明显的价值倾向，是网友一直以来对罗永浩的
评价，在各个媒体平台、领域都是如此。

著名广告人克劳德·霍普金斯说："成功的推销员很少是能言善
辩的，他们几乎没有演说的魅力可言，有的只是对消费者和产品的
了解，以及朴实无华的品性和一颗真诚的心。"这从李佳琦曾经作为
主咖参加《吐槽大会》节目可见一斑，他并没有优秀主持人那样出
众的口才。

　　可以说，广电主持人和带货主播完全是两个不同的职业，尽管都是以说见长，但后者更要承担产品的知识分发和信任代理，然后通过鲜明的人设和独特的表达实现人格连接。而在主持人节目中，人设是节目的塑造，而不是相反。比如罗永浩自从做了锤子手机，就确立了匠人人设，就可以为科技类且有设计感的产品带货。

　　2. 货：效能与品牌的逻辑冲突

　　"货"及其背后支撑的供应链，需要"人"和"场"的对价，而这并非传统主流媒体所能提供和掌控的。可以说，传统主流媒体除了广告时段（版面）的供给，并没有专业的产品研究部门和广告环境管理部门，更多只是满足品牌客户根据人口统计学意义上的收视数据提出的广告发布诉求。

　　而在直播带货中，供应链成为关键。它既需要有足够可挑选且与主播人设匹配的 SKU，更需要有全网最有竞争力的价格，而产品品牌则被稀释淡化。也就是说，缺乏流量主播，以及电商平台和流量平台的支撑，就会失去对供应链的控制力，直播带货的效能就会极其低下。

　　主流媒体一旦陷入"流量漫灌＋低价竞争"的逻辑，也就难有优势可言，也因此我们看到主流媒体的带货直播，供应端连接的更多还是媒体可以触达的本土产品（包括地方特产和农产品）。例如，广西广播电视台通过"我为家乡代言"活动创立的广西第一档大型全媒体公益助农扶贫直播，就是以深入挖掘当地最具代表性的特产风物为主的"政府＋电商＋大小屏传播平台"的运营模式。因此，主流媒体参与构建直播带货，更大的诉求和发力点还在于根植本地产业，在宣传国家政策、新技术推广转化、地方民俗特色文旅产业及农产品的推销等方面，发挥媒体的本土优势，实现属地信息的有效沟通。

　　置于直播电商大的消费场景中，本土和非本土并非用户认知产品和接受"货"的核心，主流媒体要通过内容的破圈实现"货"的破圈并非顺理成章，因为直播带货最根本的逻辑原点还在于"货"。2022年，笔者率研究生团队对杭州的直播电商产业进行了近一年的深度调研。在调研中我们发现，对于直播电商而言，优质的供应链和过硬的产品是其核心竞争力。国内头部直播电商机构谦寻文化的负责人董海锋说，好的产品一定是最重要的基础。直播电商最吸引用户的内容是什么？一定是你的商品。在直播电商的消费场景中，主流媒体赖以生存的内容已经转化为促成用户下单的商品。宸帆电商的合伙人钱昱帆认为，在我们创业的时候，我们靠产品驱动来赚钱，所以我们在意对消费者的服务品质，在意他签收时候的体验，这个东西是我们长期以来的核心竞争力。

3. 场：注意力与动员力的逻辑冲突

早在1994年，美国学者Richard A. Lawbam就在《注意力的经济学》一文中提出了"注意力经济"这一概念。两年后，英特尔总裁葛鲁夫预言：整个世界将会展开争夺眼球的战役，谁能吸引更多的注意力，谁就能成为世界的主宰。

媒体显然属于注意力经济范畴。在大众传播时代，报纸广播电视是人们接受信息的主要渠道，因为渠道稀缺，天然吸引注意力，构建其上的商业模式也是注意力的变现，就是通过节目这个"公共商品"和受众这个媒体的通货来实现规模经济和范围经济。

当移动互联网作为传播的基础设施后，人成为媒介，连接力取代了注意力。曾在脸书任职7年的麦可·霍伊弗林格在其畅销书《成为脸书》中推论，五年之内谁将成为威胁脸书的竞争者？一定是破坏脸书和用户关系的领导者。同样，如果不能和用户进行有效的关系连接，那么，广播电视新媒体"场"的效应就会急剧衰减，更难产生连接和互动激发出的动员力。没有动员力，受众就很难采取一致行动，包括消费行动，也因此主流媒体的新媒体只能止步于内容服务的平台，而不是消费服务的平台。

而直播带货的"场"必须具有能够创造消费场景的动员力，当然这首先需要注意力的转化。央视新闻及其主持人显然比大多数主流媒体更能积聚注意力，一旦和流量主播及电商（流量）平台合体，就会实现注意力向动员力的转化。从"小朱配琦"开始，央视新闻推出的这几场带货直播，均取得了不俗的销售业绩。

但问题是注意力向动员力转化，不仅取决于主播的角色转换能力，还取决于用户的人设认知和接受程度。对媒体主播而言，其职业是媒体从业者，是通过主流媒体以传播内容为主的新闻工作者；而对于带货主播而言，则是依托网络平台进行直播带货，通过挖掘产品价值，影响消费者决策，实现零售变现的"互联网营销者"。二者具有明显的职业差异。随着网络主播的职业化、专业化程度提高，主流媒体主播要在内容和产品间游刃有余，绝非易事。

而从"场"这一视角出发，主流媒体直播带货的更大挑战在于缺乏自主可控且拥有流量的平台。尽管可以通过自有客户端进行直播带货，但由于用户平台视角认知的差异以及平台流量的稀薄，效果必然大打折扣。而如果寄居于诸如抖音、淘宝一类的商业平台，由于缺乏直播间鲜明的标签和强大的供应链，要撬动用户消费显然捉襟见肘。而这些对主流媒体带货直播而言，显然是致命的缺陷，因为"场"是直播带货最终实现的重要基础设施和关键流量入口。

从以上"人、货、场"的分析可以得出，对大多数带货直播而言，消费者更在意的是商家对供应链掌控后的性价比，以及主播在电商（流量）平台上场景代入感爆棚的鼓动。其逻辑链条是当头部主播们手握数以千万计的流量，就能吸引人们泄泄乎奔向直播间，同时他们介绍产品的熟稔话术和对消费者的深度洞察，加上所谓全网最低价的巨大诱惑，让人们无法抑制内心的冲动立即下单。在这个逻辑链条下，主流媒体几乎没有用武之地。

三 直播带货的品牌缺失及主流媒体的未来可能

一个有趣的发现是，消费者在直播带货下单时往往会减弱对商品品牌本身的关注度，更注重对推荐该产品主播的信任程度。在直播带货场景中，不管有没有品牌，不管有没有实际需求，有些粉丝们的第一反应往往是："买它！"

这样的场景自然有利于头部网红和MCN机构对供应链的控制，因此在李佳琦等头部主播的直播带货逻辑中，强供应链成为制胜核心。而品牌是有溢价的，品牌越大，议价空间就越小，消费者获得"实惠"的概率也就越小，这样显然不利于头部网红的流量汇入和MCN机构的强势话语。

但这恰恰给了需要建立品牌的产品一个机会，也给了很多主流媒体涉足直播带货的一个想象空间。据果集数据显示，2021年抖音和快手直播电商交易规模不断提升，直播电商交易规模接近万亿市场，2021年抖音和快手带货直播场次超7500万场，同比增长100%，直播带货商品链接数超3.9亿个，同比增长308%。在这样万亿级的爆发式增长中，主流媒体的直播带货如何从品牌切入以获得一席之地，值得探索。

事实上，也并非任何供应端的直播都只看重销量而忽视品牌。比如，2020年2月，特斯拉推出线上直播。但这仅仅是为了直播带货吗？其实不然。第一，特斯拉Model 3是什么样的单价？单价至少30万左右，人们不大可能看直播冲动下单；第二，特斯拉实行统一价格策略，不管消费者在哪儿买，都不会便宜一分钱。其实，特斯拉的线上直播更多是为了品牌推广，通过直播，让人们了解特斯拉的各种功能、高新科技等，同时在消费者的心目中树立起特斯拉的品牌形象，以促成未来的购买行为。

这显然和媒体公信力相互匹配。和一些直播带货单纯依靠消费粉丝和产品性价比来获得爆棚流量和销量不同，长期稳住用户的关键还是需要依靠品牌建立自己的流量池，通过优质的内容输出和有效的互动机制重塑"人、货、场"的关系。而直播只是引导完成用户画像的推演，从而建立媒体自有的品牌直播数据库，帮助客户完成品牌从"认知、购买到忠诚"的转化。

纵观主流媒体的近几年的直播带货，我们可以看到不同于低价竞争式的直播带货的三个特征：

一是更有文化感。这是由主流媒体的公信力和媒体参与直播的呈现方式所赋予的。2022 年 7 月，第二届消博会"琼进好货共拼'博'"的直播中，央视主持人任鲁豫与龙洋组成"小龙人"组合，热情推荐海南特色农副产品，"中国椰子看海南，海南椰子半东郊""喝椰正当时，喝完说欧耶"等金句唤起人们对海南的舌尖记忆，让网友忍不住频频下单。在"秦晋之好——陕西山西好货"直播中，民歌袅袅，地方风情洋溢始终，让网友既领略到了独特的民歌魅力，也获得了一次难得的审美体验。

二是更有话题感。央视新闻的直播带货从公益主题的确立到主持人和主播的角色设定，再到内容和带货环节的桥段设计都是经过精心策划的，加上合作平台的流量补贴，多样式传播物料促进活动曝光，进一步汇集活动流量，提升用户对于本次媒体带货事件的关注度。比如，2022 年 7 月的上海第三届"五五购物节"——"全心爱沪　夏夏侬"的直播，是助力上海疫情后恢复经济的重要标志性活动，经过两年的沉淀更是提升上海市人民幸福感的重要消费节日。而今年 1 月，央视财经联合拼多多打造的"过小年　迎大年　拼个年货去团圆"带货直播，正值新年前夕，主持人划分南北方阵营推介多地特色年货，让参与其中的城市极具关注度和话题性，相关关键词屡屡登上热搜。

三是更有节目感。由于主流媒体的加盟，这些带货直播无疑也带上了节目的基因。"央视来欧派　见证实力派"直播中,在带货正式开始前,央视主持人谢颖颖走入欧派人工智能工厂,解密智能制造。朱广权与欧派家居总经理进行"大咖对话",了解品牌故事,两个环节设置皆为直播带货起到预热作用。最后朱广权与谢颖颖在真实的家居场景中开启直播,两人一边沉浸式体验"欧派"智能家居,一边进行销售,这场直播中三个环节的层层递进犹如观看了一期完整节目,多重的环节设置既丰富了直播内容,又让网友在满足观感体验的同时产生了购物欲望。最终,该场直播在央视全网播放量破1000万,欧派所售卖的"橱衣组合"全国订单破3.8万单。

可以说,主流媒体带货直播的这三个特征,是对当下蜂拥而上的带货直播的一次另辟蹊径:

第一,当三尺直播间的带货直播铺天盖地、人们开始产生审美和购物疲劳之时,需要新的场景和文化体验的植入。从东方甄选直播间的火爆我们可以看出,用户的消费场景也在不断升级。在满足用户对产品性价比需求的同时,用户观看直播一个重要的原因还在于超越产品实用性之上的唤起人们赏心悦目的感受,以及带来超越性的价值体验,从这个意义上说,直播带货就是体验经济。而这种体验的获得,需要文化场域和审美场域的创造。谦寻文化负责人董海锋在接受调研访谈时说:"通过直播,大家并不是非得买我们的产品,但是你听一听我们讲这个产品,它代表一种新的生活方式,我把体验分享给你,我帮你挑选过了,价格砍好了,售后服务做好了,会给大家带来一种新的生活方式。"

第二,带货直播乱象丛生,虚假刷单,令其信任度备受质疑,急需正本清源和主流媒体公信力的加持。最近,某空调代理商的一条微博引发关注,内容为:"求求你,可别再直播了。你一直播我们代理商就被要求去刷单,你吹牛卖出好几亿,空调可都压在我们手里。"可以说,信任是直播电商重要的社会资产,是直播电商的底层逻辑，也是主流媒体最有价值的核心资源。短视频平台流量池的持续扩张和直播电商交易规模的快速扩大，一定程度上证明信任经济为直播电商的未来发展带来了巨大的想象空间。这里的"信任"包括粉丝的信任、品牌方的信任、平台的信任、政府的信任等，而获得粉丝的信任是最重要的起点。我们知道，传统的营销路径是广播式的，互联网传播是分布式的，而信任正是分布式节点传播的基础。事实上直播带货中的网络主播就担任着"信任代理"的角色。

第三，直播除了推销产品，也应该推广品牌，这是电商平台生态的需要，也是推动制造业转型升级和提升消费者品质生活的需要。如果没有过硬的产品，消费者缺乏对品牌的认知和感受，而只是出于对网红的追逐和对低价的趋之若鹜，就很难让销售持续下去，这种直播带货带来的结果可能就是"本以为开始，没想到是巅峰"。产品的核心是将用户需求作为内容生产与选品决策的底层逻辑，明确产品的用户是谁，通过用户需求调整产品定位，继而制定产品的运营策略实现产品（内容）价值的用户抵达。一方面，相较于过去直播带货更多是达人（明星）直播和低价吆喝的两极分化，如今品牌自播和品牌直播间的代运营意味着直播带货进入了一个品牌化的升级周期；另一方面，部分头部主播直播间和品牌直播间由于在和用户互动中积累了大量的用户数据，反向推动了供应链的优化，以及自有品牌的诞生和产品品牌的升级。

当然，带货直播本质上是一次线上销售，但媒体的加入不能仅限于此，而更应该深挖主流媒体公信力和内容生产力的优势，从助推品牌的角度重塑"人、货、场"，从而探索主流媒体带货直播的可能性和新路径：

1. 从"人"的维度，更注重"品牌＋内容"的输出和流量主播的合体。

主流媒体的品牌背书相较电商（流量）平台有其独特优势，同时广电主持人在介绍产品的品牌故事及背后的文化价值观时，也有其独特的表达，以赢得大众的共鸣。而带货主播由于对消费者购买心理的洞察和对销售话术的娴熟运用，极大地促进了带货转化。

2020 年央视新闻"小朱配琦——谢谢你为湖北下单"的公益带货直播中，就首次尝试了新闻主播和带货主播的合体，一方面彼此破圈，扩大了活动的传播力和渗透力；另一方面两人连麦配合，使直播趣味盎然。"段子手"朱广权金句频出，营造了热络的直播氛围，而李佳琦则强化了产品的使用场景代入感，让受众产生强烈的消费冲动。

事实上，带货也不仅是网红专利。当前，主持人加盟的主播新阵容已经成为影响直播品质的重要元素。在央视财经联合拼多多推出的"迎新年 拼农货"家乡好物节的直播带货中，央视主持人周运、陈蓓蓓携手湖北宜昌秭归县县委书记杨勇、广西桂林荔浦市委副书记孙志武、湖北恩施来凤县县委副书记兼县长张作明三位市县领导，力荐本地好农货。除了"加蓓好运"主持组合外，还有陈伟鸿、姚雪松等 9 位央视主持人以暖场视频方式，推荐了福建好茶、响水大米、湖南米线等家乡好物，形成好物推荐的强大主持阵容，伴着直播间里的苗族和土家族歌舞，掀起了热热闹闹的"春晚"新年氛围。热闹氛围之中，近百款热销商品上线，吸引八百多万人次观看、下单。

2020 年 5 月，被称为中国直播第一城的杭州，推出了广电主播和网络主播对战大赛。与其说是对战，毋宁说是合体，带货直播凭借高影响力的主持人入局，不仅为用户开启更丰富的看播可能，还让用户看到主流媒体独有的号召力，令主流媒体专属优势走进用户心中。

2. 从"货"的维度，更注重品牌型和升级型企业的供应链。

对很多企业和产品而言，快速出货无疑是其核心诉求。但也有越来越多的企业更加注重品牌的打造，并不会为了快速出货而动摇其品牌溢价，加入低价竞争。比如，上海第三届"五五购物节"为带货产品上海老字号"邵万生"设计联名礼盒，邀请寻声乐团以阿卡贝拉、音乐小品等形式体验"邵万生"的百年变迁和非遗匠造，彰显品牌的价值诉求煌煌烨烨。

此外，由于受疫情和中美贸易战的影响，很多外贸代工企业面临困境，一方面它们急需开辟内需市场，另一方面它们在产品和技术转型的同时，也开始追求建立自己的品牌。而提振经济、推动制造企业转型升级，本来就是主流媒体的责任所在。因此，如果主流媒体能够发挥媒体优势，通过市场化的机制汇集流量，不但可以有效地整合供应链，而且可以更好地为中国新国货品牌助力。

因此，在融屏趋势下，主流媒体应该主动向直播带货试水，开创品牌共生的直播新玩法，一是延续特色内容的品类优势，深耕社交类综艺，开拓垂直品类综艺版图，通过拓展社交综艺 IP 的表达形态，开发更多品牌型直播带货的商业新模式。如：江苏卫视打造的"聚划算 99 划算盛典""天猫 6·18 超级晚""快手—千零一夜"等跨屏晚会矩阵等。二是基于主流媒体的品牌大 IP、王牌节目 IP 及主流平台优势，将 IP 的商业衍生与电商带货紧密结合，探索媒体平台与电商平台的多种合作方式，打造"电视＋电商""广播＋电商""融媒＋电商"等多样化购物新生态，使得大小品牌各类直播形成多样化的网络直播生态。三是将主流媒体的公益传播与品牌传播有机结合，并将主流媒体影响力衍生的品牌赋能优势发挥到最大。

3. 从"场"的维度，更注重话题和场景的受众引流，以及和电商（流量）平台的协同运营。

带货直播的"场"，本质上是通过人们对带货主播的信任，继而以极具诱惑力的低价，在一个令人血脉贲张的场景下完成下单的。这些对主流媒体而言，似乎并没有优势，但主流媒体的价值在于可以通过内容策划和线下的资源整合，为品牌制造话题，并重塑匹配的生活消费场景，让媒体带货有趣、有料，深入人心，从而引导受众认知品牌、喜爱品牌，继而对品牌产生信任。

而这种信任更多取决于直播带货是否能催生用户情感共鸣，满足用户心理需求，由此"场"的共情对主流媒体而言显得尤为重要。例如，在"谢谢你为湖北拼单"公益直播中，朱广权就激动地说出"支持湖北我最拼，我为湖北胖三斤"这句话，对那些想助力湖北尽快恢复经济活力的网友来说，能产生情感共鸣。网友纷纷表示"没机会为湖北拼命，现在就为湖北拼个单"。再例如，新冠肺炎疫情对全国各地的经济都造成了不同程度的影响，为了促进全国各地经济复苏，中央广播电视总台举办的"买遍中国　助力美好生活"在全国 31 个省区市分别举办直播带货，不仅让大家足不出户就能"云游览"祖国大好河山、体验当地特色美食，更能激活当地经济复苏，拉动内需市场。

上海第三届"五五购物节"——"全心爱沪　夏夏侬"全球大直播以情境演绎、互动连线、直播带货的创新直播形式，通过"大屏 + 小屏"的 12 小时联动直播为大家带来全新的购物体验。该场直播首次推出元宇宙消费场景，用户可一键触达"元宇宙街区"，在街区商店中可与卖家互动，并根据提示点击商品链接或者跳转手机软件进行购买。除了技术场景之外，本场直播中，东方卫视主持人曹可凡走上街头推荐上海特色小店，寻声乐团以音乐小品等形式带用户感受上海老字号的百年变迁，上海说唱歌手带来沪语说唱，用方言传播上海声音。技术场景与现实场景的多重开发，引导用户的多样体验和多种认知，共同助力上海好物，享受购物乐趣。

四　结语

法国社会学家让·鲍德里亚（Jean Baudrillard）认为，随着消费社会的到来，人们对物的消费转向了符号的消费，也就是说，"消费的逻辑被定义为符号操纵"。鲍德里亚认为，在消费关系中，消费者的需求所瞄准的已经"不是物，而是价值。需求的满足首先具有附着这些价值的意义"。而主流媒体的直播带货通过对内容（产品）符号意义的挖掘与引导，激发了用户对于内容（产品）消费行为的审美意义与主流价值的想象。

对比东方甄选直播带货的内容出圈，主流媒体直播带货初显光芒，但缺乏"长久作战"的策略支持。因此，就直播带货而言，主流媒体既需要放大"媒体＋直播"的优势，更需要挖掘"文化带货"的多样呈现方式，打造主流媒体直播带货的差异化竞争力。

可以说，以品牌传播切入，通过主流媒体＋直播带货，既是主流媒体对自身公信力和传播价值的一次深挖和提升，也是主流媒体所能触达资源的一次重组。通过央视新闻和各大主流媒体的带货直播所取得的直播反响和销售业绩，不但印证了主流媒体转型直播带货这条商业化路径的可行性，还激发出直播热潮下的媒体新潜力，开启了主流媒体带货转型和助力企业品牌升级和用户消费转型的新想象。

营

销

媒体深度融合时代广电媒体直播带货研究

陈　珂*

摘　要：2014 年，媒体融合成为国家战略；2018 年下半年，广电媒体开始布局直播电商；2020 年 4 月 6 日，央视率先开启公益直播带货，用媒体的公信力和影响力帮助湖北售卖商品，助力抗疫。作为媒体深度融合的一种探索，广电媒体直播带货是基于什么背景而生？布局实施的要点有哪些？从中央到县市四个层级的实践现状如何？未来又当如何发展？有哪些风险值得警惕？

关键词：广电媒体直播带货；四大背景；三大要点；四级实践

2020 年新冠肺炎疫情以来，各种类型直播带货飞速发展。2020 年 11 月，《关于加快推进广播电视媒体深度融合发展的意见》（以下简称《意见》）印发，广电媒体融合进入深水区。据中国互联网络信息中心于 2022 年 8 月 31 日发布的《中国互联网络发展状况统计报告》显示：我国网络直播观看用户规模达 7.16 亿，占网民整体的 68.1%，较 2021 年 12 月增长 1290 万。① 艾媒咨询相关报告指出，"2021 年，

---

　　* 陈珂：浙江传媒学院讲师，浙传乐其数字经济研究中心研究员。

　　① CNNIC：《CNNIC 发布第 50 次〈中国互联网络发展状况统计报告〉》，载《中国互联网络信息中心》，http://cnnic.cn/n4/2022/0916/c38-10594.html.

中国直播电商行业的总规模达到 12012 亿元，预计到 2025 年规模将达到 21373 亿元"。① 同时，网络直播行业乱象丛生，是网络治理的重点领域。可见，广电媒体进军直播电商，可谓商机和风险并存。

一 广电媒体直播带货四大背景

（一）技术赋能

2018 年 6 月 6 日，5G 商用牌照发放，标志着我国正式进入了 5G 商用元年。5G 这种技术标准与广电业融合发展也是密不可分的，是关键性的技术。5G 即"第五代移动通信技术及通信网络"，该技术具有三大特点：高速率、大连接和低延时。② 对应的应用场景为广电业融合发展提供了若干新的面向，如 5G 智慧广电、5G 直播等。

2019 年 11 月 20 日，我国首个"国家级 5G 新媒体平台"央视频（China Media Group Mobile）正式上线，正是基于 5G +4K/8K + AI 等新技术推出，旨在打造主流媒体中首个"有品质的视频社交媒体"。主要功能有：首页（热播剧、央视栏目、电影及 G 拍广场等入口，个性化推荐优质长视频、短视频及直播内容，聚集精品专题页和央视频号）、电视、直播（VR 视角、慢直播、移动直播）、央友圈。

《意见》对广电业提出了要求，"着眼长远"，以"先进技术为支撑"。5G 与多种技术相融合（5G +4K + 8K + VR/AR、大数据、云计算、物联网、区块链、元宇宙等）可以帮助广电业为用户"推出全息化、可视化以及提供更多场景化、交互式、沉浸式超级视听新体验"。③

---

① 艾媒咨询：《艾媒咨询 | 2022—2023 年中国直播电商行业运行大数据分析及趋势研究报告》，载微信公众号"艾媒咨询"，https://mp.weixin.qq.com/s/bsq-yrHRab25Un85YaEuNA.

② 唐铮、王静远：《连接与断裂：5G 技术背景下的新闻业思考》，《新闻与写作》2020 年第 1 期。

③ 国家广播电视总局发展研究中心课题组：《【十年·变】加快媒体融合，奏响广电改革发展最强音》，载微信公众号"国家广电智库"，https://mp.weixin.qq.com/s/3raHLaHI5cXuR6yRJ4i8hA.

2022 年 8 月 29—31 日，2022 中国新媒体技术展在长沙举办，一批媒体融合领域新技术、新成果面世，四家国家重点实验室（依托人民日报社、新华社、中央广播电视总台、中国传媒大学建设）展示出引领性的科研应用成果、省市县三级媒体业展示出一些深度融合新场景。

1. 政策引导

自 2014 年至今，媒体融合已走过九个年头。对于广电行业来说，推进媒体融合一直是改革发展重要而紧迫的任务。2016 年，《关于进一步加快广播电视媒体与新兴媒体融合发展的意见》的发布标志着广电业融合发展提速。

国家广电总局相继出台了《进一步加快广播电视媒体与新兴媒体融合发展的意见》《推动新时代广电播出机构做强做优》等指导意见；印发了《关于进一步加强网络原创视听节目规划建设和管理的通知》《关于进一步加强广播电视和网络视听文艺节目管理的通知》；总局还专门设立媒体融合发展司；组织全国地市级以上广电媒体制订实施《广播电视媒体深度融合发展三年行动计划》（2021—2023)，指导创建广电媒体融合发展创新中心。

各省级广电行政部门全力推进广电媒体深度融合发展。有制订行动计划的，也有列入规划发展目标的，也有举办优秀案例征集评选的，还有开交流大会的……从中央到地方，各级广电媒体贯彻落实，中央级广电建立起全媒体传播体系；省级广电重点建设省级技术平台和区域性传播平台；市级广电因地制宜，探索自身模式；县级融媒体中心基本覆盖了全国。

2. 责任推动

2020 年，新冠肺炎疫情突然爆发。作为主流媒体，为助力湖北抗疫，中央广播电视总台从 4 月 6 日开始连续推出 7 场公益直播带货。其中，央视主持人朱广权和主播李佳琦以"小朱配琦"组合进行直播带货，观看人次累计达到 1.2 亿，售出商品共计约 4014 万元。

广电媒体的直播带货，与互联网直播平台的带货相比，责任担当、公益性吸引了很多社会资源的加入，各地官员、驻华大使、知名企业负责人等也都参与到直播中来了。另外，媒体的社会动员力也发挥出来了，带动了多家电商、直播平台、社交平台等也参与到湖北农副产品的售卖中。

除了抗疫，还有助力脱贫攻坚。2020 年 3 月，《关于开展智慧广电专项扶贫行动的通知》发布，要求"开展智慧广电消费扶贫"，以"短视频、直播 + 消费扶贫""公益广告、节目 + 消费扶贫"等模式，"帮助贫困地区产品变产业、产值变价值、流量变销量"。

3. 压力驱动

传统广电最主要的收入来源是广告，但数据显示，从 2015 年起其营收一路下滑，到 2020 年，全国范围内的广电广告收入下降了近 400 亿元①。新冠肺炎疫情下，更是雪上加霜。2022 年 5 月底，广播、电视、电影和录音制作业也被列入"困难行业"。可见，单纯依靠广告收入肯定是不行的，急需开拓新收入来源。

据国家广播电视总局《2021 年全国广播电视行业统计公报》：2021 年，全国广播电视行业总收入 11488.81 亿元，同比增长 24.68%。2021 年的传统广电的广告收入依旧是下降的，为 786.46 亿元，同比下降 0.40%。

《2021 年全国广播电视行业统计公报》还显示：2021 年，广电机构智慧广电及融合发展业务收入 1085.70 亿元，同比增长 21.47%。另外，电商直播被归类在其他网络视听收入里，广播电视机构网络视听收入 322.24 亿元，同比增长 31.24%。可见，其收入增长主要来自于

---

① 郭全中：《国有媒体服务功能拓展的类型和关键》，《青年记者》2020 年第 34 期。

广播电视机构智慧广电及融合发展业务。

二 广电媒体直播带货三大要点

（一） 在媒体与社会的融合交叉点上找货

在互联网的发展冲击之下，传统媒体与用户断开了连接，拥抱互联网、媒体融合才能重新连接上，才能继续为用户服务。媒体融合发展有三个层面，分别为微观、中观、宏观，其中微观为媒体技术融合，核心是硬性条件与技术支持；中观为"媒体平台、媒体产品和生产流程的融合"，核心是生产环节；而宏观层面的融合，也是媒体融合的高级阶段，则是"媒体与社会的融合"。[①]

当我们把融合的视野放到社会层面，"带货"的概念就发生了巨大的延展。广电媒体直播带货也是媒体与社会融合的一种方式，"媒体本身延伸至社会生活空间"[②]，广电媒体需要全面深入到社会中，用自身优势为社会做出更多的贡献，也为自己找到生存空间。我们不能只把"货"局限在消费领域的商品，很多领域都有"货"要带，比如，疫情期间央视新闻的"谢谢你为湖北拼单"，还有总台助力脱贫攻坚而推出"'好物合作社'系列直播带货活动"。[③] 这些是从主流媒体社会责任中找的"货"。

当然，原来的传统广告客户的"货"，现在也可以用直播的形式来推广了。2022 年"6·18"期间，央视为顾家家居做了"颜选顾家 健康智造"直播活动，效果很好。8 月 12 日，央视再次与顾家家居合作"顾家甄选 高颜舒适"直播活动，直播集知识性和趣味性为一体，近十万单订单转化。

① 景义新、韩庆鑫：《"广电 + 直播"：5G 时代传统广电的新媒体营销新路径》，《电视研究》2020 年第 8 期。
② 景义新、韩庆鑫：《"广电 + 直播"：5G 时代传统广电的新媒体营销新路径》，《电视研究》2020 年第 8 期。
③ 石云天：《直播带货：广电媒体发展新路径》，《中国广播电视学刊》2022 年第 1 期。

（二）结合广电媒体优势跨界实施直播带货

媒体融合过程中，传媒产业边界在不断扩展。广电媒体直播带货要怎么做？要突破广电媒体只做广电的思维，要不断地重新定义自己。具体来说，就是要从跨介质、跨机构（平台）、跨地域、跨产业几方面入手来做直播带货。

结合广电媒体的优势思考"怎么做"：强大的制播团队、优秀的主持人团队、各种视听内容（综艺节目、电视剧、晚会、纪录片等）制作能力、各种资源（政府资源、文化资源、娱乐资源、商务资源等）、肩负着社会责任。根据CTR（点击率）指数，抖音、快手和哔哩哔哩头部主持人账号中，中央广播电视总台账号上榜8个，浙江广电3个，江苏广电3个，安徽广电1个，CTR（点击率）指数均超过70。[1]

跨越介质、破除壁垒，不同介质形式合作，才能最大程度地形成合力，也发挥出各自的优势。早在2015年，湖南卫视就与阿里巴巴一起打造了天猫狂欢夜，之后，浙江卫视、北京卫视、深圳卫视、东方卫视陆续加入。跨越区域、跨越级别形成联盟也能拓展创新空间，2017年，浙江安吉新闻集团与河北省正定县融媒体中心联合发起成立中国市县广播电视台长城协作联盟。2020年4月，浙报集团融媒共享联盟成立，多元主体相互赋能、协同共生。

（三）向MCN机构学习如何运营直播带货

直播带货通过"内容直播＋电商"等形式实现销售转化，属于MCN（Multi-Channel Network，多频道网络）七大业态的电商业态。艾媒咨询数据显示："中国网红经济的发展以及MCN机构数量的增加使中国在电商直播行业处于全球领先的地位。2022年

---

[1] 德外5号：《2021年主流媒体网络传播力榜单及解读｜德外独家》，载微信公众号"德外5号"，https://mp.weixin.qq.com/s/2DnmHXZnz3GAQFNW5c179w。

MCN 市场规模达到 432 亿元，预计未来的几年将继续保持增长的趋势"。①

2018 年下半年开始，广电媒体布局直播电商。广电媒体入驻电商平台、广电媒体和电商平台、MCN 机构合作、广电媒体自办（或联合电商平台）创办 MCN 机构等。最早的一批是湖南娱乐频道、中广天择、成都广电、无锡广电。2019 年 8 月，中央广播电视台总台先后入驻快手、抖音，很快，便组建了央视频平台。

2019 年 9 月起，一批省级广电媒体纷纷成立了 MCN 机构，比如浙江广电黄金眼 MCN、济南广电鹊华 MCM（与贝壳视频联合成立）、黑龙江广电 MCN 短视频品牌"龙视频"（与贝壳视频联合共建）、山东广电"闪电 MCN"机构"Lighting TV"等。即便没有成立 MCN 机构的广电媒体，一般也会在自有客户端上标配短视频，带有直播功能，为直播带货做好准备。

目前来看，打造广电 MCN，促进了广电新型媒体经营模式逐渐成型。"截至 2021 年中，全国至少已有 30 家广电机构向 MCN 机构转化，湖南、安徽、天津、河南、陕西、内蒙古等省级媒体 MCN 形成差异品牌"。②

三 广电媒体直播带货四级实践

2022 中国新媒体大会上，中共中央政治局委员、中宣部部长黄坤明强调，"中央媒体和省级媒体要在深入深化上取得新进展，地市级媒体要在整合融合上迈出新步伐，县级融媒体要在增质增效上进行新探索"。③

---

① 艾媒咨询：《中国直播电商行业：预计到 2025 年总规模将达到 21373 亿元》，载微信公众号"艾媒咨询"，https://mp.weixin.qq.com/s/kauGkdsQ8qDq4r_ MA4GJZA.

② 杨哲、刘日亮：《曾祥敏：融合有标准，探索无边界》，《中国广播影视》2022 年第 Z1 期。

③ 俞慧友：《媒体深度融合 凝聚团结奋进的强大力量》，《科技日报》2022 年 9 月 1 日。

(一) 国家队带头示范

作为国家队、老大哥，中央广播电视总台在媒体融合发展上一直不懈努力，起到了带头示范作用。对于中央媒体建设，《"十四五"文化发展规划》要求：推动有条件、有实力的中央媒体建成新型主流媒体"航母"和"旗舰"。中央广播电视总台"拥抱互联网、打造全媒体"，"向国际一流原创视音频制作发布的全媒体机构转变"，深化"台网并重、先网后台、移动优先"。[①]

《中央广播电视总台社会责任报告（2021 年度）》中公布了相关数据："央视新闻新媒体用户规模达 8.26 亿，同比增长 62.9%。央视频上线 2.0 版本，累计下载量达 3.61 亿次。云听客户端用户规模超 1 亿，增速位居音频行业第一。"[②] 据 CTR 对 2021 年各家央媒的系统评估，"中央广播电视总台在新媒体渠道的最大粉丝量在亿级以上，融合传播效果位列第一"。[③]

中央广播电视总台的直播带货实践主要侧重在几点上，首先是逐渐完善直播带货的条件。把主持人团队打造成主播团队，如有"段子手"之称的朱广权、"央视 boys"（康辉、撒贝宁、朱广权、尼格买提）、欧阳夏丹、朱迅等。除了使用互联网直播平台，总台的央视频客户端也逐渐支持直播带货，并逐渐完善电商功能，如积分商城、商品浏览、订单管理、物流配送等。

其次是联合职业主播（李佳琦等）、明星（王祖蓝等）、政府部门、政府官员、企业及企业家、外国使节等联合直播带货。以 2020 年"谢谢你为湖北拼单"活动为例，该活动就是朱广权联合李佳琦

---

① 新华社：《中共中央办公厅　国务院办公厅印发〈"十四五"文化发展规划〉》，《中华人民共和国国务院公报》2022 年第 24 期。

② 慎海雄：《坚持守正创新　深化媒体融合　奋力打造国际一流新型主流媒体》，《中国网信》2022 年第 3 期。

③ 德外 5 号：《2021 年主流媒体网络传播力榜单及解读》，载微信公众号"德外 5 号"，https：//mp. weixin. qq. com/s/2DnmHXZnz3GAQFNW5c179w.

共同直播，累计1.2亿人次观看，销售额达到4000多万元，在热搜上也被热议。2020年4月15日"搭把手、拉一把"直播中，湖北30县（市）的县（市）长以连麦的形式不间断地推销湖北的农副产品。2021年11月5日，央视频、CGTN联合举办的"Hi，Go！博览好物'进'享好物"专场直播活动，甚至出现了多国使节。

最后是直播带货的方式，会偏重文化传播。2021年芒种时节，央视网联合溜溜梅推出"直播中国：直播66中国青梅节"直播活动，不是单纯推销溜溜梅产品，而是用挖掘青梅的历史及文化内涵的方式来传播。直播当日溜溜梅销量突破648万元。

（二）省级平台化实践

对于省级媒体建设，《"十四五"文化发展规划》要求："重点建设区域性传播平台，打造特色新媒体品牌，提高新闻生产力，更好服务地方经济社会发展。"① 最新的CTR的38家省级以上广电机构网络传播力榜单显示，除中央广播电视总台之外，省级广电第一位是湖南广电。下面对这家省级广电机构的相关实践进行介绍分析。

2022年7月初，湖南省财政厅等七部门发布"2021年度湖南省企业税收贡献百强榜单"，湖南广电也上榜，位列第58，基于行业的不景气，这个成绩分外耀眼。在MCN机构打造上，湖南广电颇有心得，2021年年初，"湖南娱乐MCN"品牌升级为"芒果MCN"，作为湖南广电唯一的短视频创作者聚合平台，目标是建立"一个同时能支持多个独立MCN机构运行的平台型组织"。芒果MCN"旗下主营业务有广告营销、本地探店及团购、直播电商、内容服务、达人营销及IP商业化、整合营销"② 2021年6月，芒果MCN跻身市场

---

① 新华社：《中共中央办公厅　国务院办公厅印发〈"十四五"文化发展规划〉》，《中华人民共和国国务院公报》2022年第24期。
② 湖南娱乐：《抢占微短剧赛道，芒果MCN探索媒体MCN新模式》，载湖南娱乐频道官方帐号，https://baijiahao.baidu.com/s？id=1749707116502867970&wfr=spider&for=pc。

前三 MCN 机构。2021 年 12 月，短视频内容创作者聚合平台"万灿"横空出世。

湖南广电媒体深融之路是基于湖南卫视与芒果 TV 双平台"共创共享机制"。除了短视频，2021 年年初，芒果超媒、湖南广电又推出小芒手机软件，这款手机软件是依托长视频内容优势面向年轻人的新潮国货内容电商平台。2022 年 1 月 7 日，在 2021 金瑞营销奖上，"小芒手机软件——小芒种花夜"案例获"最佳电商营销创新奖"。该平台在长视频内容制作上动作不断，2022 年 1 月 10 日推出"小芒年货节"晚会，2022 年 4 月 2 日推出"云裳晓芒之夜暨 2022 小芒汉服节"……内容电商之路越走越宽。

（三）市地级多方向探索

对于市地级媒体建设，《"十四五"文化发展规划》要求："市地级媒体因地制宜加快探索形成适合自身的融合发展模式，可以各自建设融媒体中心和传播平台，也可以加强资源统筹和机构整合，共同打造市地级融媒体中心。"[1] 据《2021 年全国广电媒体融合调研报告》显示，很多市地级广电媒体的直播带货进行了"从 2020 年的借力平台到 2021 年的自我队伍建设"[2] 的尝试。以下分享三个优秀的实践案例，分别从媒体矩阵、打造电商直播带货基地、打造自有电商平台手机软件几个方向实践。

无锡广电构建区域头部新媒体平台——民生服务类主平台"无锡博报"，形成"博报系"媒体矩阵。矩阵包含无锡博报手机软件（优质新闻资讯集结者，下载量 960 万，注册用户 251 万，年度总流量超 3 亿，单条最高传播量"千万级"）、无锡博报微信微博视频号、无锡博报生活公众号及视频号、无锡博报·live 正直播（2021 全年直

① 新华社：《中共中央办公厅 国务院办公厅印发〈"十四五"文化发展规划〉》，《中华人民共和国国务院公报》2022 年第 24 期。
② 杨余：《2021 年全国广电媒体融合调研报告》，《中国广播影视》2021 年第 23 期。

播515场，单期直播最高人气188.6万，2021全年观看人次2616.78万）等。另外，打造"锡有MCN"，启动"百室千端　智慧联盟"等融媒体项目，举办集团KOL超级联盟赛，获得营销收入超千万。

成都广电打造"成都广电全媒体电商直播基地"。基地依托旗下全资子公司——云上新视听（全国广电MCN十强机构）推进市场化运营，与国内头部MCN机构、直播电商平台、各大电商品牌合作。该基地有五大功能：直播带货功能、供货链整合功能、品牌营销推广功能、培训功能、创新创业孵化器（加速器）功能。比如联合阿里巴巴开展717本地生活节电商直播、联合国美电器开展专场直播电商活动。

佛山电视台推出本地生活首选电商平台"醒目购"手机软件。该手机软件是一个集合手机软件、小程序、H5网站等多终端渠道为一体，注重"内容"与"社交"的电商平台，"2021年2月上线，至8月31日，该软件下载量达50多万次，注册用户超过8万，已服务本地商家（进驻）近300家，订单数近万，平台交易总额超过800万元"。① "醒目购"平台开设"南海对口帮扶地农特产品专馆"，将特色的农产品呈现给用户，对农户进行消费帮扶。

（四）县级深化"新闻＋政务＋服务"

2018年8月，在全国宣传思想工作会议上，习近平总书记强调，"要扎实抓好县级融媒体中心建设，更好引导群众、服务群众"。同年9月，中宣部在浙江长兴召开了县级融媒体中心建设现场推进会。对于县级融媒体中心建设，《"十四五"文化发展规划》要求："在基本实现全覆盖的基础上进一步建强用好，实现可持续发展，推动2500余家县级融媒体中心深化'新闻＋政务＋服务'，更好引导群众、服务群众。"②

---

① 杨余：《2021年全国广电媒体融合调研报告》，《中国广播影视》2021年第23期。
② 新华社：《中共中央办公厅　国务院办公厅印发〈"十四五"文化发展规划〉》，《中华人民共和国国务院公报》2022年第24期。

从建成的县级融媒体中心看，多以广电媒体为主导。浙江省广播电视局在方向政策等方面鼓励和促进各县级广播电视台（长兴、安吉等广电台）开展媒体融合试点工作，成绩突出。作为先行者，安吉县融媒体中心在"新闻＋政务＋服务"上的探索做得非常好。早在 2014 年 1 月，安吉就将广播电视台和新闻宣传中心两家单位整合，成立了安吉新闻集团。2018 年 11 月，其更名为安吉县融媒体中心，提出"新闻智慧＋政务服务"发展理念。2021 年 7 月，安吉县融媒体中心正式确立事业单位企业运作，当年营收为 4.012 亿元，同比增长 35%。

2021 年 1 月 13 日，安吉县融媒体中心启用算术直播基地。该基地由子公司安吉星号电子商务有限公司代为管理运营，主营业务为直播，"提供场地设备、专业培训、供应链对接、平台嫁接、模式输出等一系列服务"①，另外，该基地还积极与头部 MCN 机构合作，吸引大量的商户入驻。在社会责任方面，直播带货也是安吉县融媒体中心擅长的方式，而且采取的是多平台联合作战的模式，如安吉首届共同富裕帮帮节。

四 一些观察兼作结语

（一）依托内容 IP 走媒体电商路

广电媒体直播带货也要遵循电商的带货规律，核心"是基于用户生命周期管理构建新的营销体系和建立起与用户的深度连接"②，从互联网直播电商的实践来看，主要的策略是低价，方式是主播在直播镜头前、陪伴式地与用户视频对话的方式。对于广电媒体来说，如何将作为"节目"的内容（综艺节目、晚会、纪录片、电视剧

---

① 祝青、章李梅、丁峰：《新时代重塑县媒合发展格局的安吉实践》，《传媒》2022 年第 11 期。

② 郭全中：《中国直播电商的发展动因、现状与趋势》，《新闻与写作》2020 年第 8 期。

等）转向（或部分转向）助力带货的内容（激发购买欲），是广电媒体直播带货的竞争优势的关键。

走媒体内容电商之路，广电媒体可以先从现有的一些品牌节目里筛选出适合带货或者是能为带货提供内容营销素材的节目，跳出传统的二次销售模式，以节目品牌为基础，将节目的影响力转化为带货力。此前，东方卫视热门综艺节目《极限挑战》携手贾乃亮、郭京飞、岳云鹏、雷佳音四位艺人为苏宁易购带货。

另外，广电媒体利用媒体影响力，利用旗下的电商平台或者和互联网直播平台合作，打造综艺品牌直播带货活动，也是对自身内容资源的深度挖掘和流量变现，同时也是为客户的更深度的商务服务。更有甚者，为自有电商平台专门做一档节目，既招人也卖货，既是节目也为自家平台吸引流量，一举多得。这个节目就是首档"00后"成长纪实节目《100道光芒》，由湖南卫视、芒果TV、小芒手机软件三平台共同打造。2022年9月3日，小芒直播《光芒直播赛·直播大考比拼升级》在明星王鹤棣的助阵下，人气值达到了6616.5万。

（二）技术全面助力向服务商转变

在广电媒体建立新型传播平台，打造新型主流媒体的道路上，技术一直是至关重要的因素。用先进的技术助力广电媒体从内容电商向媒体服务电商转变，也是广电媒体发展的必由之路。随着媒体的功能的转变，媒体不仅需要有内容，还需要有服务。如今的直播带货活动多以公益为主，但如果要帮助广电媒体经营脱困，走服务商之路有助于变现。

互联网传播的基本逻辑是去中心化和去渠道化，要打造广电媒体服务电商，需要先进行平台化建设，有了平台，聚集了流量，再谈如何创造价值。基于平台和技术，才有强大的供给力、内容力和用户力，继而才有"四力"（传播力、影响力、引导力和公信力），新型主流媒体才能立得住。转变成服务电商，广电媒体的内容就可以在多种内容类型里进行探索，也可以将四级传播（服务）一体化。

未来的广电媒体服务电商"需要着眼于利用更加高速的5G网络和虚拟现实、增强现实以及混合现实等沉浸式技术，为用户创建具备深度交互功能的虚拟购物环境"①。而自建平台对于向服务电商的转变也是至关重要的，依托自有的各种终端，及时并长期地获得用户数据，才能分析用户的行为，优化服务，留住客户并更好地为客户服务，也为未来的智能化打下坚实的基础。

（三）创新体制机制　激活激励人才

广电媒体也要加快体制机制改革，用创新来激活激励人才队伍。具体到直播带货的探索上，广电媒体可以在以下几个方面发力。

传统广电媒体主要是中心制、频道制，媒体融合创新的空间相对比较小，缺乏更大层面的视角，缺乏创新的动力，人才的潜能也被抑制，不利于广电媒体体系整体升级。湖南卫视作为先行者，其推行的工作室模式值得借鉴，"强化头部人才激励和创新攻关能力"②。在创新热情的保护上，也需要做体制机制创新。比如创新用人激励机制（同工同酬、首席制、移动优先评价机制、全媒体考核机制等）；广电媒体MCN机构中运营人员、营销人员和主播人员的薪酬体系设计等。

广电主持人直播带货的相关问题也亟待解决。首先是转型培训问题，现在大部分广电主持人直播带货都是公益性质，与商业类直播还是有较大不同。另外，主持人成功转型带货主播后，广电媒体能否保证该主持人多元价值实现，如何防止主持人流失也是需要关注的问

---

① 冯雯璐、杨静、李妍：《从内容电商到数据库电商：传统媒体电商的直播化探索》，《青年记者》2021年第14期。

② 国家广播电视总局发展研究中心课题组：《【十年·变】加快媒体融合，奏响广电改革发展最强音》，载微信公众号"国家广电智库"，https://mp.weixin.qq.com/s/3raHLaHI5cXuR6yRJ4i8hA.

题。打造自身的直播带货平台，建立直播带货常态化的体制机制。

（四）网络直播领域之风险提示

广电媒体跨界走入网络直播领域，面临着很多的风险，因为网络直播领域目前是乱象丛生的。2022 年 4 月，中央网信办会同相关部门开展了"清朗·整治网络直播、短视频领域乱象"专项行动，对网络直播等领域的违法违规内容呈现乱象进行了集中整治，"专项行动期间，抖音、淘宝、微信视频号等 16 家重点直播、短视频平台共处置违规直播间 56.3 万人，处置处罚违规主播、短视频账号 21.86 万个，推动网络直播、短视频行业信息内容呈现面貌实现初步改观"。①

除了内容呈现，直播电商行业生态也不是很好，"重低价、轻商家""造假、刷单""消费主义文化至上"……各种直播电商行业的痼疾都可能会影响做直播带货的广电媒体的形象，伤及主流媒体的公信力，产生信任危机，进而影响媒体的主业新闻。此前，湖南卫视著名主持人汪涵就被曝"直播带货退货率超 70%"，一度成了网络话题。另外，直播电商流程复杂，除了现场直播带货之外，还有选品、物流、售后等，没有专业经验的广电媒体人，进入这个领域风险还是非常大的。

2021 年 4 月 23 日，国家互联网信息办公室等七部门联合发布《网络直播营销管理办法（试行）》，于 2021 年 5 月 25 日起施行。该办法将网络直播营销的各项要素纳入监管，并细化明确了各参与主体的权责。进入直播电商领域的广电人们，也要多多学习，规避风险。

---

① 《要闻》，《传媒》2022 年第 15 期。

品牌与价值：技术赋能下新消费品牌营销传播模式探究

陈瑜嘉*

摘　要：近年来，随着数字信息的技术突飞猛进，社交媒体、电商平台方兴未艾，传统的商业生态发生了剧烈的转变。媒介渠道更加多元化，品牌的数字化营销也产生了更多的可能性。一大批新兴消费品牌随之涌现，在各自领域内搅动着竞争格局。新兴消费品牌如何在市场立足？积累自己的品牌资产，形成自身的社会价值是品牌形成根基的重要路径。技术的发展给品牌营销传播带来了变革，那么，对于新消费品牌而言，技术的赋能在哪些方面能够对其营销传播产生影响？本文将整理和归纳新消费品牌营销传播模式的发展趋势和特点。

关键词：技术赋能；新消费品牌；品牌传播

新媒体时代的重要特征是产生了新的信息传播渠道与新的消费场景。移动终端的普及及社会化媒体的使用重构了信息传播的方式，数字技术与智能技术在互联网平台产生深度融合。互联网技术又被

* 陈瑜嘉，传播学博士，浙江传媒学院文化创意与管理学院教师；浙江传媒学院媒介传播优化协同创新中心研究员，浙江省社会治理与传播创新研究院研究员。主要研究方向为品牌传播及影视传播。

应用到供应链等领域,加速了商业模式的更迭,同时再造了新的消费场景。所以,新的传播渠道与消费场景为新消费品牌的萌发、成长与传播提供了优质的土壤。在新消费品牌领域,消费者不仅关注产品功能,同样注重交互交流产生的情感和心理上的满足。在这样的背景之下,本研究以构建新消费品牌的营销传播模式为研究对象,以品牌资产和价值链理论为指向,通过典型案例的分析,根据新时代消费群体的特点,归纳探究在技术赋能的条件下新消费品牌营销传播模式的发展趋向。

一 生命周期:新消费品牌的处境和机遇

言及新消费品牌,首先界定其概念,对于新消费品牌,目前学界并没有一个统一的定义且这个概念本身也是一个随时间变化而不断变化的概念。当下,新消费品牌更多被看作发生于现在的,在特定情境中与新兴技术结合紧密的商业现象。毛中根等学者认为新消费是指由数字技术驱动,满足人们信息化、智能化、多维融合等服务需要的行为过程。[①] 广义的新消费品牌包括了新兴品牌与创新活化的老品牌。[②] 新兴品牌主要以产品的创新和独特品牌定位在年轻消费群体中脱颖而出,而创新活化的传统品牌则更侧重于品牌的年轻化转变或者转型升级。新兴品牌足够新从而极具代表性,但从生命周期的角度看,新兴消费品牌也缺乏相应的品牌历史。

综上所述,新消费品牌应该指消费者尚未接触过的,在一段时期内新近进入市场的品牌,在移动互联网时代,新消费品牌以互联网为成长环境,以用户价值为核心,以新的品牌价值理念为导向,

---

① 毛中根、谢迟、叶胥:《时代中国新消费:理论内涵、发展特点与政策取向》,载《经济学家》2020 年第 9 期。

② 甘心、万重月:《既要新,又要历久弥新——新消费品牌的数字营销战》,载《国际品牌观察》2021 年第 28 期。

适应新消费人群。近年来，消费品行业就陆续出现了许多极具特色的新兴品牌。新消费品牌的构成可以有几方面的来源。其一，新消费品牌的形成可以是完全初创的品牌。如美妆行业的完美日记、花西子，食品行业的三只松鼠，服装行业的蕉内，白色家电行业的石头科技等。其二，由外部引进的已经具有一定成长历史和市场规模的品牌，也是新消费品牌的一种构成，如运动品牌近年来进入国内市场的 lululemon，化妆品品牌 AHC 等。此外，已有成熟品牌发展的新品牌、子品牌同样可以被看作一种新消费品牌的类型，如手机领域小米推出红米品牌，VIVO 推出 iQOO 品牌等。随着移动互联网与数字技术的飞速发展，新兴消费品牌凭借网络新媒体和电商销售渠道迅猛崛起。①

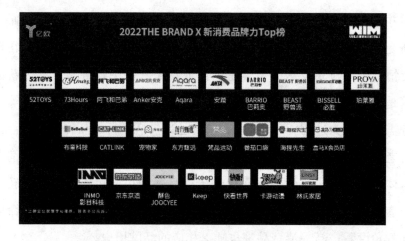

图1　亿欧智库 2022THE BRAND X 新消费品牌力 Top 榜

（https：//www.iyiou.com/news/2023011131040722）

新消费品牌具有巨大的潜力，同时也面临着一系列共同的问题。从品牌资产及社会价值链理论的视角进行分析，新消费品牌要接受

---

① 佐伊：《"王饱饱"：新消费时代下新兴品牌的强势出击》，载《中国合作经济》2021年第4期。

建立品牌知名度和认知度的挑战,同时也需要在社会价值网中建立自己的价值。

(一) 积累品牌资产

从消费者结合市场的角度出发,市场营销学者戴维·阿克指出品牌资产包含的五个维度分别是品牌知名度、牌认知、品牌忠诚度、品牌联想以及其他专有资产①。品牌知名度是指消费者从特定产品种类中想到产品品牌能力的体现。品牌知名度的构建通常包含无知名度、未提示知名度(不加提示)、提示知名度和第一提及知名度几个程度。在特定情况下,仅仅是品牌的知名就可以使消费者做出有利于品牌的购买决策。品牌认知是指消费者对于品牌和产品整体品质的评价,其可以体现多方面的竞争优势,比如品牌存在感、品牌熟悉度等。品牌联想则是在消费者记忆中产生与品牌有关事物连结的联想,这种联想可以是直接的或间接的,是最能被接受的品牌资产。成功的品牌能够超越产品属性的范畴,达到品牌联想的差异化,使消费者在品牌特质、象征、情感方面产生联想。品牌忠诚度是消费者由对产品的使用经验而产生的品牌偏好,拥有忠实消费群体的品牌显然会有更大的市场竞争优势。新消费品牌关注更多的在于品牌知名与品牌认知层面的问题,建立品牌联想和品牌忠诚则相对没有那么强的迫切性。处于创建期的品牌,是一个从无到有的阶段,需要逐渐积累企业的品牌资产,战略设定、品牌定位、市场开拓甚至上市筹备,将是一个需要引导的时期。

(二) 形成价值网络

管理学学者迈克尔·波特在分析企业的发展与社会的关系时提出了价值链理论,其认为产品的使用价值是企业价值活动中"价值"

---

① [美]戴维·阿克:《品牌资产管理》,吴进操、常小虹译,机械工业出版社1991年版。

的内涵所在。企业价值活动是一个形成价值链的过程，既是在为企业创造利润、形成企业的价值，同时也是在为消费者创造价值、提供消费者价值。在信息技术发展的驱动下，在社会价值系统的价值创造实践中，单链条的价值链形态逐步向多链条，甚至多维度的价值网系统演进。价值意义的扩展使得原来的价值链内涵逐渐扩展成包含消费者、渠道、供应商、服务提供商甚至竞争者的价值网络。传统的价值链通过裂变、分解，可以形成具有兼容性、可重复利用、符合界面标准的价值模块。这些价值模块按照新的规则和标准，在新的界面上进行重新整合，能够形成新的模块化价值链。在新的价值系统中，生存在不同产业价值链条上的企业为了寻求价值增值的新空间，纷纷采取价值链的分裂、整合的方式进行新的价值系统建构。[①] 新消费品牌需要建立自己的价值网，体现其在社会中的价值。

因此，从现实的角度分析，技术的赋能能够改变原有的品牌建立知名度，形成品牌认知，创造出社会价值的方式，进而催生了品牌营销传播模式的变化。

二 技术赋能的营销传播逻辑

我们将技术要素创新的总和称为技术创新，包括社会生产活动中的工艺创新、制造模式创新、管理创新等，同样也包括营销传播创新。技术创新通过信息传播和消费者感知影响和赋能营销传播。满足消费者需求是品牌生存和成长的前提，技术创新是品牌可持续发展的保障。一方面，企业本身技术发展保障产品力、产品更迭与研发满足消费者不断变化的需求，从而更好地维持品牌生命力。[②] 另一方面，技术的发展同样影响着品牌营销传播模式的改变。营销传

---

① 余东华：《模块化企业价值网络》，格致出版社、上海人民出版社 2008 年版。

② 刘仲康：《试论品牌成长战略》，《南开管理评论》2000 年第 1 期。

播是连接消费者和品牌之间的关系纽带，人类曾经历五次信息技术革命，都对营销传播产生了巨大的影响：语言的使用催生了最原始的叫卖，文字的创造使得产品信息可以被描述和推广，印刷术的发明应用，电报、电话、广播、电视的发明和普及造就大众传播领域的品牌效益。现在则是一个移动互联网与数字技术普及应用的时代，即新媒体的时代。可以看到的是，近年来随着大数据、区块链、人工智能、5G 通信、虚拟现实等技术的不断涌现与革新，根植于移动互联网技术的网络电商与社交媒体也在不断升级迭代，不断提升着营销传播的效率，拓展着品牌的营销方式。每一次全球性的技术创新都会直接引发各个产业的巨大变化。从本质上看，技术发展改变了信息传播的方式，从消费者角度观察，技术的发展也改变了消费者接触与体验产品和品牌的方式。

（一）技术赋能的本质：信息传播模式更迭

数字化技术实现了信息输入与反馈机制的一体化，信息传播进入新媒体的传播时代，信息不再是一种静态的存在，而成为一种实现交互的特殊关系本身，不再是单一单向的传递，而是成为一种传播、交互、处理的数字化系统。如在广告领域，广告效果变得可以预测，广告传播的过程也随之数字化、程序化。

信息的数字化传播提升了信息传播量与质。信息以数据形式被生产、传播、储存、复制，随时可以被查询与使用，这延长了信息的存在时间；通信技术的发展不断提升着信息传播的速度，减少着信息传递的延迟，在巨大的网络容量的支持下甚至可以实现实时传播。信息交互是将信息用数字进行描述和表达，通过人机交互进而实现人与物理空间的交互，搭载传感器的设备通过物联网从具体现象到抽象感知的覆盖与植入，传感器对客观物质现象与状态的采集。数据的跨空间流动与汇聚进程加速，打破了虚拟世界与物理世界的空间区隔。信息处理表现为对信息的过滤和计算。信息的数字化处

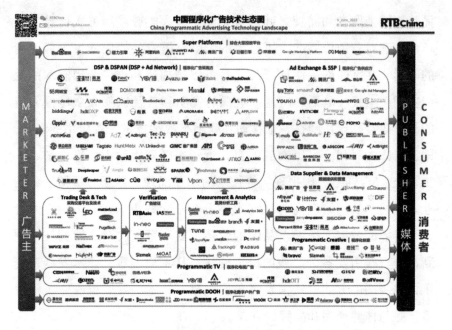

图 2 中国程序化广告技术生态图

（https：//www.rtbchina.com/china-programmatic-ad-tech-landscape）

理依靠智能化的算法，用系统的方法形成解决问题的自动化策略机制。在智能建模的驱动下，通过对多源异构的数据进行属性判断和情况感知，最终实现从数据信息向决策决定的转变。一切与洞察消费者相关的文字、图片、声音及生理反应甚至神经元结构都可作为信息转化为数字化的编码。

信息的数字化实际上就是以数字化的方式获得客观世界中的信息，再经计算机用算法得到有价值的结果。与此同时，有针对性地实现信息的即时传播、海量存储并与客观世界持续交互，这也是数字技术赋能品牌营销传播的最主要方式。

（二）技术赋能的体现：消费者接触与感知

技术赋能的基本原理在于营销传播为提升数字化能力提供了方向，品牌传播想要全面优化信息体验和品牌效益，需要嵌入信息的交互、处理与传播环节，以提升消费者接触体验与感知能力。

信息接触是消费对产品和品牌信息体验能够逐步优化的基础，是创意内容与场景感知的有效载体。接触体验的质感的提升能让消费者对于品牌营销传播信息的感知不至于游离于物理环境之外，而是存在于一个数据算法构成的个性化场景之中，信息内容与环境充分融合，在媒介的接触中植入营销传播信息，一种以人为中心，连接所有媒介形态的环境呈现出无时无处不在的传播能力。此时，品牌传播不再是对消费者体验的干扰，而是基于消费者场景使用偏好的具有适应性的个性化服务。

感知是感觉与认知的集合，感知能力是消费者感同身受的体验。一方面，品牌传播的感知由信息交互系统决定，由虚拟的信息到具体的数据成为得到消费者需要的判断依据。另一方面，信息的处理系统决定了品牌传播更深一层的感知能力。其将碎片化的感觉转化为结构性的认知，品牌传播与消费者需要的适配度体现出信息处理系统的能力。品牌传播感知力能够极大地满足消费者的精准需要，甚至比消费者自己更了解自己。这一能力成为营销传播解决精准传达的基础，也是未来科学营销活动的首要环节。围绕精准传达、深度互动、品效合一的营销传播目标，考察技术的发展对品牌传播的现实影响。

三　技术赋能的现实表现

（一）大数据实现多向度的精准传播

在工信部《“十四五”大数据产业发展规划》中，明确指出我国大数据产业在“十三五”时期，产业规模年均复合增长率超过30%，其中2020年超过1万亿元。“十四五”时期年均复合增长率保持25%左右，到2025年大数据产业目标测算规模将突破3万亿元。基本形成创新力强、附加值高、自主可控的现代化大数据产业体系。

在大数据时代，消费者的信息转化为一串数字和代码，依靠大数据算法，为消费者划定类型，再通过类型制定专门的营销策略，这就是数字经济时代最真实的技术赋能。无论是电商平台还是媒体平台，消费者积累得越多，算法发挥的作用也越突出。依托大数据技术以及算法，品牌方得以按照消费者的年龄、地区、学历等消费者信息为受众进行分类，每个人接收到的信息都有可能是通过算法精确定制的。在算法能够影响流量的网络环境下，如果想获得理想的营销传播效果首先就要有精准的市场群体细分。大数据和算法的应用改变了互联网生态，进一步细分了消费者群体，这也意味着品牌的目标受众甚至传播渠道能够在品牌战略制定的时候就能够更精确地被划定在一个圈层内。

以娇兰品牌在电商平台的推广为例，在整个品牌传播过程中，首先就是匹配人群标签精准度，匹配人群和带货客单，筛选出符合娇兰品牌的短视频以及直播的 KOL（关键意见领袖）。这是一种双向的精准传播，既匹配消费者，又匹配 KOL，这样的技术赋能无疑为提升品牌在短视频电商平台的曝光、提升品牌全渠道新客占比、实现高效拉新、扩容品牌新客，打下了坚实的基础，形成了有效的铺垫。可以看到，品牌营销传播不再是大海捞针，而是精准搜寻，利用有限的资源，形成去繁就简的方案。可以让品牌有效地做减法，保持资源的高度集中，形成强而有力的传播效能。要缩短消费者沟通的链条，让目标消费者留下记忆，必须瞄准品牌核心目标，聚焦产品重点人群，制定可行的执行方案，提炼出代表品牌的卖点和特质，循序渐进且有所侧重地推进整体营销传播计划。

（二）自媒体改变消费者的媒介习惯

在第 50 次《中国互联网网络发展状况统计调查》中，数据显示，截至 2022 年 6 月，我国短视频的用户规模明显增长，达 9.62

亿,其用户规模增长量在即时通信用户、网络新闻用户、网络直播用户、在线医疗用户几大群体中居首。一方面,数据分析指出随着技术的发展极大地丰富了互联网应用场景。特别提到短视频领域发展,短视频的媒介形势既迎合互联网的发展规律,又满足了受众对多样化的内容需求,用户数量不断攀升。另一方面,网络直播行业处于高速发展阶段。各大网络直播平台每天都有新鲜血液注入,网络主播的从业人员队伍不断壮大。由于其操作便利、门槛较低、收益较高等特点,网络直播行业刚刚兴起就吸引了大批从业者蜂拥加入。随着未来网络直播平台自制综艺、虚拟直播等在线直播新浪潮的出现,在线网络直播平台用户规模也将持续上涨。[①]

随着移动互联网技术的发展,自媒体蓬勃发展,在消费领域,网络直播也得到了充分的应用和迅猛的发展。直播内容变得更加多样化与个性化,消费可以能够观看的直播渠道、直播类型都在不断地增加,网络直播正在成为一种普通的媒介习惯。这一现象也意味着直播更广泛,消费者参与更普遍的直播时代的到来。[②] 直播过程中观众可以发送弹幕,评论区即时互动,这种互动可以增加品牌的直观表现,让观众有参与感,进而增加直播观众的留存率以及建立对于品牌的直观印象和认知。因为是即时交流,因此,企业可以用现场直播的方式来解答来自观看者的疑问,同时也可以通过直播,将产品的优点和卖点展现出来,提升自品牌影响力。除此之外,直播结束后可以通过数据进行统计复盘,以便更好地了解消费者各个方面的需求,为以后的活动或产品进行优化,为消费者提供更好的服务,最终提高消费者黏性,实现更大的社会价值。

---

① 第 50 次《中国互联网网络发展状况统计调查》,http://cnnic.cn/n4/2022/0916/c38-10594.html.
② 姚榕:《浅谈短视频的病毒式传播——以抖音红人李佳琦为例》,载《新闻传播》2019 年第 14 期。

在娇兰 welcome 礼首发的网络营销传播中，品牌方基于云图大数据分析确定网络 KOL 渠道、营销场景以及产品，联合优质主播发放 welcome 福袋，实现了娇兰品牌力和产品力的提升，取得了十分优异的品牌传播效果。美妆品牌在短视频平台 KOL 直播融合短视频内容共同发声，扩展了品牌目标人群资产，助力品牌入局新媒体平台，实现品效合一。直播时代的到来，反映了在信息爆炸、品牌竞争愈发激烈的环境下，互联网从一种技术革新影响生活习惯的角度彻底改变了人们原有的信息接收方式。消费者信息接受的渠道以及消费选择的范围不断扩大，单纯以产品为导向，通过价格等作为营销手段的思维已无法适应现实的环境，依托于网络直播拉动流量的带货模式成为当下促进消费转化最直接的营销方式。直播中包含消费内容的意见领袖数量迅速提升，带货成为流量变现的重要模式。各个领域的品牌内容生产者纷纷投入到这一赛道中，努力成为在短视频、直播平台中带货的消费意见领袖。随着品牌在直播中的商品与内容逐渐同质化，在消费领域真正具有带货能力的意见领袖对于商家来说显得尤为重要。而能够识别以及合理地利用这样的意见领袖则成为了品牌传播中重要的议题。

（三）元宇宙衍展营销传播呈现方式

元宇宙是互联网时代新的社会信息与社会关系的呈现方式，是一种社会模式的数字化应用，其允许每个参与者进行内容生产与编辑，基于数字技术整合以区块链技术搭建其经济体系生成现实世界的场景，将虚拟世界与现实世界在多个维度系统上进行密切融合。可以从几个层面理解其技术逻辑。一是全息构建，利用虚拟现实技术等对现实场景的虚拟化构建，是元宇宙成立的基础；二是全息仿真，虚拟世界的仿真动态过程，尽可能地逼近现实世界，如虚拟 IP 打造等；三是虚实互动，虚拟与现实世界在精准重合的基础上，能够实现互动；四是虚实联通，通过改变虚拟世界来改变现实世界，比如在虚拟世界中通过机器人技术实现改变机器人行为模式,使其联动改造现实世界的过程。

当前元宇宙概念中所覆盖的技术、内容和社交等多个层面都已经成为营销传播的关注点。

在元宇宙背景下场景营销传播的概念也在发生变化,通过搭建消费者生活中的场景或者想象中的场景,影响消费者的需求或者想法,从而传播信息。[①] "虚拟社交""AR/VR 设备""NFT 技术"以及"数字虚拟人"等为品牌营销传播提供更多可能的营销场景。随着元宇宙概念的融入,场景平台也势必将作为全新的传播媒介进入公众的视野,为消费者提供交互化、沉浸式的全新体验[②]。

元宇宙对品牌营销传播影响或许会体现在以下几个方面。首先,增强消费者对品牌的感知,元宇宙将会对触觉传感技术进行数字化,在虚拟数字世界的构造实境使得消费者产生身临其境的感受,能够以多触点、真感受影响消费者的触觉、视觉以及听觉效果。其次,元宇宙环境能够精确找到消费者的需求和痛点,通过增强现实技术,来达到场景还原的效果,对互动内容进行布置,从而提升消费者体验,甚至激发新的消费需求。然后,元宇宙环境能够使消费者和品牌建立新的联系并交互沟通。元宇宙与区块链经济的产生关联,促进虚拟经济与 NFT 资产的发展,或许可以改变传统购物模式向新型消费模式转变,使其变得更个性化与社会化,拓展体验与分享。在元宇宙构建的数字社会中,每个人都能够参与内容创作与生产,能够加深消费者参与度,使得营销传播更加沉浸化,对于消费者的接触体验和分享展示方式也将是一个革新。

---

① 战令琦:《5G 技术背景下的场景营销传播与消费体验》,载《现代广告》2021 年第20 期。

② 喻国明、耿晓梦:《何以"元宇宙":媒介化社会的未来生态图景》,载《新疆师范大学学报》(哲学社会科学版)2021 年第 3 期。

四 营销传播模式的发展趋向

基于形成品牌资产与实现社会价值的目的，营销传播模式特别是新消费品牌的营销传播模式将向着数字化整合运营、交互式感知体验、共生型品牌发展的方向不断推进。

（一）效率增益，数字化整合运营

以集约化、精准化的分析、生产、传播的理想状态，整合各个节点中的有效资源，在传播营销品牌传播的基础之上，实现传播效益的有效增益，提高品牌资产积累的效率。数字技术对资源与产能的合理调用与精准匹配，一定程度上解决了资源浪费的问题，从而在营销传播过程中减少过渡消耗，实现"品效合一"。数字技术要素贯穿于作为信息传播与营销组合的营销传播系统中，品牌多元化对于传统传播链中的某一环节的单一式服务的需求将被弱化。品牌的整合营销传播与运营将实现联动，构建起适应数字化发展的全价值链路径整合服务集群。各个单要素得以协同统一，在更全面的整合品牌传播中，形成新的结构属性并作用于效益最大化的实现。以消费需求、消费数据、后台算法、媒体创意、渠道传播为核心的营销资源匹配以算法驱动的产能资源形成新的平台型生态，营销传播的平台化与系统化也将成为趋势。以数据联通，以智能技术连接，形成立体化的数字品牌生态系统，形成整体大于部分的理想效果。最大程度减少资源浪费、重创意体验、不同要素全面协同与精准匹配成为未来营销的核心驱动力，从而实现品牌营销传播效果的效率增益。

（二）深度互动，交互式感知体验

技术创新将不断重塑品牌的互动体验，逐步推动营销传播形态更迭的持续发展，品牌营销传播将以认知技术与传播场景为突破口，在技术赋能万物的背景下，未来营销传播对媒介使用将呈现泛化趋

势，基于物联网的传播场景对移动通信网络技术会提出更高的要求，互动感知体验进一步深化，品牌或者产品与消费者的关系变得更为密切。品牌传播基于消费者对于资源的认知和掌控，借助多种渠道和技术手段进行与消费者的实时对接与沟通，从这个渠道中消费者可以根据自己的需求对于产品和服务表达自己的诉求与期望。互动化营销传播利用当前的先进的互联网信息技术来辅助与消费者的沟通和交互，可以持续并迅速地传递消息，及时获得调整并进行反馈。以直播电商为例，直播电商的本质重在与直播平台相应的社交互动形式，这样的形式会逐渐发展成为一种品牌与消费者的深度互动，形成交互式的品牌体验。深度互动注重消费者的体验的个性化、时效性、主动性、共享性。这正是营销传播追求场景互动的媒介使用行为的体现。技术、产品或服务围绕消费者进行信息传递，信息的传递以及消费者的交互式体验成为关键。数字技术对营销传播能力的提升实现了营销传播模式的生态化重塑，从而持续创造出新兴的传播形态，于此同时，新兴业态又对传播技术或手段产生新的需要，推动营销传播新形态的不断出现。

（三）合作共创，共生型品牌塑造

未来营销传播模式的生态化变革在数字技术领域的驱动下，形式上会产生系统性重构，在技术赋能下，以生态为核心的商业创新格局将取代以产业链为主导的行业生产模式。消费者有了更多精神层面的诉求，更加理性、更加注重自我意见表达、更加重视与品牌的互动深度，这也是品牌社会价值的更深层次的体现，合作共创成为品牌与消费者沟通新的选择，同时也使品牌的社会价值进一步得以彰显。深度联动让消费者对产品产生情感共鸣，实现了品牌与消费者更有温度的连接。是一种富有亲和力的传播模式，消费者尽可能地感受到品牌的使命，通过一起去创造价值、传递价值，建立起更稳固、更和谐的情感联系。消费者在品牌价值创造的各个环节都扮演着重要角色，成为品牌的拥有者、传播者、分享者。比如在品牌社群中，消费者之间通过一段时间互动后形成一定的关系嵌入，逐渐了解、熟悉，最后产生自我认同，通过关系嵌入满足了虚拟社群成员在虚拟品牌社群中的空间感、效能感和自我认同的需要。同时，处在网络中心位置越近的消费者更容易获得有形或无形的资源，从而比网络边缘的个体拥有更多的影响力或控制力。增加社群成员之间信任、互动和分享，自我认同，有助于消费者提高参与的有效性，从而会提升胜任感和归属感，提升企业品牌体验价值。新媒体时代，技术赋能媒体，技术因素影响着新消费品牌营销模式的变革。消费者的媒介习惯发生变化，接触和选择变得多元，消费场景增多，消费理念改变；新消费品牌营销传播模式紧随时代发展，依托数字技术完成内容智能化运营，向着数字化整合运营，交互式感知体验，共生型品牌塑造的方向不断发展。

"大码女性"的时尚内容营销及受众价值感知

吴向然　林乐怡[*]

吴向然　林乐怡*

摘　要：互联网改变了社会结构形态，拓宽了社会互动的界限，创新了利益表达方式，更重构了价值观和生活方式。在时尚产业的创新过程中，随着大码细分市场的开拓，国际时尚品牌正尝试通过新媒体向消费者传递多元的身材价值观。但不同国家、地区文化及个体观念存在差异性，品牌在进行国际营销与传播活动时，不同国家的消费者对内容营销的理解也容易存在偏差。本研究将结合时尚品牌发展的全球化战略，分析 Nike 在中国的内容营销传播案例，并基于多模态话语分析及深入访谈研究，将品牌价值观与消费者价值感知进行匹配，归纳出国际时尚品牌在中国市场的价值观内容营新范式，并以此为基础尝试演绎中国品牌走向全球化市场的营销新路径。研究发现，Nike 在中国的全球化战略值得中国品牌学习品鉴，但中国品牌想要在世界舞台走得更远，仍需要有一定沉淀基础的价值观内涵。

关键词：女性身材呈现；品牌价值观；消费者价值感知；全球化战略；多模态话语

---

　* 吴向然，英国曼彻斯特大学时尚管理博士，浙江传媒学院讲师、网络与新媒体专业负责人；浙传乐其数字经济研究中心研究员。
　林乐怡，浙江传媒学院文化创意与管理学院 2022 届毕业生。

　　近年来，大码女装产业作为细分市场在短短十年不到的时间就取得了飞速的发展。随着对身材认知的改变，国内外越来越多的品牌开始生产大码女装，采用大码模特，以传递其品牌的价值观从而影响消费者。甚至在高级时装品牌的 T 台上，也能看到大码模特的身影。特别是运动品牌，近些年在身材多样化上作出了很多努力，以更真实、健康的形象展现给消费者，无论是肌肉、肥肉、褶皱或者是体毛，都毫不避讳、不加修饰地展现出来，用实际行动表达了运动的包容性，为时尚产业探索身材多样化理念作出了表率。目前在国内各大电商零售平台上，"大码"女性正在成为新的潜在目标消费者。品牌为了把价值观展现给大众，通过新媒体来传达反身材焦虑的信息具有积极的营销意义。

　　在全球化背景下，国际时尚品牌为了优化资源配置，大多采用了标准化的市场战略对品牌营销进行规划。目前，耐克的企业战略重心从产品利益向品牌价值转移，用"品牌＋内容"的形式推进全球化传播。其在 2012 年国际妇女节发布的"Be Amazing"广告，率先将反身体焦虑的价值观隐喻其中，从而激发了强力的受众消费认同。本研究将以 Nike 作为研究案例，尝试归纳总结其价内容营销和价值观传播的新范式，并期待能够对国内时尚品牌的内容营销与传播的创新提供一些有价值的参考。

一　国际化内容营销与身材呈现

　　在国际市场营销中，有全球标准化战略、当地适应性营销战略两种模式①。全球标准化战略可以通俗地理解为战略"一刀切"，对于不同国家和地区都实行统一的战略，采取全球一致的做法。这种

---

　　① 胡左浩：《国际营销的两个流派：标准化观点对适应性观点》，载《南开管理评论》2002 年第 5 期。

方法更适合全球市场同质化或营销内容标准化的背景，而很难满足各个环境、语境下的顾客的多样化的需求。而当地适应性营销战略更注重消费者和对应国家及地区的差异性。王琳琳等人通过文献梳理，得出国际企业在制定国际营销战略时，不应只是单纯地进行标准化或适应性战略，而是要介于这两者之间，并根据市场及企业对其有所侧重①。耐克就曾因为全球化战略制定不得当，遭到包括文化反堵、身份认同政治等反耐克体育策略的抵制。已有文献多是指出国际企业制定的全球化战略会影响消费者价值感知，但并未指出如何影响并给出具体对应的战略部署指导方针，这个遗憾正是本文尝试填补的。

随着营销 3.0 时代的到来，品牌营销方式从产品利益转向价值观层面的营销②。大量的品牌开始在内容营销中加入本品牌的价值观，来获取消费者的认同。中国国产女性品牌内外，在 2020 年春夏的广告《致我的身体》中，提出了"没有一种身材是微不足道的"身材多样化的概念，用疤痕、皱纹、身材来讲述价值观和生活观③，获得了多数消费者的身份认同。但是，在国内女性身材多样化的案例不多，社会还是倾向于"以瘦为美"的审美观。特别是 2020 年夏，BM 风的热潮使很大一部分消费者加重了身材焦虑④。这其中，既有极端品牌价值观的影响，又有社会对于女性对自身形象构建产生了规训作用。张唯依解释了女性会把社会身体环境作为标准，再和自己的身材进行比对参考⑤。可以发现，国内对于女性身材方面的

---

① 王琳琳、何佳讯、黄海洋：《品牌价值观一致性如何影响在线顾客态度？——基于顾客品牌情感融入的中介效应》，载《商业经济与管理》2017 年第 4 期。

② ［美］菲利普·科特勒：《营销革命 3.0：从产品到顾客，再到人文精神》，毕崇毅译，机械工业出版社 2012 年版。

③ 康雨佳：《女性内衣广告传播中的价值观和生活观——以〈致我的身体〉为例》，载《视听》2020 年第 10 期。

④ 樊梦吟：《青年女性的身材焦虑：BM 风流行现象试解》，载《山西青年职业学院学报》2021 年第 3 期。

⑤ 张唯依：《社交媒体传播中女性身材空间规训及自我形象构建》，载《传媒论坛》2020 年第 10 期。

研究比较少，远远落后于国外的研究。国外学者探究了三类运用不同身材的模样的内容对消费者的影响，研究内容传播影响效果，得出内容创新可以用更有吸引力的方式，使用大码模特进行营销，可以有效避免大部分女性的身材焦虑①。本文将研究对象放在"大码"的语境下，试探究具有更为成熟的对女性身材多样化价值观的国际品牌，在进入中国市场时将如何传递这样的品牌价值观，中国消费者又会获得如何的价值感知，丰富国内对于女性身材领域的研究，这也将是本研究的价值所在。

二　时尚传播与品牌价值观

大量的研究表明，内容营销与消费者之间有着非常紧密的联系。不同的内容对于不同消费者人群有着不一样的影响。内容营销策略多种多样，王怀明和陈毅文根据诉求的不同，划分为理性诉求和情感诉求②。对于不同的诉求方式，消费者的心理加工过程是各不相同的。陈东则基于以上研究，进一步研究了在不同的诉求方式下的消费者感知价值与品牌认同的关系。相比于理性诉求，消费者更能被情感诉求所影响，获取心理或情感上的满足，从而对品牌产生认同感③。消费者对于品牌产生的认同可以理解为消费者认可该品牌中所蕴含的价值观，何佳讯、吴漪把品牌价值观定义为是把人类价值观作为品牌的象征性概念，提出品牌价值观有助于消费者通过对品牌反应的观念感知从而建构身份认同④。在与品牌沟通的过程中，如果

① Emma Halliwell, Helga Dittmar, Does Size Matter? The Impact of Model's Body Size on Women's Body-focusedanxiety and Advertising Effectiveness, *Journal of Social and Clinical Psychology*, 2004（1）: 104 – 122.

② 王怀明、陈毅文:《广告诉求形式与消费者心理加工机制》，载《心理科学》1999 年第 5 期。

③ 陈东:《不同广告诉求方式下的消费者品牌感知价值与品牌认同的关系研究》，载《西南财经大学》2014 年第 2 期。

④ 何佳讯、吴漪:《品牌价值观: 中国国家品牌与企业品牌的联系及战略含义》，载《华东师范大学学报》(哲学社会科学版) 2015 年第 5 期。

消费者感知的品牌价值观与消费者自身价值观的一致性比较高，就越可能产生共鸣，形成对特定品牌的偏好和忠诚[①]。不难发现，不管是品牌还是消费者的立场，都希望品牌价值观与消费者感知到的品牌价值观拥有较高的一致性。学界从不同角度切入研究品牌价值观，对其的理解不尽相同，本研究将以整体视角，即通过企业内外部的互动对品牌价值观进行定义[②]。学者对于品牌价值观的测量，大多基于广告符号学视角进行内容分析和用 Schwartz 和 Hofatede 的人类通用价值观量表进行编码分析。本研究将运用多模态话语分析的方法，对内容营销中传递的品牌价值观进行分析总结，能更多元地结合各种视角，总结出较为客观的结果。

目前，学术界对于品牌价值观的研究多集中在研究消费者行为和认同感的关系。其中，对其品牌价值观的测量多采用人类通用价值观量表进行编码分析，基于大量数据统计，针对企业品牌整体所体现的价值观总结相关关键词；对消费者情况的调研，多采取问卷调查法或访谈法。仅有少量文献将国际品牌全球化作为研究背景，其他对于品牌全球化战略的研究多只停留于战略层面的分析。另外，国内对于女性身材的研究不多，且研究集中在国内女性身材焦虑的原因，仅有少数文献研究品牌广告中的大码女性形象。本研究将从多模态话语分析的视角，更全面性、整体性地分析时尚内容营销中蕴含的品牌价值观，并加入"大码女性"的语境，丰富国内对于女性身材领域的研究。

三 "大码身材"内容传播的多模态话语分析

本文中所用到的多模态话语分析，是张德禄基于系统功能语言

---

① Jamal, A. and Goode, M. M. H., Consumers and Brands: A Study of the Impact of Self-image Congruence on Brand Preference and Satisfaction, *Marketing Intelligence and Planning*, 2001, 19 (7).

② 刘家凤、林雅军：《品牌价值观——概念与测量》，载《西南民族大学学报》（人文社会科学版）2013 年第 7 期。

学理论提出的多模态话语分析综合理论框架，框架可以从文化层面、语境层面、内容层面和表达层面进行分析。每个层面都存在着互补或非互补的关系，从而共同体现话语意义。其中，文化层面是关键，能够帮助情景语境的理解。张德禄认为，目前多模态话语研究的重点是不同模态的形式特征和它们之间的关系[①]。现阶段中，对于动态话语分析运用多模态话语分析方法最多的领域是演讲、影视和广告，其中对于广告的研究大多选取电视广告和公益广告，也有更多的学者开始研究商业广告中多模态话语的意义。龚纯在张德禄所提出的模型基础上，针对广告语篇的特点，构建了适用于广告语篇的多模态话语分析模型。认为广告是由媒体到观众的传播过程，媒体对篇章内外语境的四个层面的编码，以及观众对于接收到的话语意义再次进行解码，在这两个过程中对于话语信息的理解可能是会存在一定偏差的[②]。在此基础上，笔者优化了以上适用于营销内容语篇的多模态话语分析框架，如图 1 所示。

（一）文化层面

文化语境是指与语言交际相关的社会文化背景，包括文化习俗和社会规范两个方面[③]。文化语境为有效多模态交际提供关键作用，从而影响人们根据不同的交际目的而决定不同的交际形式和行为。

在全球化时代的背景下，越来越多的品牌不仅只是局限于本国的发展，而在极力开拓世界市场，迈进国际化大门，进行跨国营销甚至跨国生产，希望发展成为全球化的品牌。Nike 作为全球化战略做得比较成功的头部国际运动品牌之一，拥有广阔的全球市场，已经实现了全球化生产。与之对应地，国际企业在进行全球市场的宣

---

① 张德禄：《多模态话语分析综合理论框架探索》，载《中国外语》2009 年第 1 期。
② 龚纯：《广告语篇的多模态话语分析——以可口可乐 2017 新年广告为例》，载《开封教育学院学报》2018 年第 5 期。
③ 阳卓胜：《谈谈语境在翻译中的作用》，载《英语广场》（学术研究）2014 年第 7 期。

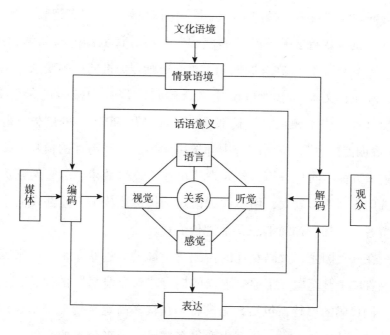

图 1　本研究的多模态话语分析框架

传推广时，也采用全球化战略进行广告部署，不过各个企业的战略
各不相同。Nike 采取的是介于全球标准化战略和适应性战略之间的
战略，在一定程度上兼顾了所跨国和本国的文化环境，品牌自身的
文化和价值观也会有所考量。有研究指出，Nike 的企业战略重心已
经从产品利益转向品牌价值，为了打造全球化品牌，Nike 采用在广
告中传递品牌价值观的方式，将品牌价值输出到各个国家的消费者，
并以此影响他们的价值观。

（二）语境层面

　　根据系统功能语言学理论，情景语境包括语场、语旨和语式三
个变项。其中，语场是指语篇的主要内容；语旨指说话人和受话人
两者之间的社会关系；语式指语言交际过程中的媒介和渠道。这两
则广告的语场都是宣传 Nike 瑜伽服，传递品牌价值观；语旨是两则
广告片和看到此视频的中国受众；语式是 Nike 中国官方账号在中国

区官网和社交媒体（微博、小红书、微信视频号）发布视频（其中，2021年的宣传视频因涉及"新疆棉"事件，谭松韵方与品牌解约，将视频下架处理），在互联网和手机端声画合一推向中国受众，用音乐、画面、文本等语篇单位让受众感知广告片中蕴含的价值观。2020年的广告主题是"你我都是瑜伽的料"，2021年的广告主题是"向瑜伽借把力"，两则广告中都选用大码女孩和男性的模特，每则都选择五位不同身份的形象人来"讲述"瑜伽故事。尽管两则广告中选用不同的形象人，用不同的语篇结构讲述故事，但都在向中国消费者"阐述"Nike自己的品牌价值观。

在欧美国家，大码女性的占比是很高的。近些年来，越来越多的品牌减少甚至抛弃了原来追崇的拥有"魔鬼身材"的模特，加入了不同尺码的模特，包括大码模特。在很多高定秀场上，不仅是模特人种、性别的多样，体型也变得多样了。越来越多的品牌开始展现"多元化"，开拓大码市场，把大码形象加到品牌中来，并以品牌的价值观传递给广大消费者，获得消费者和社会的价值观认同，这种认同再反作用于品牌发展的商业价值。而在中国，虽然大码人群仍是一个小众群体（并不意味着人数少），却极具长尾效应，有很大的市场前景；他们渴望受到关注，特别是被社会所理解和接纳，这很大一部分可以通过在品牌中加入大码服装来体现。

Nike作为西方运动品牌，在面向中国的广告中，加入了大码的语境，将西方较为成熟的对于大码的价值观融入跨国广告中，传递给中国的消费者们；并且两则广告中都加入了男性的角色，让大众抛弃"只有女性练瑜伽"的刻板印象，建立"人人都可以练瑜伽"的价值观。

（三）内容层面

张德禄把系统功能语言学理论中的意义层面和形式层面总结为内容层面，认为话语表现的形式与其在语境中表达的话语意义是息息相关的，很难抛开意义谈形式，也很难抛开形式谈意义。语篇是由各种形式表达的话语意义组成的具有核心意义的故事，每种形式的意义表达都是语篇的一个话语结构，只有两者结合起来整体看，才能诠释整个语篇传递的语篇意义。

本文选取的两则广告都运用了语言、视觉、听觉模态，由于互联网的特殊性，感觉模态能够间接地从其他各模态的表现中，结合观众的想象体现出来。笔者借助 ELAN6.3 标注工具，共添加角色（character）、行动（movement）、镜头（shot）、音效（sound effect）、文本（text）五个层，包括了两则广告涉及的三大类模态。根据软件标注显示，2020 年的广告语篇共计 14 个角色、19 个行动、31 个镜头、4 个音效和 14 个文本；2021 年的广告语篇共计 31 个角色、23 个行动、25 个镜头、3 个音效和 7 个文本。两个语篇根据语篇分切法都可以切分为三个部分（开头、中间、结尾），各语篇各部分的层标注密度图如下图 2—图 7 所示。

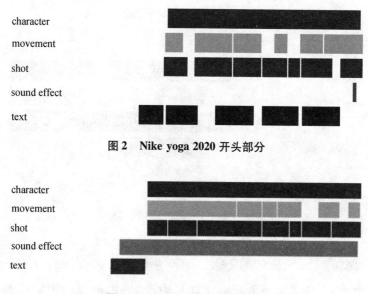

图 2　Nike yoga 2020 开头部分

图 3　Nike yoga 2020 中间部分

图 4　Nike yoga 2020 结尾部分

图 5　Nike yoga 2021 开头部分

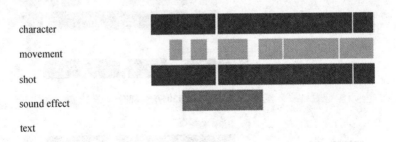

图 6　Nike yoga 2021 中间部分

　　根据前文语篇分切的结果，2020 年的广告语篇各部分的多模态分析如表 1、表 2、表 3 所示（详见附录）。本语篇的听觉模态包括广告的背景音乐及 4 处音效。根据软件层统计，其中 2 处的音效均

character
movement
shot
sound effect
text

图7　Nike yoga 2021 结尾部分

采用同一呼吸声音效，分别出现在语篇的第二、三部分，且所占比例较大，平均时长达 13.431 秒，占整个语篇的 27.24%。希望通过这样一个深呼吸的音效，让观众可以隔着屏幕感受瑜伽运动。本语篇的语言模态并没有人物旁白，都是以文本的形式呈现在画面中的。从图4—图6来看，语篇中的语言模态有一个特殊之处：每个部分的开头，都会有一段无人物、动作的图像，画面只由黑屏和白字组成。这也是这个语篇结构分切成三部分的重要标志。三段文本按顺序分别为"谁都有资格感受瑜伽的妙""把自己交给瑜伽""它就还你更好的自己"，这三段文本有一个递进的顺序，实际上语篇内容也是这三段文本的超文本延伸。第一部分主题语淡入淡出的速度会比第二部分主题语快，而第三部分主题语淡入之后就没有淡出。文本呈现效果配合语篇情绪进行调整，第三部分的主题语以一种总结式话语存在，它的肯定情感是很强烈的，所以并没有进行淡出动作。语篇中，有两个倒立体式的画面，其中一个完成该动作的人物就是大码女孩的形象，展现了身材并不会限制高难度动作的完成，打破了大码人群不适合运动的刻板印象，传递身材不受限的价值观。

开头部分主要是为了阐释"谁都有资格感受瑜伽的妙"主题语，引出四个人物，用图像和文本非强化协调的形式，联合模态向观众清楚地介绍了四个人物形象。分别为进行其他运动的人（跑者）、大码女孩、瑜伽水平一般（没接触过瑜伽）的人、男性，出现这四种人物作为"全人群"代表性人物。其中,文本模态起到解释画面内容的辅助性作用。

中间部分围绕"把自己交给瑜伽"主题语,展现每个人物享受瑜伽的状态。相比于开头部分的语言模态,中间部分的文本除了开头的黑底白字之外,没有其他内容。这是希望观众能够集中注意力到其他模态,在这一部分后段中,语言模态起到的意义已经不大了。这一部分中,人物的出场顺序也不同,大码女孩和男性的形象先出现,再出现其余两个人物和前面部分未出场的第五个人物。语篇将重要信息放在前面的位置,第五个人物的出现也是意在表达每个人都在享受瑜伽的含义。在这一部分,语篇加入了呼吸声音效模态作为次模态,强于背景音乐,此时的背景音乐只是非强化协调的关系。深呼吸的音效也是为了配合语境内容而加入的,瑜伽是一项需要沉下心来的运动,而深呼吸是它的必修课,能让观众有种身临其境感受瑜伽的感受。

结尾部分给出一句"它就还你更好的自己"总结式主题语,随之运用上下黑幕开屏的特效,出场的五个人物均以同样的姿势出现,并用"姓名加职业"上下排版的形式介绍人物信息。前两个人物闭着眼做瑜伽立式,后三个人则睁开眼做瑜伽立式,这也和运用的特效有一个呼应的作用,也能有一种提醒观众"瑜伽沉浸式体验已经结束"的视听意义,所以在这一部分中也加入了深呼吸的音效来帮助营造语境氛围。镜头最后落在主形象人易建联,画面距离慢慢拉远,在画面正中间出现整个广告的主题"你我都是瑜伽"大字,此时的主模态已经从视觉模态转为语言模态。最后在片尾出现Nike yoga的logo结束,突出自己的品牌,强化观众印象。

两则广告都主要以视觉模态作为主模态,听觉模态为辅助作用。Nike yoga 2020年的广告语篇会更依赖文本模态对话语意义的解释,观众可以从官方的文字中感受他们的价值观。而Nike yoga 2021年的广告语篇，更偏向于让观众自己从视觉模态和听觉模态的联合中获取蕴含的品牌价值观，相比于 2020 年的广告语篇会更加隐晦。从视觉模态呈现来看，2020 年的广告语篇更注重人物"类型"的呈现，一个人物几个动作画面为一组展开；2021 年的广告语篇则更关注瑜伽服和瑜伽本身，每个人物出场并无明显的以组展开，而是穿插出现的形式呈现。并且在语篇中加入人物大笑的画面，整体语篇意义会比 2020 年的多出一层更真实的"瑜伽能愉悦身心"的语境表达。尽管 2021 年的广告语篇并没有用文字标注出"大码"和"男性"两个人物形象，但是仍然选用了能够代表这两类人群的形象人，依旧输出"瑜伽不受限"的品牌价值观，不管是大码人群还是男性都可以参与到瑜伽这项运动中来。

（四）表达层面

表达层面，是指话语最终在物质世界表现出来的物质形态，包括语言和非语言两大类型。随着科技的发展，非肢体媒体的运用越来越广泛。本文研究的两则广告都同步互联网和手机端，各大平台的官方账号上，并且除了这两则视频广告之外，还会配合系列的视频广告或其他宣传推广形式。比如 2020 年随之一起推出的还有研发出的新面料的介绍视频，以 ASMR 的口播形式，配合给人柔软质地视觉效果的画面；以及一组同"你我都是瑜伽的料"系列海报：打破对瑜伽的偏见，邀请歌手蔡敏、拳击男运动员等人拍摄。2021 年随后发布的有主广告片中讲述各个人物的故事短片，试图讲述不同的工作、生活中的不同角色从瑜伽借助的"力"，将瑜伽渗透进日常之中的生活态度。

四 中国消费者的价值感知

为使研究流程可重复和可记录，保证研究结果的可靠性和真实性，笔者在每次访谈开始前都征得受访者的同意，对所有访谈进行了录音，并在之后进行文字转录。将获得的第一手资料，以第一人称叙述的方式，用概括精简的语言整理他们从广告里感知到的价值观，并对每个受访者进行编码保护。将 10 位受访者的回答进行分类、整理，大致可以在以下三个方面达成一致：

第一，2020 年的广告中传达了"瑜伽不受限制，谁都可以练瑜伽"的价值观，即不分年龄、性别、身材、职业等因素。

第二，品牌在广告中传递正确的"大码"身材相关的价值观，会对品牌产生好感度（其中 MT 持不确定态度，考虑到其可能顾及广告表达深度的因素作此回答，结合 MT 其他方面的回答，故基本可以确定其会对品牌产生好感度）。

第三，支持品牌在广告中加入大码模特的形象，这会让大码人群产生认同感。

虽然受访者均认为广告中传递的"大码"身材相关价值观会让大码人群产生认同感，但是对于社会是否对这些小众群体产生改观持三种不同的态度：有 2 位受访者认为社会不会因此理解大码人群，有 6 位受访者认为这对于社会理解大码人群有积极的作用，还有 2 位受访者对此持不确定的态度（其中 1 位认为不一定会对国内的品牌产生影响）。在访谈过程中，多数受访者都认为国内社会仍存在"以瘦为美"的观念，所以大部分的人都会存在多多少少的身材焦虑，其中 FY、XX 明确表示，尽管品牌在广告中传递正确的身材价值观对人有一定的作用，但是自身所处的周围环境（身边的人或是国内整个大环境）所表现出的价值观的影响力会更大。值得一提的是，受访人 YC 并不认可"大码"一词对于身材的界定，表示这是一种"不尊重人"的区别对待，其更在意广告中所传递的生活态度，而不会注意到女性身材的不同。

通过访谈可以发现，中国消费者在看到 Nike yoga 两则广告内容的呈现时，会有以下基本的价值感知：2020 年的广告传递出"不论身材、性别、职业等条件，每个人都可以练瑜伽，并通过瑜伽让自己变得更好"的品牌价值观，号召消费者一起做瑜伽；2021 年的广告让消费者沉浸在瑜伽运动中，感受身心的放松，关注到瑜伽服饰；2021 年的广告比 2020 年的广告表达价值观的形式更含蓄，但 2020 年的广告对于理解 2021 年广告中的品牌价值观有一定的帮助。由此，我们可以发现，广告的内容传播与受众的价值观感知实现了信息对称，基于张德禄提出的理论，这对有效的广告价值传播有积极意义。

五 研究结论

（一）价值观匹配关系

对比本研究中多模态话语分析和访谈的结果，可以得出中国消费者对广告的价值观感知与品牌价值观基本达成一致的结论。对于品牌价值观的理解为，瑜伽是一项没有限制的运动，不分身材胖瘦、性别男女、职业优劣等，每个人都可以从瑜伽中获得更好的自己和一种更积极的生活态度。

中国消费者们大体上都能够感知到广告中想要传递的信息，包括 2020 年广告中，为了使观众身临其境感受瑜伽的深呼吸音效；2021 年广告中，为了让观众沉浸式感受瑜伽本身的背景音乐，为了体现瑜伽服柔软度的特写画面，为了表达瑜伽可以使人愉悦的人物大笑的场景合集等。

不过，中国消费者的价值感知和品牌本身想要传达的价值观还是会有一些差异点存在，如下：

第一，2021 年广告中，传递"男性也能练瑜伽"的价值观。但是中国消费者对于 2020 年广告中易建联的男性形象的印象，会更符合他们对于传统男性形象的认知，而 2021 年广告中男性形象的刻画比较弱，消费者很难注意到。但这不乏 2020 年的广告把易建联作为广告主形象人的原因存在。

第二，2021 年广告中，传递"大码女孩也能练瑜伽"的价值观。但是中国消费者对于"大码"形象的认知各不相同，2021年广告中的此形象代表并未像2020年广告一样用文本的形式标出，所以部分消费者不一定能感知到这一层面的价值观。

第三，2021年广告中，传递"瑜伽不受限"的价值观。但是中国消费者对此感受最深的是服装、瑜伽运动本身以及其带来的感受，很难第一时间感知到其想要传递的品牌价值观。

（二）对中国品牌全球化的借鉴意义

通过价值观匹配结果，说明Nike在中国的跨境传播做得还是比较成功的，在全球化战略部署中，Nike一直秉持着输出品牌价值的理念，赢得了很多海内外消费者的好感和信赖。全球化时代下，很多品牌在追求低成本、高效率的标准化策略品牌宣传方式，却忽略了跨境文化的差异。但是Nike选择了介于标准化和差异化战略之间的综合性战略，根据不同的国家有不同的宣传方式，并且始终如一地加入自己的品牌价值观，无论是关于身材、种族、年龄等。通过观察Nike在中国所做的全球化战略，Nike持续在各大平台的官方账号更新，以广告主题片、人物故事向、聊天向等多样的形式传递品牌包括身材价值观和其他方面的丰富的价值观，试图搭建Nike价值观体系，并深入到品牌的每一个系列，而不仅是本文所研究的瑜伽系列。并且Nike很好地掌握了传递这个价值观的"度"，不会让消费者觉得毫无内涵，也不会觉得无法接受。Nike在做的是一种循序渐进、潜移默化的价值观输出，更好地适应了市场的理解力和接受度。

不过，Nike也仍然在探索更好的方式。本研究发现，Nike yoga 2020年的广告中，传递给中国消费者的品牌价值观还是比较明确的，但是2021年的广告在此价值观基础上，再加入产品的营销，其实会降低消费者感知价值观的注意力，将消费者注意力分配给了产品一部分。再者，减少了文本模态对广告传递价值观的帮助，消费者更难一下子抓住广告所要表达的真正内涵。另外，社会对于"大码"

的界定比较模糊，每个人对于"大码人群"的划分标准并不一致，而Nike yoga 在 2021 年的广告中既没有明确的"大码"文字标识，又没有选用消费者一眼看上去就一定称之为"大码人群"的人物形象，导致有一部分的消费者会比较难辨别品牌想要传递的这一层的信息。综上所述，均为品牌导致价值观匹配关系存在一些差异性的原因。

以上结论对于中国品牌全球化具有一定的借鉴意义。中国品牌在进行跨国营销时，切不可照搬、模仿西方品牌的价值观，去迎合西方消费者做并非品牌自身的伪价值观，这种刻意"打造"品牌形象的行为很难赢得消费者的认可。但是，传递正确的品牌价值观仍是我们需要重视的事情。在部署全球化战略的过程中，需要充分考虑与海外市场的文化差异，结合他们对于此的理解去传递，切不可完全地打标准化战略，需要保持一定的差异性，同时又要维持品牌各方面价值认同的一致性。在形象人的选择上，可以优先选择当地人，但涉及建构新观念时，选取的代表形象最好作为主形象人，或是直接选择当地知名的代言人，都有助于拉近与消费者的距离，让他们对于新的价值观能理解得更快、更准确。并且需在广告中传递明确的价值观，切勿主观地判断消费者理解能力，从消费者的角度考虑初次观看广告的感知如何，让品牌广告传递的价值观趋向统一。特别是新品牌或是新产品线创立时，传递的价值观需要有一定的时间沉淀，让范围内消费者形成一定体系的价值观建构，再考虑加大产品营销的比重，能在海外市场树立起更立体的品牌价值观。由于每个消费者个体上也存在一定的差异性，所以如果想要消费者很好地理解品牌想要传递的价值观，必要时，则需要通过文本信息传递，如文字、旁白等。在广告中，运用多种模态之间的协作来传递价值观，这也是让广告质感提升的手段，无论是广告品质还是内涵价值，尽量做到高质量。另外，学会用支线广告辅助主线广告加深品牌的价值观的传递，配合多个平台，做多种相关联内容的广告形式，提高消费者对价值观输入的接触度和理解度。中国品牌探索海外市场，可以从一些全球化做得比较成功的品牌中学习其价值观传递的策略，把本国拥有的或是品牌自身拥有的较为成熟的价值观传递到海外，建立起中国品牌形象，获得海外消费者对于品牌价值观的认可。这些也同样部分适用于其他国际品牌的跨国战略。

附　录

表1　　　　　　　　　　　**Nike yoga 2020 开头部分的多模态分析**

图像部分截取	语篇意义	视觉模态	听觉模态	语言模态	前景化多模态
	谁都有资格享受瑜伽	/	背景音乐/非强化协调	文本（主模态）	语言模态
	人物1：跑者	图像（主模态）	背景音乐/强化突出	文本/非强化协调	视觉模态
	人物2：大码女孩	图像（主模态）	背景音乐/强化突出	文本/非强化协调	视觉模态

续表

图像部分截取	语篇意义	视觉模态	听觉模态	语言模态	前景化多模态
	人物3：瑜伽水平一般的人	图像（主模态）	背景音乐/强化突出	文本/非强化协调	视觉模态
	人物4：男性	图像（主模态）	背景音乐/强化突出 音效/非强化协调	文本/非强化协调	视觉模态

表2　　　　　　　　　Nike yoga 2020 中间部分的多模态分析

图像截取	语篇意义	视觉模态	听觉模态	语言模态	前景化多模态
	享受瑜伽	/	音效（次模态）背景音乐/非强化协调	文本（主模态）	语言模态
	大码女孩享受瑜伽	图像（主模态）	音效（次模态）背景音乐/非强化协调	/	视觉模态

图像截取	语篇意义	视觉模态	听觉模态	语言模态	前景化多模态
	男性享受瑜伽	图像（主模态）	音效（次模态）背景音乐/非强化协调	/	视觉模态
	跑者享受瑜伽	图像（主模态）	音效（次模态）背景音乐/非强化协调	/	视觉模态
	普通人享受瑜伽	图像（主模态）	音效（次模态）背景音乐/非强化协调	/	视觉模态
	每个人享受瑜伽	图像（主模态）	音效（次模态）背景音乐/非强化协调	/	视觉模态

表3 Nike yoga 2020 结尾部分的多模态分析

图像部分截取	语篇意义	视觉模态	听觉模态	语言模态	前景化多模态
	瑜伽带来积极作用	／	背景音乐/非强化协调	文本（主模态）	语言模态
	介绍出场人物	图像（主模态）	背景音乐/非强化协调音效/非强化协调	文本（次模态）	视觉模态
	广告主题	图像（次模态）	背景音乐/非强化协调	文本（主模态）	语言模态
	品牌 logo	图像（次模态）	背景音乐/非强化协调音效/非强化协调	文本（主模态）	语言模态

教育

内容电商高校人才培养机制研究

赵礼寿 马丽娜*

摘 要：随着新媒体技术的高速发展以及媒体应用的普及，越来越多的企业开始通过内容电商打造全新的业务板块，内容电商也成为互联网时代的新模式、新要素和新动能。这就要求高校来调整相关专业的人才培养计划，使得人才培养目标与内容电商人才需求更加匹配。文章从内容电商与高校人才培养的相关概念、模式、发展现状等内容切入，围绕课程设置、就业支持、校企合作三个方面来具体分析内容高校人才培养机制。

关键词：内容电商；高校人才培养

近年来，随着媒介环境的不断变化，消费者对于内容电商的认知逐渐清晰，对于内容电商的消费方式也逐渐认可，一种新的商业模式也应运而生，即越来越多的企业选择通过内容电商拓展市场业务。内容电商的飞速发展推动着整个电商行业的发展，行业对于内容电商人才的需求也逐步旺盛。随着人们物质生活水平的提高，社

---

* 赵礼寿，武汉大学管理学博士、复旦大学博士后，现为浙江传媒学院文化创意与管理学院副教授，硕士生导师；马丽娜，浙江传媒学院新闻与传播硕士研究生。

会商品的供应能力大大提升，消费者的需求也越来越高。由最初的满足基本生存需要，到后来提升到生存得更好，再到现在的情感需求。原来的把产品做好、把产品摆放到货架上，已经不能满足消费者的购物需求了，消费者变得注重购物体验和购物场景了，在购物的过程中有了情感加入的需求。文章基于内容电商的发展现状，分析内容电商高校人才的需求，并从课程设置和校企合作两大方面探析内容电商高校人才的培养机制。

一 我国内容电商发展现状分析

（一）内容电商的定义与生产模式

关于内容电商的定义，很多学者都展开了研究，并提出了相应的观点。学者戴明禹（2017）提出，"内容电商是指消费者自己进行内容创造，实现商品随内容同步转换的目标，从而提升电商营销效果的一种电商模式。"[①] 这种观点认为内容电商主要有两种发展趋势，一种是继续深化内容建设，从而吸引更多潜在消费者的电商平台内容化趋势，另一种是借助社交平台达人的影响力进行引流推广并嵌入广告链接，从而实现流量变现的内容平台电商化趋势。学者范瑞真（2020）认为"内容电商的核心逻辑是用优质内容驱动高效交易。短视频和直播的形式能让品牌更直观地展现在用户眼前，借机刺激用户的购买欲望，促成交易，提升交易额"。[②] 学者吕虹云等（2021）认为，内容电商就是"把内容做成电商产品，而把电商这一产业通过内容来体现"。[③] 这种观点主要是将内容电商与传统的通过市场需

---

① 戴明禹：《价值链转移视角下内容电商发展策略探讨》，《商业经济研究》2017 年第22 期。
② 范瑞真：《内容电商时代，企业如何玩转抖音带货》，《中国眼镜科技杂志》2020 年第10 期。
③ 吕虹云、贺泓竣：《内容电商给传统零售行业带来的发展机遇和问题分析》，《技术与市场》2021 年第28 卷第10 期。

求来进行产品售卖的电商模式进行了区别和联系的比较，二者的共同之处在于营销目的都是为了将产品售卖出去获取利润，区别在于内容电商强调将内容作为产品的一部分来唤起消费需求，即通过有价值的广告来吸引消费者。学者张烁（2022）提出，"内容电商是从产品出发，以内容为手段，吸引核心目标人群，最终完成产品交易的电子商务活动。所以，内容电商的本质是'内容营销'，以 PGC 和 OGC 为主，其内容的优质性使其有一定门槛和要求。以固有产品为中心而打造优质内容、售卖产品的营销特点使内容电商更倾向于4P 营销。"① 综合以上学者的观点并结合行业发展现状，本文认为，内容电商（content e-commerce）是指由内容创作方开展的，以内容为起点，依托电子平台和互联网进行交易，以消费者为中心，通过内容刺激用户消费需求，绑定商品实现销售转化，向用户销售商品以及服务的一种电商模式。内容电商具有三个特点，一是内容聚集粉丝，二是自设线上店铺，三是主控供应渠道。

互联网技术的繁荣，提供了多样的信息传播平台，也打破了传统的传播媒介的信息内容生产模式，带来了新的内容电商的生产经营主要模式。与传统电商相比，内容电商有着不同的运作逻辑，主要体现为由运营货品转变为运营内容，通过打造优质内容，不断吸引更多的消费群体，使他们成为内容的忠实粉丝或拥护者、支持者，从而将内容吸引转化为商品或服务的购买或消费。在整个路线环节中，内容的制造和内容的消费转化尤为关键。由于内容占据了消费者的大部分注意，根据内容发布来源，内容电商的经营模式主要可以分为以下三种：用户生产内容（UGC）、专业生产内容（PGC）、职业生产内容（OGC）。

其中用户生产内容指由用户上传的所有共同数字（digital com-

---

① 张烁：《"内容＋媒体"电商营销新模式探索》，《上海商业》2022 年第 5 期。

mon）内容的总称，这些数字内容并非来自网站平台，而是由用户创造生成或由用户从其他处复制而来并公开发布。用户不再只是被动地消费数字媒体内容，而是积极地根据其需求选择内容并且进行媒体内容的生成创造。UGC 是一种受众广泛的内容电商平台运作模式。随着移动互联网的发展，新媒体内容的生产又被细分出两种：专业生产内容和职业生产内容。前者生产机制下的产品内容更值得消费者信赖，是一种内容真实度相对更可靠的内容电商运营模式；而后者则是以提供内容为职业的用户，通过产生内容获取一定的报酬。OGC 和 PGC、UGC 三者之间既有联系又有区别。PGC 和 UGC 之间有一定的交集，说明部分的专业内容生产者，既是一定平台的用户，也是以专业身份贡献高质量内容的人。PGC 和 OGC 也有一定的交集，一些专业内容的生产者既有专业身份（资质、学识），也以提供相应内容为职业。① 在专业生产内容（PGC）方面，喜马拉雅 FM 一直致力于强化内容的高度和深度，其专业生产内容来源主要包括平台原创、出版社、传统广播电台、电视台、自媒体。同时，喜马拉雅 FM 平台与阅文集团、中国中信集团有限公司、中南博集天卷文化传媒有限公司、北京磨铁数盟信息技术有限公司等签订了版权合作协议。目前，喜马拉雅 FM 也进入了内容电商领域，成为内容生产的重要来源。

（二）我国内容电商的发展特点

目前，内容电商已经成为国内应用普遍、发展前景良好的一种电子商务经营模式，即通过内容获取流量，运用电子商务平台这一关键节点来让内容变现，转变为经济利益。2020 年伊始，受疫情影响，线下零售遭遇重创，而重视客户体验和类似导购的形式使视频

---

① 刘振兴：《浅析 UGC、PGC 和 OGC》，http：//yjy. people. com. cn/n/2014/0120/c245079 - 24169402. html，（2014 - 01 - 20）［2022 - 9 - 10］.

内容电商能够在一定程度上起到替代线下逛商场的作用，越来越多的城市以及地区开始重视能够带动消费的视频内容电商新业态。国内对于内容电商已经有了很多成功的实践，发展态势良好，具有视频内容电商发展突出、内容电商行业内部加快转型升级两大特点。

一方面是内容电商在内容生产方面尤其是视频内容电商方面较为突出，视频内容电商主要以视频作为内容载体，主要包括长视频、短视频、视频直播三种视频类型，销售类型包括自营型、导流型、自营＋导流型三种模式。其中以抖音为代表的短视频直播平台对于内容电商的实践探索实现了跨越式的成长与发展。视频内容电商通过重构人货场这三大场景要素，将传统的购物环境转化为了搭配视频观看、主播讲解等多元化要素的"社交＋购物环境"的购物场景，这不仅为消费者带来了沉浸式的购物体验，也大大提升了电商行业的转换效率。目前，内容电商典型的直播带货已经进入白热化阶段，但图书出版营销模式在视频直播领域的探索成果尚不显著，而图书直播带货的销售模式为其在视频直播平台的适应和探索提供了发展的契机。自2022年5月以来，"东方甄选"直播间被大量用户二次传播，广受好评，仅7天涨粉1000万，直播在线人数常稳定在10万人次，仅一晚就卖出十万余本图书。这一火热现象实质上是新东方老师进行直播转型的一种尝试，"东方甄选"双语直播带货的创新模式得到了直播用户的广泛认可。而这以成为了内容电商在短视频领域与直播平台的一次有益实践和典型案例。

另一方面是内容电商行业内部加快转型升级。从电商的形式出现开始发展至今，中国的电商市场经历了1997—2002年的萌芽期、2003—2008年的基础建设期、2009—2015年的快速发展期、2016年至今存量挖掘期四大发展阶段，竞争格局和运营模式逐渐成形，生态体系也日系完善，已经进入了较为稳定的成熟发展期。目前我国的电商以内容为主导的细分赛道已经成为内容发展新的突破口。以淘宝为代表的电商头部企业推出了直播及六大内容模块，以小红书、京东等平台为代表的企业通过内容视频化以及视频直播化进行了内容变现的实践。此外，内容电商行业内部也在进行转型升级，提高内容生产能力，拓展其他领域的商业变现渠道。例如，"喜马拉雅FM"与"淘宝"联盟在 2020 年达成了内容电商的合作升级，二者通过深度合作，将电商货品供给与音频主播的带货能力相结合，不仅拓宽了音频领域的商业变现渠道，也提升了"淘宝"联盟的内容生产能力，使得淘系商家收获了全新的营销阵地。

二　内容电商高校人才需求分析

随着经济增长方式的转变，产业结构优化升级，科学技术日新月异，社会需求日益多元化。在当今时代背景下，行业特色高校人才培养与经济社会结合得更加紧密，其以培养出一大批行业领军人才为使命。① 高校人才培养的构成要素包括高校的课程体系、师资力量、教学内容、教学评价等。② 电子商务专业培养的人才要求学科知识覆盖面广，专业技能比较多。内容电商用户规模持续增长，内容电商变现前景良好，与此同时，内容电商的发展也面临着一些困境，其中人才的缺失成为其典型难题。内容电商人才需求的增加对于高校人才培养提出了全新的课题。

（一）内容电商高校人才培养现状

目前内容电商在高校的培养还存在以下问题。

第一是人才培养专业课程的缺少。目前我国高校开设电子商务专业的高校已拥有了电子商务的课程，但是对于内容电商的课程还处于一个缺少的状态。课程是人才培养的基石，专业课程的缺少会

① 刘献君：《行业特色高校发展中需要处理的若干关系》，《中国高教研究》2019 年第 8 期。
② 杨玲：《高校人才培养与人才需求深度融合破困研究》，《河北广播电视大学学报》2022 年第 27 卷第 1 期。

导致人才培养的不全面不完整。同时培养方式混乱，内容电商人才培养设置基于表面，仅是对其大概进行一定的表层了解，没有深入到内容电商的核心创作和运营上，导致人才水平层次不高，人才培养存在一定的局限性，以至于高校人才往往不得不选择从事与专业课程不匹配的行业职位，不利于人才的成长和行业的发展。

第二是人才培养实践能力的落后，目前我国高校对于内容电商人才培养的实践操作缺乏一个完整的流程进行教学。在实践课程设置上针对性还不够，实践课程的学习滞后于现实的内容电商行业发展，同时缺少专业的行业人才进行指导性的讲解分析，人才培养进度无法紧跟电商发展的进展。此外，实践周期的缺乏，对于高校内容电商的教学要紧跟发展方向，要通过"实践—理论—实践"的培养周期过程中不断总结经验，打造具有特色的实践内容。

第三是内容电商师资力量不足，目前对于高校教师的招聘很难吸引真正学术型、研究型的行业专家来进行知识的指导，对于内容电商的发展还仅停留在单一专业等教授上，没有能够很好地结合多学科来打造真正的内容电商师资队伍。

第四是国内的内容电商人才培养缺乏文化的内涵和精神的传承，要紧贴国家和社会的道德文化，以中国的优秀文化为底蕴，不断创新发展新的内容，新国潮的出现，要从文化中汲取精神养分。

（二）内容电商高校人才缺失原因

内容电商人才缺失的原因主要有三点。一是高校缺乏系统化的人才培养体系。大多数学校和教育机构的电子商务内容电商人才的培养体系仍处于探索阶段，内容电商相关课程的学习往往是在传统职业培训方案的基础上，增加主播和直播运营相关培训课程，缺少一套系统化的人才培养体系。而内容电商要求从业者对于平台、用户、主播、供应链、品牌方、服务支持这套一体化闭环有着清晰的认知和了解，同时电商产业链的角色分工和衔接更趋专业化，产业的标准和规范也在逐步地整合和提升中，行业的发展对内容电商人才提出多方面的综合能力要求，而当前的相关培养计划距离电商行业企业的内容电商人才实战能力需求还有较大差距。[①]

二是行业内部的人才成本逐步上升。内容电商在起步时大多选择一些"网络红人"进行合作，这种合作模式在初期运营宣传成本较低，在后期随着模式的发展成熟宣传成本也逐渐上升，超出平台的预期成本预算。与此同时，平台对于内容创作的需求越来越高，内容也越来越多，但行业内部成熟的精英成本居高不下，超出平台承担预期，因此与企业平台预期相匹配的人才需求增加，呈现出内容电商人才短缺的局面。

三是行业内缺乏全面综合、创新能力高的复合型人才。内容电商的从业者往往是部分个人、企业借助互联网平台展开工作，目前高校大多对于学生的专业知识与专业技能培养较为精细，但对于学生创新创业和处理问题的综合能力培养还稍显不足，因此导致学生后期进入岗位时应对与之前所学内容不完全符合的情况或其他突发事件时表现出随机应变能力和综合发展能力不足的现象。

（三）内容电商对于高校人才的要求

1. 知识要求

在电商领域企业中，内容电商人才的知识结构主要包括专业学科知识以及专业实践知识，其中专业学科知识又分为专业通识知识和专业核心知识。"互联网＋"的经济发展模式要求电商创业者除了掌握有关电商专业的基础知识和技能以外，还需要了解与电子商务相融合的其他专业的基础知识。此外，内容电商人才还需具有一定的内容营销知识基础，人才内容营销的能力与业绩息息相关，这就

[①] 张珏、李若峰：《基于协同理论的高职院校电商直播人才培养模式研究》，《商场现代化》2021 年第 20 期。

致使企业更喜爱应用营销能力较强的专业人才。故内容电商人才需要在深入了解本企业产品的基础上，制定相应互联网营销策略，从而尽量将企业产品曝光率做到最大，同时人才还需要了解目标客户消费需求与用户画像等，这样就能保证对于客户可以进行针对性营销策略，以满足市场不同消费者的不同需求。

2. 能力要求

内容电商人才要求具备的能力主要包括计算机基础操作能力、各大电商平台运营软件的操作能力以及电商理论和实践的相关能力。首先是计算机基础操作能力，一般而言，计算机的基础应用能力学习培养阶段主要来源于高校培养以及个人自学两个方面，其中高校的培养尤为关键，许多高校把计算机等级考试作为学生毕业必修的学分之一，督促学生根据专业情况掌握不同等级的计算机基础应用能力。其次是各大电商平台运营软件的操作能力，如今的内容电商行业在日常工作中对于平台的依赖性较高，策划、运营、投放、评估等流程都需要运用一些平台软件开展工作，从"小屏"到"大屏"，从"一屏"到"多屏"，都对于人才运用平台软件的能力提出了更高的要求。最后，电子商务人才所具有的专业涉及经济、管理和数据信息等多学科的交叉融合。这也是突出电商人才在培养方案上侧重其交叉性和实践应用的特点，成为互联网商业人才培养与其他人才的不同之处。在电商双创型人才的要求下，对于其自身能力方面，也需要加强理论深度跟实践宽度的训练。具体来讲，电商双创型人才应该具有计算机和信息、技术的处理和应用能力，创新性思维和想象能力，知识固化及实践转化能力，以及资源整合方面的能力等。

3. 素质要求

目前，内容电商用人单位在选拔人才时，除了要求人才具备良好的职业素养，对人才的素质要求更高。首先，内容电商的从业者身份的多重性使其必须要遵守互联网从业者基本的网络行为准则和相关规范，同时也要求其必须具备电商从业者的基本职业道德和素养。在工作态度方面，要踏实认真，诚实守信。在道德修养方面，则需要克己律己、遵纪守法、爱岗敬业等。其次，内容电商从业者还要具有创新思维习惯，用新型互联网思维去改造和升级传统行业中现有的商业模式，用价值思维去思考如何更好地整合资源，提高效率。其中最重要的就是要有与时俱进的创新精神和坚定不移的创业热情。互联网时代的挑战与日俱增，只有富有创新精神和充满斗志的电商从业者，才能随着互联网的这股潮流来创造属于自己的世界。最后，内容电商人才必须具备良好的人际交往能力，这样才可以更好地与消费者及客户交流。

三 内容电商高校人才培养机制探析

内容电商高校人才培养机制主要围绕课程设置与校企合作两大板块展开，其中课程设置主要是从开设专业新课程、搭建内容案例库以及组织短期实训营三个方面展开分析，校企合作主要是从转变合作理念、强化师资队伍建设以及校企战略深度合作三个方面展开分析，具体如下文。

（一）完善课程设置，培养内容电商优秀人才

课程设置是高等学校内容电商人才培养的重要内容之一，将内容电商引入相关专业的课程设置、教学内容、实践训练等各方面，有利于提高电容电商的课程教学效果。高校人才培养可以通过开设专业新课程、搭建内容电商案例库、组织短期实训营等方式来完善课程设置，优化内容电商课程教学设计。

1. 开设专业新课程

第一，可以开设专业新课程。目前高校与内容电商相关的专业除了电子商务专业之外，还有网络与新媒体、广告学、新闻与传播

专业等，这些专业的课程设置往往拥有比较成熟的课程体系，因此在原有的基础上增加一门内容电商的新课程，使得专业课程更加全面完备。课程的内容也要精细化设置，除了要讲解内容电商的理论知识以外，还要引入一套内容电商的知识体系，从时代背景到消费需求，从平台竞争格局到内容营销生态布局等，都要用逻辑性的课程教学设计展开。课程内容设置的目标应当是使学生通过学习一门新课程，就能够在一学期内建立对于一门课程的整体认识和初步了解，同时也能让学生对这个新的领域产生兴趣。

表 1   **内容电商课程内容构成**

课程模块	课程内容结构	课程单项能力
模块一：内容电商概述	知识要点：内容电商概念；内容电商运营逻辑；内容电商的发展情况等	理论基础认知能力；行业发展分析能力
	思政要点：与我国最新的关于互联网行业的政策法规解读相结合	
模块二：内容电商与新媒体运营	知识要点：新媒体运营在内容电商中的基础作用；新媒体矩阵的搭建方法（包括账号的申请操作、官方账号带 V 的认证识别等）；内容创作工具的选择与使用；内容文本的写作策划（包括新媒体文案、标题等内容的写作）	内容策划能力；内容创作工具使用能力
	思政要点：新媒体运营从选题、策划到执行推广都要符合社会主义核心价值观	
模块三：内容电商实例	知识要点：了解一个成功的电商平台或账号的整体情况；复盘其内容创作与电商运营思路；进行实训练习与考核	理论与实践相结合的能力；综合运用能力
	思政要点：强化学生的职业生涯规划意识	

2. 搭建内容案例库

第二，可以搭建内容电商案例库。内容电商的高校人才培养课程中引入案例教学，是学校借助商科资源培养内容电商特色人才的需要。案例教学的引入，应该结合学生、教师特点和教学内容作适当的调整与创新，这是案例库建设的重点之所在。案例库的建设应当结合内容电商的特色，兼具管理学、传播学等学科知识体系及能力培养的特点，明确教师和学生在整个教学中的角色，积极借鉴哈佛大学成熟的案例教学法经验，吸收耶鲁大学创新性的原案例教学法，创建具有内容电商特色的案例库和案例教学模式。在特色方面，案例库内容、形态标准、架构方式可以有多种选择，既可以是原始的还原和复盘成功案例的过程等资料信息的集合，也可以根据教师或其他案例库编写人员的理解和感受进行撰写和整理。案例库的创新性在于一个库一门课，多方受益，以内容电商课程相关主题研究作为核心辐射，包含电商行业热点热门事件、内容电商知名人物、典型平台等丰富的内容。将一个系列进行整线共享，使其呈现出经典与现实结合、传统媒体与新媒体结合的特点。

表 2　　　　　　　　内容案例库编写基本结构参考

篇章	序号	具体事项	内容填写基本要求
案例正文	1	标题	内容电商案例标题选择能体现案例的主题中性标题
	2	首页注释	案例设计的知识点简析、版权说明、资料与数据来源、案例编写作者简介等
	3	背景介绍	介绍内容电商涉及的平台、企业、主要人物等背景信息，使其充分支撑案例并对课堂起到有效辅助作用
	4	案例内容	对于案例的详细介绍与描述，内容富有逻辑性、完整性和层次性
	5	小结	用于总结案例的精华部分以及其引发的思考
	6	附录	案例中涉及的图片、视频等辅助材料以及案例所参考的学术著作、文献与其他电子资料
案例使用说明	1	教学目的	案例适用的专业与课程列举，具体的教学目标
	2	涉及知识点	正文注释中的知识点在这一部分详细阐述
	3	参考教材	教材名称、作者、出版社名称、出版时间等
	4	整体思路	案例的逻辑框架与分析路径
	5	课堂计划	案例教学过程中的节奏安排

3. 组织短期实训营

第三，可以组织短期实训营。实训营作为高校常见的专业实践方式，也逐渐被一些大厂企业作为岗前选拔热身所沿用。实训营的时间不宜过长，可以选择一周、两周或者一个月的整块时间来进行，具体的时间可以设定在学期开始、学期结束或者暑期中间的某个时间段。内容电商短期实训营的目的主要是通过快速的授课和实际训练，使学生能够在短时间内快速了解到内容电商的工作流程和要点，并获得内容电商实践的初步体验和初始印象。实训营期间可以将专题讲座纳入实践教学之中，同时还可以与学生的实习工作以及相关的学科竞赛活动相结合。其中大学生校内外各类竞赛活动具有覆盖面广、传播力强、参与方式多样等特点，因此与这些竞赛活动结合能够大大提高学生的内容电商实践能力。例如全国大学生电子商务"创新、创意及创业"挑战赛、"互联网＋"大学生创新创业大赛、挑战杯、创青春全国大学生创业大赛等比赛活动，在这些比赛中可以将内容电商作为参赛作品的主题进行深度的创意阐释与经营模式的拓展，同时学生在比赛活动过程中可以通过团队参与的方式进行分工合作、各司其职，一方面能够更好地激发学生在内容电商相关项目中的单项突出技能，使其更加明确自己的擅长能力和实践优势，从而在就业中进一步扬其所长，另一方面也能更好地培养团队内部的组织协调能力和内容创作能力，更好地适应社会的需求。

（二）转变合作理念，展开校企之间深度合作

校企合作是提升高校人才核心竞争力、推动高校内涵式发展的有效手段。为了充分发挥校企合作在内容电商高校人才培养中的积极作用，高校应该从转变校企合作理念、强化师资队伍建设、校企战略深度合作等方面依托校企合作开展内容电商的人才培养工作。

1. 转变校企双方合作理念

首先是转变校企双方合作理念。高校与企业是校企合作中的两

方主体，充分发挥两方的作用需要二者深化合作，相互配合。新的校企合作理念要求高校充分认识社会需求与行业发展变化状况，了解在瞬息万变的市场环境中企业对于人才的需求发生了哪些变化。同时企业也要充分认识到，高校的人才培养与人才输出并非是简单的"单线型的岗前培训"，因此面对这些人才，也要转变观念，协助高校更好地培养出符合社会发展要求与时代进步要求的高水平内容电商类人才。

2. 强化校企师资队伍建设

其次是强化校企师资队伍建设。校企合作的师资队伍由学校老师与业界老师两部分共同构成，两部分老师可以优势互补，提升内容电商人才培养的针对性。因此，除了对高校内部教师进行培养提升之外，高校还可以尝试从行业内的一些知名企业中聘请一批经验丰富的管理精英担任兼职指导老师。其中学校老师具备较为专业的学科背景和扎实的理论知识，在人才培养方面主要负责讲解专业知识，提升学生专业素养。因此在实际的教学过程当中，要发挥其专业优势，在课程当中讲解专业知识，做高校学生成长成才路上传授知识、答疑解惑的良师益友。而业界老师往往具有丰富的实践经验并对电商行业充分熟悉和了解，因此可以从实践方面对人才培养的课程和模式进行补充。在高校人才培养过程中，通过邀请业界老师到校授课或者让学生深入行业一线，进行专业实践实习的方式，来更加直观地了解内容电商行业情况。业界老师可以以真实的平台账号或店铺为载体，带领学生开展内容电商的实训，并为学生提供一些最新的行业咨询、创就业的辅导等，切实提升高校学生的内容电商实践能力与业务素质。

3. 进行校企战略深度合作

最后是进行校企战略深度合作。当下消费者的消费习惯发生巨大变化，信息传播方式、交互方式不断迭代创新，对电商发展环境和业务模式提出了新的挑战。校企之间建立更紧密的合作，开展产学研合作对于企业未来的转型发展具有重要意义。例如2022年9月，浙江传媒学院与乐其电商签署了的战略合作协议，一直以来，乐其电商致力于不断优化技术系统、提供优质服务，以打造全价值链品牌数字电商服务平台为目标，在电商服务领域持续领跑，为行业贡献了诸多成功的案例和宝贵的经验。浙江传媒学院致力于打造"传媒＋艺术＋数字"的办学优势，浙江传媒学院文化创意与管理学院以"融合创意，协同创新"应用服务为教育特色，为传媒行业培养了大批应用型、创新型人才。双方的此次校企合作"产、学、研、用"一体化发展思路有利于整合学校多方资源，为行业发展提供智力支持。校企双方在短视频、直播、共同富裕等多个领域展开产学研项目的合作，对于内容电商的校企合作是一次全新的尝试，校企双方共同分享、共同研究、共同突破技术研发、商业模式等方面的研究课题，有利于培养高质量内容电商人才。

四 结语

在内容电商的飞速发展中，复合型人才的培养已经逐渐成为重要内容，因为在行业不断进步中，其对于人才的需求量会骤然增加，如果不扩大人才培养量，提高高校人才培养水平，就无法满足行业日益增长的需求。内容电商的发展，既需要内容生产能力强的平台，又离不开全产业链的人才培养。高校是人才培养的摇篮，我国的高校应更加积极探索内容电商的专业建设、课程设置、师资培养、校企合作等方面，构架具有中国特色的内容电商高校人才培养机制，培养面向行业、面向市场的更加高质量的复合型内容电商人才。

法律

当前我国内容电商的规制架构与合规要点

杨　吉[*]

摘　要: 内容电商是继传统电商、直播电商、社交电商之后又一个新样态的电商模式。围绕它的政策、法律监管体系当前已呈现出从集中整治到常态化、长效化管理,监管主体制定的政策越来越细致并具有针对性;社会多方主体参与共治,从平台责任到主体全覆盖以及从事前把关到事后问等五大特征。在此基础上,内容电商从业者尤其要对照相关法规,确保相关主体具备经营资质,并依照《网络直播营销管理办法(试行)》和《网络信息内容生态治理规定》等要求,审核营销传播内容,坚决杜绝违法信息的出现和避免不良信息的产生。

关键词: 内容电商;直播带货;法律规制;平台责任;合规指引

一　概念及问题的提出

“内容电商”并非一个学术概念,因此从内涵周延、逻辑严谨、理论自洽等角度,我们无以对这个称谓提出更严苛的要求。然而,

---

　* 杨吉,法学博士,浙江传媒学院副教授、硕士生导师;浙传乐其数字经济研究中心副主任、研究员。

就描述当前电商领域的一些做法或一波趋势来看，内容电商的语词构造倒不失为适时和务实的用法。有观点认为，内容电商是"一种以消费者为中心，以触发情感共鸣为源动力，通过优化内容的创作、内容的传播和销售转化机制去实现内容和商品的同步流通与转化，用来提高营销效率的一种新型电商模式"。按照创作运营模式来划分，它有"内容电商化"和"电商内容化"两种。前者是指运营主体先做垂直领域的内容，通过内容吸引相应粉丝，在有一定粉丝量的基础上引入盈利的产品或服务；而后者则是运营主体本身系电商企业或平台，在其原有电商模式上引入相应的内容运营和优化，旨在通过吸引粉丝、提升品牌形象、扩大销售。①

类似的界定还有内容电商化是在移动互联网内容生产与分发革命影响下，随着内容创业实践探索出现的概念，而就其狭义解释，特指内容的变现逻辑和收入模式。② 或者在电子商务活动中，借助优质的口碑内容带动用户消费。③ 内容的电商化是以内容运营为核心，引起粉丝关注，通过点赞量、评论数、粉丝量、关注度等活跃电商内容，再运用直播、分享等方式出售商品获取盈利的一种模式。总之，该新型电商模式的核心是以用户为中心的内容创作，实现用户和内容情感共鸣，通过提高产品价值而进行传播、销售。④

除了上述直接定义的，也有从传播功能、价值属性层面去讨论内容电商的。例如，内容电商是通过优质内容的传播来引发消费者的消费兴趣。它非常契合互联网以用户为中心的运行逻辑，通过不同的内容精准锁定特定用户，从而为电商形成有效引流，优质内容会增加用户粘性并优化消费体验。"内容电商使得互联网行业回归人

---

① 邓倩：《内容电商与传统电商的比较研究》，载《财会学习》2019 年第 31 期。
② 马澈：《从内容业化到新内容经济——内容商业化的问题演进、发展热点与深层变革》，载《新闻与写作》2020 年第 11 期。
③ 樊雨青：《探析促进 UGC 内容电商平台发展的建议》，载《传媒论坛》2019 年第 2 期。
④ 李双：《内容电商运营的基本路径研究》，载《中国集体经济》2021 年第 30 期。

际交往的属性，因而具有产品关联性强、产品价值体验感强等特点。"① 内容电商通过优质的内容吸引具有"同好"的人群，这些人群往往会因为"内容"而发生购物冲动或行为，内容的制造和内容的消费转化尤为关键。②

已有文献对内容电商展开的种种"名词解释"，在措辞表述上各有出入，但对基本认知大致相同。诚如内容电商本身的命名，是"内容＋电商"的合体，这表示了内容输出是手段，而在线交易是目的。在此框架下，内容的类型模式、主题设定、流程设置、呈现方式等在所不问，它可以是有剧情或表演的短视频方式展开，也可以是像各类综艺类节目的形式进行，还可以是网络直播带货，只是对比传统的"直播销售"，它会显著增加娱乐、文化、社交、游戏、体育、教育等非商业性的信息内容，而不仅仅只有商业推广。此外，内容电商活动未必非以纯粹电商平台作为营运场所，其他各种非电商型社交网络同样是"人—货—场"产业链架构中最关键的"场"要素；只是不同性质的平台在法律上的定性、权利、义务与责任各有差异。③

因此，在回答内容电商与传统电商本质区别究竟是什么的问题上，又换言之，抖音、快手、小红书做电商和淘宝、京东、拼多多做电商的差异是什么，本文的观点认为，其最根本的不同，并非平台形式或视听呈现，而是媒介属性的面向。就内容电商平台而言，用户带着内容消费、娱乐或社交的需求进入该平台，消费购物未必是他们明确、首要或直接目的，但通过对内容的浏览、观赏、收看，

---

① 许定洁：《基于"内容电商"的传统电商平台创新生态体系构建研究》，载《商业经济研究》2017 年第 11 期。

② 戴明禹：《价值链转移视角下内容电商发展策略探讨》，载《商业经济研究》2017 年第 22 期。

③ 宋亚辉：《网络直播带货的商业模式与法律规制》，载《中国市场监管研究》2020 年第 8 期。

客观上会增加在线购买的可能，即有助于提升成交量、提高成交率。

就眼下实践来看，内容电商存在的涉法问题主要有以下几方面，即流量造假、虚假宣传、侵犯著作权和消费者权益侵害。它和电商直播领域产生的问题有雷同之处，并且就成因而言也有参考的价值。有学者分析，相关原因无外乎以下两个方面：第一，内在的法律关系较为复杂，造成法律适用上的困难。很多时候，需要结合具体营业模式进行综合判断；第二，多头监管，执法标准不同一。这一点主要指出了电商领域多个执法主体的事实，其涵盖了从市场监管到网信再到广电和文旅等多部门。"监管权力上存在交叉重叠，容易发生执法标准不一致，难以形成监管合力的问题。"①

本文正是基于这样的认识而创作：在内容电商已成为移动互联时代一个主流电商模式，市场规模之大、预计在万亿级别以上，并且正处于快速增长时期。② 随之而来的围绕该产业的一系列风控合规问题也愈发变得重要和迫切。若以虚假宣传为例，在一些可以构成内容电商的直播销售行为中，它的滋生频发日益突出和严峻，因而亟需厘清各主体的责任边界。③ 而立足更宏观和整体的视角，我国对内容电商的政策指引和法律规范有哪些显著特点和总体要求？在一些重要议题的制度规定上，它们会对内容电商的创作与运营有哪些鼓励或限禁，又或将产生哪些长远的影响？对此，本研究尝试作出一个概况性和阶段性的评述。

二 内容电商的规制框架与特点

针对内容电商的规制以文本性质论，可分法律法规和政策文件

① 郑宁、葛扬：《电商直播的法律规制及完善路径》，载《社会治理》2021 年第 3 期。
② 转引自项雯倩、吴丛露、李雨琪、詹博、崔凡平《关于内容电商本质、价值和规模的思考——内容电商专题报告之一》，https://pdf.dfcfw.com/pdf/H3_AP202112281537183751_1.pdf? 1640710362000. pdf。
③ 可参看刘雅婷、李楠《直播电商虚假宣传的法律规制》，载《知识产权》2021 年第 5 期。

两种。就法律部分而言，最直接和专门的立法便是《电子商务法》，在它实施之后，相关立法、司法、执法中相继颁布的部门规章、司法解释、规范性文件数量众多，如国家市场监督管理总局发布的《市场监管总局关于做好电子商务经营者登记工作的意见》、最高人民法院公布的《关于全面加强知识产权司法保护的意见》《关于涉网络知识产权侵权纠纷几个法律适用问题的批复》等。有研究指出，有关立法充分体现了电商作为互联网经济不可或缺的组成部分，呼应了互联网多层次治理体系的整体实施；而随着数字化带来层出不穷的法律问题，在整体监管层面也越发趋于治理的精细化和重点问题突出化。①

当然，组成法律集的不仅仅是《电子商务法》及其相关配套制度，像《民法典》《反不正当竞争法》《价格法》《著作权法》《商标法》《广告法》《消费者权益保护法》《产品质量法》《食品安全法》乃至《刑法》及其相关修正案，都有专门可以约束与规范内容电商的条款。各种散见于不同法律的规定，区别的是调整对象和治理路径，但在客观上的目标与效果是一致的，力促电商活动的井然有序，"持续完善治理规则、聚焦完善治理体系……提高治理效率，维护用户权益与中小商家正常经营的运转"。②

在政策方面，近几年，监管部门和行业协会接连出台相关规范性意见和行业自律规范，这些由多个主体牵头制定的文件可视为我国对内容电商一个政策性把控的制度架构。

暂且把时间追溯至2016年，是年7月文化部发布《关于加强网

---

① 关于一系列相关立法或司法解释的制定、颁布的整理，可详见蔡鹏、王梦迪《〈电子商务法〉实施后的立法回顾及其趋势》，载中伦，http://www.zhonglun.com/Content/2020/08-26/1604158707.html.

② 张维：《〈中国电子商务知识产权发展研究报告（2021）〉发布 智慧之治发挥更重要作用 技术打假逐渐迈向体系化》，载法治网，http://www.legaldaily.com.cn/index/content/2022-04/28/content_8711519.htm.

络表演管理工作的通知》，督促网络表演经营单位和表演者落实责任，对违法违规者将处以列入黑名单或警示名单的处罚；9月，国家广电总局发布《关于加强网络视听节目直播服务管理有关问题的通知》，对涉及直播活动中的主持人、直播对象等作出具体要求；11月，国家网信办发布《互联网直播管理规定》，次月，文化部又发布《网络表演经营活动管理办法》，强调网络表演经营者应取得《网络文化经营许可证》，健全审核机制，并对直播采取实时监管，录播先审后播的管理办法。

2020年起至本文创作时，国家对网络直播、直播销售的监管无论在力度还是在深度上都有逐步增强之势。2020年6月，中国广告协会发布《网络直播营销行为规范》，对参与直播销售活动的商家、主播、网络直播营销平台等各方提出了行为规范要求；10月，国家市场监督管理总局出台了《规范促销行为暂行规定》，针对商家先涨价再降价等促销乱象开展专项治理。11月，市场监管总局又出台《关于加强网络直播营销活动监管的指导意见》；同月，浙江省网商协会发布了全国首个网络直播电商行业的规范标准即《直播电子商务管理规范》，该文件要求平台应建立商家、主播的入驻资质审核机制，对直播间进行监控，加强对直播中商家、主播承诺的管理，并且所有主播须实名认证和参加培训等。照样是在当月末，国家广电总局紧随其后地下发《关于加强网络秀场直播和电商直播管理的通知》，对电商直播平台、一线审核人员配置及直播内容备案等进行了详细规定。

进入2021年，各种相关的政策意见、规范要求不时登场、屡见不鲜，但就内容而言实则大同小异。例如国家网信办、文化和旅游部、国家市场监管总局等七部委联合发布的《关于加强网络直播规范管理工作的指导意见》；中国广告协会制定的《网络直播营销选品规范》；市场监管总局推出的《网络交易监督管理办法》；国家网信办、公安部、商务部等七部门联合发布的《网络直播营销管理办法（试行）》；文化和旅游部制定的《网络表演经纪机构管理办法》；浙江省市场监督管理局和广东省知识产权局分别发布的《明星商业广告代言行为合规指引》和《直播电商知识产权保护工作指引》；浙江省人大常委会制定的《浙江省电子商务条例》……还有自 2022 年以来，由中央文明办、文旅部、国家广电总局和国家网信办联合印发的《关于规范网络直播打赏　加强未成年人保护的意见》；国家网信办、国家税务总局、国家市场监管总局联合发布的《关于进一步规范网络直播营利行为　促进行业健康发展的意见》；以及国家广电总局和文旅部两部门发布《网络主播行为规范》等。

上述不完全的统计、梳理，在一个面向反映了我国对网络传播行为管理的重视度和密集度。同时就法律效力而言，除了个别"条例"外，那些"通知""意见""规范"的层级明显偏低，政策性、阶段目标性意味较浓，其往往配合着所处时期特殊的、指向明确的政府整治任务。例如，2022 年对网络直播内容和主播行为规范会加以重点关注，那是因为这一年网络"清朗"系列专项行动重点开展打击的对象正是包含了各类违法违规的网络直播、短视频和网络谣言等。① 另有必要说明的是，这些指导文件虽然直指网络直播或主播，但正如前文所述，很多直播电商活动会因为有节目制作意识或带主题的内容输出，因此，即使它们在名目上是单就网络直播而去的，但过程中或结果上仍然适用于内容电商。

总结我国直播或内容电商的政策、法律监管体系，有以下五大特点：①从集中整治到常态化、长效化管理；②精准规制，监管主体制定的政策越来越细致并具有针对性；③社会共治，其主要表现

---

① 王思北：《深入整治网络乱象　国家网信办开展十项"清朗"专项行动》，载新华网，http：//www. news. cn/2022－03/17/c_ 1128479485. htm.

为除了有关职能部门外，有很多地方行业协会纷纷参与；④从平台责任到主体全覆盖；⑤从事前把关到事后问责，各种规定旨在降低违法违规行为的发生率，维护电商平台交易秩序，防止"带货"变"带祸"。①

三　主要风控点：从运营主体到传播内容

较之一般电商或直播带货，内容电商亦容易触及多个具有共性面的法律问题——从虚假宣传、产品造假、价格欺诈到版权侵犯、逃避税款、售后服务等。② 加之电商平台的地位界定、主播身份的属性定位，它们共同成为研究电商有序治理、规范经营不容回避的议题。

但内容电商有其独特的规制要求，概因其以带有销售目的的内容传播为表现与特征，且不论该等内容究竟是以图文、短视频、直播或以其他视听形式呈现。因此，在检视该类型电商的合规问题时，发布或平台主体是否有资质，传播内容是否符合规定，是其较为突出的两个方面。

在实务中，品牌方要开展内容电商，往往通过以下三个途径。其一，通过第三方平台。零售品牌出于用户流量、品牌影响、商务资源等考量，通过入驻第三方电商平台如淘宝、京东、抖音、快手、小红书等进行在线推广、销售；其二，通过自建官网、APP 客户端来实现电商运营。这一做法通常被一些国际时尚大牌，如 LVMH 集团、欧莱雅集团等所采用；其三，通过小程序开展电商直播。自微信、抖音等相继开通小程序直播服务以来，不少品牌商家、经营业者搭建直播平台，以完成访问、订阅、互动、销售、交易等功能闭环。

---

① 详见郑宁、葛扬《电商直播的法律规制及完善路径》，载《社会治理》2021 年第 3 期。

② 相关文献可参见吉笑雨《网络直播带货的法律规制研究》，载《现代商业》2021 年第 29 期；江涛《"直播带货"的法律规制》，载《法制与社会》2020 年第 20 期；苏海雨《网络直播带货的法律规制》，载《中国流通经济》2021 年第 1 期。

以上三种不论具体何种形式，就当前而言，视频推广和直播营销是内容电商两种最为常见的形态。因此，信息发布方是否具有许可备案、是否具备相关资质则成了合规审查的第一要务。

（一）平台资质

根据《互联网视听节目服务管理规定》《互联网视听节目服务业务分类目录（试行）》以及《关于加强"双11"期间网络视听电子商务直播节目和广告节目管理的通知》，我们一般所称的内容电商视听内容属于网络视听节目的组成部分，其包括网络视听电子商务直播节目和广告节目（含资讯服务、植入广告、"创意中插"、直播购物、购物短视频等）。因此，发布平台要首先获得《信息网络传播视听节目许可证》，而申请该证照有着较为严苛的条件。

对照《互联网视听节目服务管理规定》第 8 条规定，申请从事互联网视听节目服务的，应当同时具备以下条件：①具备法人资格，为国有独资或国有控股单位，且在申请之日前三年内无违法违规记录；②有健全的节目安全传播管理制度和安全保护技术措施；③有与其业务相适应并符合国家规定的视听节目资源；④有与其业务相适应的技术能力、网络资源；⑤有与其业务相适应的专业人员（数量应在 20 人以上，并拥有相应从业经验或专业背景），且主要出资者和经营者在申请之日前三年内无违法违规记录；⑥技术方案符合国家标准、行业标准和技术规范；⑦符合国务院广播电影电视主管部门确定的互联网视听节目服务总体规划、布局和业务指导目录；⑧符合法律、行政法规和国家有关规定的条件。

在上述条件中，仅就"国有独资或国有控股企业"这一项而言，已在很大程度上限制或排除了许多企业取得该许可的可能性。而事实上，《信息网络传播视听节目许可证》已实质停发许久。虽然有显示自 2020 年 11 月至 2021 年初，福建、上海、黑龙江等省局已核发新的《信息网络传播视听节目许可证》，但业内将此解读为系有关部门为落实国务院《关于取消和下放一批行政许可事项的决定》和国家广电总局《关于向设区的市、县级地方新闻单位核发〈信息网络传播视听节目许可证〉有关事项的通知》的规定，将设区的市、县级地方新闻单位的《信息网络传播视听节目许可证》核发审批权下放至省级广播电视部门的举措。①

与申领《信息网络传播视听节目许可证》同样重要的还有《网络文化经营许可证》的办理。根据文化和旅游部 2017 年修订的《互联网文化管理暂行规定》，举凡涉及在线生产传播音乐娱乐产品、游戏产品及其运营、演出剧（节）目、网络表演等，都须依法申办此一许可证。② 暂行规定虽然未将包括电商、教育、医疗、培训等纳入到"网络表演"范畴，即设立电商垂直类直播平台的无需办理《网络文化经营许可证》，但结合内容电商的特性，其势必会带有大量以营利为目的的网络表演、节目演出等内容输出，所以平台经营者仍应办理该证件为妥善之策。③

除上述许可外，还应当依照《电子商务法》《网络安全法》《非经营性互联网信息服务备案管理办法》《电信条例》《电信业务分类目录》《计算机信息网络国际联网安全保护管理办法》等规定依法办理《增值电信业务许可证》、履行相应的网络安全等级保护备案表、ICP 备案、公安联网备案及其他信息披露合规义务。若开展跨境电商的，还应当符合跨境电商相关的税务、海关及产品批准注册合

---

① 刘婧、肖瑶：《TMT 企业香港上市重要业务资质分析（下）》，载大成，http：//www. dachenglaw. com/cn/researchs/140404. html.

② 参见《互联网文化管理暂行规定》第 2 条、第 3 条。其中第 2 条明确："本规定所称互联网文化产品是指通过互联网生产、传播和流通的文化产品，主要包括：（一）专门为互联网而生产的网络音乐娱乐、网络游戏、网络演出剧（节）目、网络表演、网络艺术品、网络动漫等互联网文化产品；（二）将音乐娱乐、游戏、演出剧（节）目、表演、艺术品、动漫等文化产品以一定的技术手段制作、复制到互联网上传播的互联网文化产品。"

③ 关于《网络文化经营许可证》的申请流程与相关要求，可参见腾讯云"网站备案"，https：//cloud. tencent. com/document/product/243/19625.

规要求。①

此外，若内容电商所销售的产品或服务有一定的"特殊性"，还应当依法取得相应的许可及备案，这些特殊商品和服务包括：药品经营；食品经营；出版物经营；民用爆炸物品的生产、经营；危险化学品生产、经营；医疗器械生产、经营；血液制品的经营；主要农作物和主要林木的商品种子经营；种畜禽生产经营；煤炭经营；烟草经营；文物经营；民用枪支制造、配售；成品油批发、零售、仓储；食盐经营；特种设备；其他限制类物品，等等。

（二）主体适格

当前没有针对内容电商的专门立法规制或政策指引，既有的规范文件悉数以传统电商或直播销售而展开。前者是以图文、预先制作好的短视频展示或两者相结合的方式进行售卖、服务，后者则是通过互联网站、应用程序、小程序等，以视频直播、音频直播、图文直播或多种直播相结合等形式开展营销活动。比照这两种类型，内容电商在外延呈现上与其存在诸多交叉，亦即内容电商可以以图文方式表现，也可以是以录制好的试听内容传播，不过，眼下最常见与热门的样态还是以直播为首要。

对电商主体资格的合规要求，包含了从营销人员到直播间运营者、经纪培训服务机构等。限于篇幅，本段落着重讨论出现在公众视野的营销人员。根据《网络直播营销管理办法（试行）》第2条规定："直播营销人员，是指在网络直播营销中直接向社会公众开展营销的个人。"虽然像上海市的《网络直播营销活动合规指引》会以"主播"来指称营销人员，但结合具体定义实为内涵一致、表述各异而已。

---

① 详见查贵勇《跨境电商主要经营及合规风险解析（上、下）》，载《中国海关》2021年第11、12期；另可参见韩翼驰、张迪《跨境电商法律风险分析及合规建议》，载《中国律师》2022年第1期。

因此参照该"办法"以及各省市由此颁布的相关"指引"，内容电商的主体合规着力点应在于具有推介、销售功能的主播或营销人员群体。按照要求，从业人员应当年满十六周岁，若未达前述法定年龄的应当经监护人同意。若发布的内容构成商业广告的，营销人员应当履行广告发布者、广告经营者或者广告代言人的责任和义务。

营销人员不得在涉及国家安全、公共安全、影响他人及社会正常生产生活秩序的场所从事网络直播营销活动，同理，即使是以图文、视频录制的方式亦严格受此限制。此外，在直播过程中营销人员应依据平台服务协议做好语音和视频连线、评论、弹幕等互动内容的实时管理，不得以删除、屏蔽相关不利评价等方式欺骗、误导用户。

（三）内容合规

对于直播销售活动来讲，除要求营销人员（主播）遵守法律法规和国家有关规定，遵循社会公序良俗外，真实、准确、全面地发布商品或服务信息也是法定的义务。不光如此，《网络直播营销管理办法（试行）》第18条还明确罗列了八种"负面行为清单"：①违反《网络信息内容生态治理规定》第6条、第7条规定的；②发布虚假或者引人误解的信息，欺骗、误导用户；③营销假冒伪劣、侵犯知识产权或不符合保障人身、财产安全要求的商品；④虚构或者篡改交易、关注度、浏览量、点赞量等数据流量造假；⑤知道或应当知道他人存在违法违规或高风险行为，仍为其推广、引流；⑥骚扰、诋毁、谩骂及恐吓他人，侵害他人合法权益；⑦传销、诈骗、赌博、贩卖违禁品及管制物品等；⑧其他违反国家法律法规和有关规定的行为。其中，《网络信息内容生态治理规定》第6条、第7条载明了内容生产者禁止和限制发布的违法与不良信息。①

---

① 彭桂兵：《"不良信息"和权利保障——审视〈网络信息内容生态治理规定〉的两个维度》，载《青年记者》2020年第10期。

值得一提的是，《网络信息内容生态治理规定》由国家互联网信息办公室颁布，已于 2020 年 3 月 1 日生效施行。该规定以互联网生态治理为切入点，将网络信息内容服务平台、网络信息内容生产者与使用者一同纳入治理主体，试图构建多元主体协同共治的模式。同时明确了内容生产者、使用者的行为规范，提出了"全主体参与、全流程监管、全环节覆盖"的制度设计，为提升网络信息内容治理效能，构建良好网络生态做出了重大探索。① 该规定之所以对内容电商运营至关重要，其核心在于确立了相对明细的"言论边界"。② 尤其内容电商这一形式，比较起传统电商、社交电商乃至直播电商，它会更注重"内容"的创作、传播，且不论该内容实质，得服从于销售的终极目标。

为此以浙江为例，其所辖多个地市区陆续发布"网络直播营销负面清单"，对网络营销中违法行为展开专项治理，重点整治网络直播营销中含有导向错误、虚假宣传、宣称"神医""神药"、刷单炒信、以假充真、销售不符合食品安全标准的食品、侵犯知识产权、对消费者未尽到安全保障义务等十方面违法行为。如前所述，这与 2022 年度国家网信办开展的网络"清朗"专项行动所集中整治的重点领域、突出问题实属一脉相承；③ 而其中针对"内容"部分，综合各类"负面清单"其总体上落入以下八类事项：①不得违反《网络信息内容生态治理规定》第 6 条、第 7 条的规定；②不得发布虚假或者引人误解的信息，欺骗、误导用户；③不得虚构或者篡改交易、关注度、浏览量、点赞量等数据流量造假；④不得知道或应当

---

① 林爱珺、章梦天：《网络内容生态治理的多元主体责任规制》，载《新闻爱好者》2021 年第 4 期。

② 参见熊文瑾、易有禄《论网络表达权的边界——以实现网络信息内容生态治理为目的》，载《江西社会科学》2020 年第 8 期。

③ 市闻、童蔚：《浙江开展网络直播营销违法行为专项治理》，载《都市快报》2022 年 4 月 28 日。

知道他人存在违法违规或高风险行为，仍为其推广、引流；⑤不得骚扰、诋毁、谩骂及恐吓他人，侵害他人合法权益；⑥不得开展传销、诈骗、赌博；⑦依据平台服务协议做好语音和视频连线、评论、弹幕等互动内容的实时管理，不得以删除、屏蔽相关不利评价等方式欺骗、误导用户；⑧直播间重点环节的设置不得含有违法和不良信息，不得以暗示等方式误导用户。①

四 合规建议兼作结语

针对直播带货行业已经暴露出来的各种问题、隐患，以及眼下正成为新一波趋势的"内容电商"，国家亦在加快、加大制度建设进而有效监管市场，完善行业各项标准。其中，《网络交易监督管理办法》《网络直播营销管理办法（试行）》等法规的接连出台，无疑彰显了监管当局的决心与力度。而《网络信息内容生态治理规定》的颁布尽管不是直接就网络销售行为而来，但鉴于内容电商很大一部分关系到信息内容的制作、复制、发布，因此势必会对内容生产者——无论它是组织或者个人，还是指提供网络信息内容传播服务的平台，都将受到严格的约束与监督。至于像《网络直播营销选品规范》《网络主播行为规范》等一些不同主体、各个层级发布的众多规范性文件，它们将一道对内容电商的合规经营提出了指引性更明确、操作性更强的意见或建议，同时，也对各种违法违规的网络营销行为规定了行政处罚和民事法律责任。

包含内容电商我国电商行业将进入更为规范化、标准化、专业化的发展阶段，这是本文对相关市场的一个总体判断。为了妥善管理与控制法律风险，以下三个合规建议专供内容电商从业者参考：

---

① 本部分系综合了《上海市网络直播营销活动合规指引》《宁波市网络直播营销行为负面清单》《杭州市上城区网络直播营销活动 10 条负面清单》《杭州市钱塘区网络直播营销活动负面清单》《金华市网络直播营销活动负面清单》等指导文件。

其一，对照相关法规，确认是否应当及时申领或完善《信息网络传播视听节目许可证》和《网络文化经营许可证》的持有，以确保相关主体具备经营资质；

其二，依照《网络直播营销管理办法（试行）》和《网络信息内容生态治理规定》等相关规定，及时、动态、全面审核营销传播内容，杜绝违法信息的出现和避免不良信息的产生；

其三，遵照有关办法、相关指引，协同联动企业内部法务部门、商务部门和税务部门等，加大对主播合规工作的日常监管，并对其及关联的团队人员进行不定期的专项培训。

解决内容电商可能存在的各项问题是一个综合治理过程，制度标准、法律规则的认知与适用只是其中一个环节。但我们应当看到，各项政策的出台与立法的跟进，已有效地阻却了我国电商行业"野蛮生长"的脚步，相应的"模糊空间""边缘地带"进一步收窄，而行业的未来理应朝着有序、良性的方向发展。

实务

内容电商的升维与突围

卢　佳[*]

近几年来，电商领域最大的变化之一，就是内容电商的兴起。兼具社交和交易双重属性的内容电商给品牌和商家带来新的商机，也逐渐改变了消费者多年来养成的电子商务购物习惯。随着互联网技术和平台体系的不断完善，内容电商发力成长，带动了整个电商行业的再次进化，推动了新的数字零售经济格局形成。

中国的零售行业用短短 30 年走完了西方百年的历程，中国的互联网经济飞速发展也加速了这个演化的过程。中国互联网络信息中心《第 50 次中国互联网络状况统计报告》显示，在网民规模方面 2022 年持续稳定增长。截至 2022 年 6 月，中国网民规模已达 10.51 亿，互联网普及率达 74.4%。其中，网络购物用户规模达 8.41 亿，占网民整体的 80.0%。线上零售规模连续多年位居全球榜首，电商消费已经变成中国消费者的生活常态。随着 5G 时代到来，我国电子商务基础设施成熟，互联网技术与通信技术快速迭代升级，在手机上刷图文、短视频、直播迅速成为人们喜闻乐见的休闲方式：短视频用户规模达 9.62 亿，渗透率达 91.5%，网络直播用户规模达 7.16

　　* 卢佳，复旦大学硕士，中欧首届 DBA 博士在读，乐其电商董事总经理兼首席市场官，浙传乐其数字经济研究中心理事。

亿，占网民整体的 68.1%，短视频和直播平台是目前用户增长速度最快、增长规模最大的平台。

中国电商作为数字零售经济的先进形态也从未停止过其不断变革进化的过程，继传统电商、货架电商、社交电商之后，在移动互联网流量红利到顶、消费者行为碎片化的今天，内容电商正在逐步崛起。越来越多的消费者在看直播、看自媒体文章、看帖子的过程中购买商品。在内容时代下，消费者接触、了解、购买品牌的整个过程完成了高速的加速，可能一场直播 5 分钟我们就完成了从种草到收割的一个闭环，短视频前 3 秒就让消费者决定是否与品牌进一步交互……

内容电商是通过图文、长短视频、直播等方式来吸引用户的眼球，获取用户的信任，并带来可观的交易量。内容电商并非新鲜事儿，从最开始出现在 BBS 社区，后来发展到小红书等平台，再到抖音等短视频平台，随着短视频、直播电商的盛行，直播和短视频及电商的结合则塑造全新的购物场景，激发消费者对品牌或者商品产生兴趣的可能性，优秀的短视频内容和直播也激发非计划性的购买行为。传统电商的"无边"货架通过海量的商品链接从供应和促销多样性方面充分地满足了消费者的购物需求，提供了比线下渠道更加便利和丰富的购物体验，但内容在消费者的购买决策和行为中更具影响力。

随着中国电子商务行业迅速发展，移动端电商平台日渐成熟，传统电商行业由于人口红利下沉和市场趋于饱和带来的发展瓶颈也逐渐显露。传统的引流方式再也不能为电商平台带来足够的客源，获客成本也随之增长，各电商平台都在寻找新的突破口。而兼备社交和电商双重属性的内容电商在此背景下以其众多的优势吸引着大量经营者及资本的加人。目前，头部的内容电商平台（抖音、快手、淘宝、小红书等）已完成了从内容平台向内容电商平台的

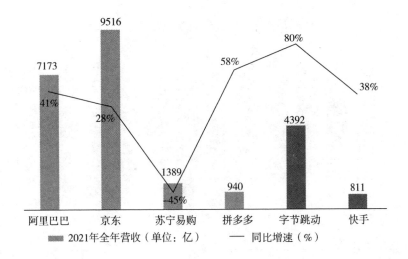

图1 电商零售格局的数据

数据来源：公司财报、公开信息。

转型。这个转型不是运用了各种信息载体的内容营销挂上购物车闭环就叫作内容电商，也不是内容营销的延伸和闭环，而是为海量碎片的内容背后的消费需求搭建了一个中心化的平台，实现全链路满足消费者从内容消费到产生兴趣，并实现商品交易转化的一整套链路。

互联网技术的迅猛发展所赋能的内容电商，利用平台的大数据，为各个人群打上丰富的标签，针对人群兴趣点进行内容输出，其核心是消费内容的创造与需求的个性化匹配。内容让更多的信息在其受众之间得以自由流动，海量的内容背后其实是广大消费者真实兴趣点和需求，而内容的传播链条也由过去单向的"引发兴趣—阅读"变成了双向和多向的"想看—互动—二次互动/传播"。内容平台逐渐成为消费者愿意花时间最多的地方的同时，以内容的扩展影响了消费者的购买决策行为。

内容平台的丰富性和算法逻辑带给人们生活方式很大的变化，不少消费者从靠在沙发上换电商频道改成了捧着手机刷抖音短视频

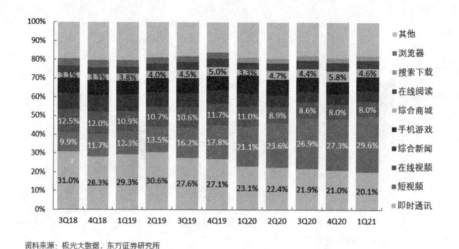

图2 移动互联网用户时长分布

（社交/娱乐时长占比远高于购物时长占比）

停不下来，关注喜欢的内容，追随符合自己个性的意见领袖，跟随自己喜欢的 KOL 买菜、做饭、做运动、看万千世界；现在很多年轻人消费信息的时间花在内容平台，搜索信息、看视频、购物、聊天、健身、看球、叫外卖都在内容平台，这些平台就是他们每天赖以生活的习惯空间……内容平台也给人们带来了生活方式的变化。而另一面，内容的渠道多了，用户的精力也变得分散，看的内容多了，对重复性内容的阈值也变高了，对宣发内容天然抱有怀疑。在内容平台，消费者开始逐渐拥有信息自主选择权，不愿再被媒介牵着走，搏眼球式的套路很快失效；但优质、专业的内容仍可以打破这种怀疑，并将之转化为自来水式的流量，消费性内容在内容平台展示出蓬勃的生命力。

不仅是内容匹配的多样性可以激发更多的兴趣，在内容社交生态中，以个人为基本单位的传播能量被彻底激活，以机构为中心的传播格局被颠覆。如果将纸媒、电视等传统媒体时代的广告投放时代定义为传统营销，广告内容的生产和渠道是独立的，品牌主将好的创意在各媒体渠道间分发以获取更多的曝光，便能拥有对终端的影响力和议价权；而随着互联网的发展改变了商品与人的连接方式，覆盖范围的扩张将内容营销以迅猛的速度发展，正成为品牌主流的营销模式，但本质上，这一阶段的内容营销仍然是吃娱乐内容曝光度的红利。以长中短视频承载的内容共创及交互式的广告内容，让广告主的分发行为变成联动起 BGC、PGC、UGC 等创作链，产生大量围绕共同中心思想的却又百花齐放的内容共振，达成"内容场"与"生意场"的连接与融合。在内容电商生态中以用户生产或专业内容作为推广的手段，为潜在消费者推荐相关产品与服务的电子商务活动，即通过图文、短视频、直播等多种形式创造并传播优质消费内容，引导消费者购买，实现商品与内容的协同，并进一步用内容塑造电商的交易氛围。这种电商模式通过打造低门槛的内容创作平台推进社交和互动，为商品和用户之间建立一个高粘度的深度链接，能够有效提升消费者与商品的互动关系，提升用户的转化率与忠诚度。

如果说传统营销方式集中力量做大曝光，更多的是从品牌视角向消费者输出理念，那么数字时代下的内容营销则是更加立足于消费者的视角，是更加"人本主义"的营销模式，现代营销学之父菲利普·科特勒根据数字时代消费者特点提出的用户和品牌发生链接的链路的 5A 模型：认知（Aware）、吸引（Appeal）、询问（Ask）、行动（Act）和拥护（Advocate），以此指导企业根据不同阶段的用户特点制定内容营销策略，优化营销行为。5A 也揭示了品牌和用户关系的远近，在内容营销理论影响下发展起来的内容电商，也更加重视对人的理解。

传统的电商是流量转化的逻辑，内容电商开启内容化经营的新时代：在互联网信息碎片化驱使下，用内容价值引爆话题，用内容重新定义广告，以细分兴趣点打开需求，以共创代替分发，以内容沉淀消费行为，用内容塑造电商的新生态。内容电商利用各大平台

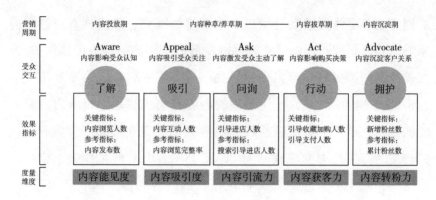

图3 内容营销的5A模型

大数据，为各个人群打上各类型标签并进行分类，再针对人群兴趣点进行内容输出，最后引导用户进行消费。

内容电商的快速发展，也意味着数字零售经济的新范式正在迅速形成。当消费从线下转到线上，市场的游戏规则变了，现在从交易型电商发展到内容电商，游戏规则也会发生变化，因此，成功经营内容电商需要升维与突围。

升维篇

一 理念升维

内容电商，不仅是内容营销电商化和电商内容化，而是在以"内容"作为链接消费者和商品服务的生态背景下的电商进阶模式。在内容电商生态下，内容是平台吸引、留存用户的主要因素，每一个账号背后的人都可以是内容创作者、内容消费者和商家，每个人拥有更多精准细分的标签，内容成为连接消费者与商品/服务的桥梁，形成更为精准便捷的商业闭环。

内容电商模式与传统电商的核心差异在于：传统电商以搜索心智为起点，提供货品的匹配，通过各种经营手段提升人货匹配和交易转化效率；而内容电商以消费者对消费内容感兴趣为起点，通过内容激发消费者对产品/服务的购买或搜索心智，"润物细无声"地提升消费者做出购买决策的效率和交易转化效率。

内容能带来巨大的流量增长，但同时也代表着不稳定的经营流量，在内容电商思维下，内容平台强化交易闭环和货架功能或电商平台加强内容的能力和心智，都是在原有的电商消费旅程中向前站链路探索增量和整合，也是对流量和投资逻辑的重构。内容的核心是对人的兴趣细分和理解。在海量的内容中突围做生意，更考验的是品牌（商家）的日常"内容"经营能力，品牌（商家）不仅需要建立自我表达的阵地，也需要链接多方内容矩阵，通过常态化的内容输出和触达，形成品牌与消费者之间的长效化沟通和交互，同时通过以精确而优质的内容为抓手，盘活离交易最近、有变现能力的消费者（对内容产生兴趣，并且人群画像匹配），并最终实现商品交易。经营内容电商的过程是左右脑联动的过程，不仅包含了对消费者的洞察理解、内容创作和生产、内容分发和营销等，其后链路运营还是传统电商中特别重要的供应链、物流体系、数量庞大的客服，更是一整套复杂的运营体系。

内容带来的"货找人"能力，不断延展商品与消费者交互的触点，形成多场景细分兴趣点的精准命中，帮助品牌实现人群扩圈。在这个过程中，无论是短视频还是直播，都会以不同的方式增加消费者对于商品的印象，从而产生搜索行为。而货架电商为"人找货"搭建的一套精细化承接体系，也不断地提升了搜索到交易转化的效率。这两者的联动结合，在平台内形成更大的闭环，为品牌电商生意带来了新的增长动能。

随着行业的不断发展迭代，"内容"和"电商"逐步步入共生模式，购物体验与内容消费体验合二为一，成为电商平台交易的重要驱动力。主流的电商平台也都在不遗余力地实现内容电商的持续升级，内容和电商走向共生模式。

以抖音电商为例，2022抖音电商生态大会上，抖音电商加强以商城、搜索为主的货架场景继续升级为"全域兴趣电商"，抖音电商总裁魏雯雯这样描述了"全域兴趣电商"的全景：短视频、直播等内容流是用户潜在兴趣的激发转化场，用户在这里深度种草，高效成交；商城、搜索等主动探索场景是用户已有兴趣的承接转化场，用户在这里找到固定路径，形成习惯，实现精准匹配和复购；用户的各类电商行为沉淀在店铺里，通过营销解决方案扩大全域流量，实现全局加速。在这个新的模式下，品牌在内容场景上要继续强化短视频和直播间两大阵地，提供丰富的可视觉化内容表达，将品牌和产品融入更多有价值的内容理念，以满足消费者越来越高、越来越全面的需求。而以商城、搜索为代表的货架场景链接了稳定的主动需求，消费者既可以边逛边买、搜完即买，种草—拔草链路更短，转化效率更高，品牌通过抖音电商触达和转化消费者的效率越来越高。"全域兴趣电商"的推出，像是打通了内容和电商的任督二脉，为消费者提供了更沉浸式的购买体验，也为品牌的经营提供了人群增长破圈和稳定交易转化的双驱动力。

图4 抖音推出"全域兴趣电商"模型

除此之外，规模最大也最成熟的电商平台淘宝也在不断强调内容的重要性，2022 年天猫也提出了投资内容化这个新的齿轮，平台也不断迭代内容的呈现形式，平台内短视频和直播的比重不断加大，今年也推出了"天猫数字化内容营销航海指南"，发布了 START 内容力模型，指导品牌电商内容化营销布局，实现了数字化内容营销的概念，通过数据指标来提高内容创意的确定性和投放的 ROI，让品牌内容营销的投入有迹可循，本书中亦有相关章节内容，在此不做详述。

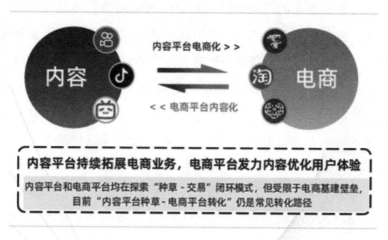

（图源：新榜研究院）

图 5 "内容"和"电商"走向共生模式

各平台和行业参与者都在用各自的方式诠释内容电商，"众人拾柴火焰高"行业快速向更加先进的阶段发展。从传统电商到内容电商升级，需具备四种思维：

1. 增量思维

内容生态中人群的标签更丰富，可以更加准确地判断消费者的需求，通过内容实现更加精准的人货链接。以抖音为例，就有人群标签（基础人口属性标签和兴趣标签）、短视频标签（通过完播、点赞、互动等给视频打标签，再推给更多适合的潜在用户）、直播间标签（用户直播间下单行为相关的标签）；算法可以更清晰地把消费者的兴趣进行细分，再通过精准的内容匹配来吸引消费者，同时高质量的内容供应机制为电商提供了足够的流量和二次传播的能力。价值性内容创造与需求的个性化匹配，带来了新的增量机会，为传统电商扩容。

2. 主动思维

在内容电商生态中人和货的关系发生重构，内容数据化赋能也让人找货和货找人的双向链路打通。传统电商消费者是带着目的主动搜索，需求精准匹配的"理性对比模式"，"内容电商"是通过内容区分、吸引和激发消费者，更易引发"冲动消费"。以内容链接消费者细分需求和商品/服务，变被动为主动，把货架场景作为承接阵地，去内容生态寻找增量，以内容驱动购物车。这也要求从传统电商流量承接的方式向引发消费者兴趣和需求的前站链路主动探索的能力。

3. 效率思维

短视频和直播的快速发展以及搜索3.0升级，带来了对消费需求的更迅速捕捉和转化能力。效率是零售的本质，在互联网零售经济中也同样存在。数字化赋能下短视频和直播经营可以更加科学化、细分个性化、精细化将变成主流，演变出更优秀的直播间和优质消费内容，推动了从种草到转化的完整交易链路。

4. 直面消费者的思维

以消费者为核心，消费内容快速链接人和交易的高效模式。针对细分需求，以精准内容实现包围式内容互动和心智培养，以沉浸式"品牌全景体验"（（brand panoramic experience，BPE）沉淀内容和人群资产，积累充分的品牌势能，加深消费者的品牌印记，带来更多的搜索，最终提升消费者做出购买决策的效率和交易转化效率。

汲取了从内容营销闭环、电商内容化、内容平台电商化、内容和电商共生等阶段的商业优势，向内容电商进阶，需要具备更高阶的营销理念和经营思维。未来的繁荣，属于拥有以内容直面消费者，并掌握了高效率交易转化密码的经营者。

二　内容升维

内容电商的第一心智是内容，因为用户是出于内容消费/社交需求来到平台，内容的核心是对人的兴趣细分和理解。而短视频直播时代的内容电商平台，不断为用户推送内容，根据用户的行为分析用户的兴趣，再把更精准的内容推送，持续判断用户兴趣，从而不断优化用户的标签，也就是说，浏览内容越多，用户的标签就会越精准。而浏览内容的用户已经是和内容比较匹配的用户了，随着内容的不断输出及优化调整，账号的标签也会愈发明确，用户的互动转化率更高，粘性也会更强。

传统内容力是中心化控制下的内容生产和内容分发，而内容生态中所需的内容，是能自我生长的内容，因为每一个账号都是创作者，量、质齐优的内容能迅速聚集消费者的关注，比如疫情期间刘畊宏的宅家健身内容，以每周数天的高频直播迅速获得了消费者的青睐。作为头部在线教育机构，新东方受到"双减"政策影响被迫转型，从2021年下半年开始进军直播电商业务，推出以农产品为核心的电商品牌——"东方甄选"，开启助农直播的新业务。2021年12月28日，"东方甄选"正式开播，但直播效果平平——实时观众人数和商品销售额相对惨淡。直到2022年6月，"东方甄选"直播间凭借"双语带货""知识带货"，受到了外界的诸多关注。2022年6月16日达成销售额6605万元，观看人次6044万，位列抖音直播日榜TOP3。东方甄选直播间依靠差异化的知识人文内容创新在2022年6月上旬一夜破圈，也让我们看到了优质的内容可以快速滚大雪球。其他头部大号的例子无不展示了以消费者喜闻乐见的方式，直击消费者细分兴趣点的优质内容，会带来自传播和自交互的行为，也让消费者愿意关注加粉、看了又看，持续不断地产生"滚雪球效应"。但是，并不是所有这类好的内容都可以实现电商闭环，大量的实际案例却也呈现了一个残酷的现实，一旦开始电商收割，内容本身的质量和心智也会受到影响而减弱，这里也确实存在一个商业化带来的"负效应"。如何在叫座与叫卖之间达到互相促进？针对更细分的消费者聚类，通过个性化、精细化的内容创作和触达，去推进消费者从兴趣到下单转化的一整套链路，并且能精准地把控内容投放的数据库和传播链路，让这个过程比传统的促销形式会更有适配性，营销转化更具效率，购物的体验也更有愉悦感。

在内容电商领域，我们所谈及的内容是"消费内容"，以消费内容连接了商品和消费者，带来消费者心智成长的种草和驱动购物车的内容，是对内容营销和内容电商生态中的内容更精准的理解。

1. 产品即内容，像产品经理一样去做内容

优质消费内容的目的，不为是了吸引球眼的语不惊人死不休，也不是花里胡哨的自嗨型文案孤芳自赏，是踏踏实实的用户洞察、痛点剖析、产品视觉化表达、兴趣激发，并且用生态消费者喜闻乐见的方式呈现表达。很多视频，不是因为内容做的有多好，而是因为让产品自己说话，产品的形态优势、使用特点、品类创新都是内容表达的加分项。比如某知名洗发水品牌在抖音上进行经营，如果按照传统的广告卖点去制作短视频，并不能得到很好的消费者反馈，然而在挖掘了抖音消费者对香水的细分兴趣机会，结合洗发水的香氛成分制作的一条主题为"用香水洗头你体验过吗？"的短视频就能迅速获得大量的赞评转，并且引导到直播间的交易数据也相当好。新东方英语老师董宇辉双语带货五常大米，用户们边"剁手"边学习英语，给东方甄选直播间带来了暴增40倍的销售额，双语直播带

货不仅拯救了新东方，也证明了以打磨产品的思路打磨内容，是可以获得意外的效果的。除此以外，我们还需要像管理产品一样管理内容的标签、内容的生命周期和传播转化效果。

2. 以人为本，直面人的细分需求，讲对内容

内容是连接人与商品的核心界面，内容是品牌向消费者最直接的表达，内容又是触点、渠道，是内容本身。深入对人的兴趣细分和理解，并将这些理解体现在内容短视频创意，直播间每一帧画面、每一个动作和每一句话术，以及商品的每一句描述，并通过这些内容与消费者的某一细分兴趣点产生联系、延伸和激发受众的交互行为。这体现在通过内容对消费者心智的承载，通过一次读懂心声的精准内容触达实现品牌与消费者之间互动和印记加深，并进而形成购买闭环的一整套便利、愉悦的购物历程，使从内容到消费者体验不断延展。我们曾经有个"108 法则"，即如果我们能够挖掘 108 种需求和场景角度去诠释一个产品，并应用在短视频、直播间话术，那么我们有十足的把握让这个商品成为爆款，这个"108 法则"就是对"以人为本，直面人的细分需求，讲对内容"的应用。

3. 经营内容，就是经营生意

经营内容电商不仅包含了对消费者及细分标签的理解，以此进行内容创作和生产、分发和数据分析等以促成交易，其后链路是运营，是供应链、物流体系和数量庞大的客服等一整套链路联动，才能带来好的经营结果。从生意角度对内容的期望目标从传播效果的主观判断变成可以客观衡量的转化。虽然内容的评判纬度有很多，但好的消费内容的衡量指标从原来的 CPM 衡量转为 ROI 衡量，内容的品效合一可以实现。不断发展的平台技术，也在赋能我们以更数据化的方式来评估从内容规划、测试、传播到收割中的效果，科学化命中经营关键节点，提升转化效率。内容就是商业环境中的活水，是电商经营中的新动能，对消费内容也需要去中心化思考，以共创

的心态与消费者、达人、主播、素人等实现生态共创，在碎片化、高频、快餐化的趋势中影响消费者的行为，推进购买决策转化以及后续的完整交付，以经营结果说话。

内容可以承担的角色太多了，它可以是最好的流量入口，可以是最无形的营销，也可以是用户最喜欢看的广告，是能与消费者产生心智接连和成长的共鸣的产品表达。有量、持续、多元、完整的信息表达，可以帮助消费者在搜集资料或做消费决策时了解到多方观点与信息，做出更理性的决策。同时，这些种草内容也将沉淀为品牌资产，持续为品牌势能带来效果。在这个奇妙的过程中，内容链接了品牌和消费者，同时这样的内容带来心智成长过程，也会激发更多消费者发自内心地主动产生内容和二次传播，好的内容不仅激发购物行为，也会激发更多好的内容。

内容在前，交易在后，优质的消费内容能带来消费心智的成长下完整的交易旅程，呈现给消费者更有温度的电商模式。

三　跨界升维

从传统电商到内容电商，不仅是纵深能力的进阶，更是电商整体面宽的拓展。从交易向消费者旅程的前站价值链路延伸，带来的是运营能力到营销能力的进阶融合，而消费内容的多平台探索，也是电商与传媒领域的跨界融合。

随着抖音、快手在进入电商赛道全面高速发展，小红书、视频号、淘宝也都加强了对短视频和直播的支持。短视频作为内容电商的重要补充愈发得到平台商家的认可，挂车短视频生产量不断提升，短视频 GMV 快速增长。同时精品短视频内容不断产出，挂车短效率快速提升，"直播 + 短视频"立体销售模式也成为内容电商主流。内容电商集合内容优势及渠道优势，所承载的内容形态为同时具备媒体和媒介属性的短视频和直播间，本身契合广告主对"品效合一"

的投放诉求，目前内容电商市场规模已达到较高水平，发展已进入新的阶段。未来品牌广告和效果广告的界限愈发模糊，广告主愈发强调广告投放的"品效合一"，对广告预算的投放更为精打细算，因此未来媒体（传播内容及服务）与媒介（输出商品和服务）的界限也将愈发模糊。

内容电商作为传统销售渠道的重要补充，通过直播间链接本地消费服务或直播进入线下真实场景形成比较高效的全渠道联动，也提升了线下零售的效率。紧密跟随消费需求的变化，品牌在精品直播间场景打造的方向上也在不断探索，从国风直播间到户外直播间，再到品牌线下活动从不缺席，过往需要由 PR、活动搭建等完成的工作，也更高频地出现在内容电商经营团队的工作日常中。这也体现了电容电商所带来的灵活性空间，对经营能力也提出了进阶的要求，不仅是线上运营 + 数字营销更加融合联动，还需要具备线上线下整体营销的理念，多阵地的联动不断探索人群和交易的增量。

内容电商价值链也在重塑，此前行业发展红利多集中于中间环节的主播或 MCN，且消费逻辑多为价格优势；今后发展红利将由主播迁移至品牌商及平台，消费逻辑由价格优势转变为精品销售。

跨界升维，体现在内容电商的方方面面：

1. 渠道端：从电商平台到媒体媒介的跨界；从商品供给到商品和内容供给。

2. 品牌端：从生产者到内容创作者的跨界，不仅生产商品，还要生产内容。

3. 用户端：不仅是消费者，也是内容生产者和流量主，参与生态更多智能。

4. 内容端：从图文为主到"直播 + 短视频"的立体销售成为主流模式。直播间适配实时性销售场景，短视频适配非直播时段的重要补流及复购场景。通过联动的内容，贯穿搜索词养成，驱动消费者在交易多端的搜索。

跨界通常贯穿于行业变革的过程，电商产业和传媒产业的融合发展是必然的趋势，两者都是围绕"人"的资源分配而生的产业。内容电商恰是这种跨界融合的清晰诠释，我们正处于沉浸式互联网的起点，内容电商为我们打开了未来传媒＋零售的大门，为消费者构建起沉浸式消费新体验。

突围篇

一　内容经营数智化赋能，以效能突围

随着内容的供给越来越多，消费内容的生命周期越来越短，也产生了不断增长的内容需求与供给的矛盾，如果不从营销、增长和运营的角度对内容进行顶层设计和全盘规划，再多的内容也无法形成真正的内容资产，无法管理内容的生产、管理和分发的整体效率，更无法产生转化和增长的价值。

经营内容电商不仅包含了对消费者及细分标签的理解，以此进行内容创作和生产、分发和数据分析等以促成交易，其后链路是运营，是供应链、物流体系和数量庞大的客服等一整套全链路的运营模式。

持续生产内容与消费者沟通本就是电商经营的一部分，过去是图文、海报、各种橱窗图和促销文字，在现在这个进阶状态，通过内容将从激发消费者兴趣到建立认知和推进购买意愿、行为的消费者旅程在同一个场域内贯穿起来，短视频、直播承担了越来越重要的角色，成为电商流量和生意的核心组成部分，就需要以科学、高效、经济的方法来管理内容电商经营了。

以其信为例，依托乐其集团强大的技术能力优势，围绕内容平台经营特性，不仅从内容资产管理效率出发，更是结合了内容电商

经营所需的多元决策信息，建立了内容运营数智化解决方案、人群运营数智化解决方案和电商数智运营解决方案整套数智化体系，以支持内容电商核心阵地的全域经营。

举例来说，在内容运营数智化解决方案中，不仅包含短视频内容相关的创意、规划、分发、分析，还包含了数字化直播统筹中台串联直播阵地经营所需的信息和决策支持，从直播前个性化货盘策略实现属性货盘、粉丝货盘和加码货盘的精密规划，到直播中提高实时转化效率的数据和话术看板，以及直播后全方位复盘去追踪本直播间，行业对标的排位表现，直播销售归因和主播销售归因，以及主播管理等都能做到数字化、线上化部署。除此以外，在人群运营数智化解决方案和电商数智运营解决方案中，我们也分别有创新的解决方案。

逐步实现这样的体系构建，也是个让激动人心的过程，因为我们相信内容电商的价值是巨大的，远超当前主要靠网红、流量经济的边界。内容、数字化技术和商业的融合发展，为消费者带来"沉浸式品牌体验"，实现更有温度的电商进阶形态，内容和商业有机结合，实现更好的商业形式。

二 多端联动的循环体系，实现效率突围

内容电商的经营模式，并不仅局限于社交内容平台，随着各平台技术的不断迭代，呈现了社交内容电商扩充货架、图文内容基建，提升搜索承接的能力；而同时，传统的货架电商也没有停止不断提升其内容化的能力和基建，不断地形成了货架和内容双驱并进的局面。"人找货"和"货找人"双向链路打通，丰富的品牌营销的触点，精准命中率也缩短了从种草到交易的路径。消费者是流动的，内容贯穿消费者心智成长的过程，主动搜索行为还会在跨平台产生溢出效应。随着平台多样化闭环能力的完成，消费者也有了更多的

选择，多渠道停留和购买行为也越来越明显，这一变化不仅仅是平台流量重新分配，更是电商平台与消费者之间在接触场景和互动关系的一场变化。无论是在平台内形成小闭环，还是以平台间的联动共振，提升内容到搜索的溢出和加乘效应，提升经营效率。

以联合利华集团收购的韩国美妆品牌AHC（爱和纯）的实操经验为例，乐其电商不仅长期帮助其在天猫系平台开展全平台运营，提供从货品分层打造、人群精细化运营、内容营销到供应链履约的一站式服务，更是在后端一盘货的基础上，前端在不同平台差异化运营，为品牌抢占市场先机获得叠加效应的同时，不断提高经营效率。

在这个案例中的运营实操中，也收获了多方面的宝贵经验：

在抖音和天猫两个品牌的同步运营，品牌可以借力两个平台的客群优势，以及对接更多的主播和内容账号资源，扩大品牌触达消费者的覆盖面。

基于人群和消费行为的差异化，以不同的商品组合策略满足了不同的消费需求，优化了商品组合的表现。

抖音与天猫错峰运营，对品牌的认知会产生叠加效应，抖音先行策略营销货运营的商品，消费需求的搜索行为在天猫上呈现了溢出效应。

在抖音平台，以内容先行、场景驱动购买的方式推动品牌营销战术的进阶，产生了大量场景化的商品内容素材，销售物料也成为新的品牌建设资产。

除此以外，我们也运用中台化管理的思维和数智化能力，与一些国际知名品牌探索快上新的路径。联动小红书、抖音、天猫等核心内容和电商平台，通过自研的舆情系统洞悉"消费者之声"，快速找到新品消费兴趣点，从新品开发、备货、创意和生意导向的规划到内容生产、分发、交易转化的全链路过程，实现了新品快速命中兴趣、精品化快内容生产到高效电商交易转化的全链路快上新营销探索。

在行业新格局变化下，行业在流量和品类上的增长瓶颈进一步凸显；渠道间融合加速，更多集团/品牌进驻多个主流电商或社交、内容电商平台，让生意变得交融而丰富。在多端格局下，如何高效管理投入和产出，基于中台能力的多端联动循环方法，也许是一条思路。

三　传媒与电商运营跨界融合，澎湃创新动能

要经营好内容电商，玩内容、做自播、做营销、懂数据、精货品、会运营都是必选项，具备全案经营能力的商家和服务商才具备相应的竞争力，行业升级过程中，需要具备多元能力的"六边形战士"，相关人才却少之又少，面对人才困境，如何加速培养行业专业人才，整体提升组织能力，是摆在内容电商企业面前的困局。

太阳底下无新事，以产业跨界融合的思维去解题便一下子豁然开朗了。内容电商带来了新电商的升级，但内容产业链却非新鲜事物，从电视台到网综，从长视频到短视频，从电视购物到电商直播，内容传播媒介发生变化，其配套的内容生产体系也需要有编剧、演员、导演、主播等，这也是一个重塑的过程。以传媒的专业能力来指导内容创作、商家自播和营销传播是降维打击，以电商运营的经验会拥有扎实的数据、货品和运营功底，两者融合共创能够激发更多的火花。

正是在这样的背景下，作为电商运营企业向传媒行业学习内容生产制作的专业知识，快速提升短视频生产制作、导购主播的专业能力。乐其电商与浙江传媒也开展了"传其计划"，共同探索传媒与电商运营的跨界创新，已经完成了直播基地建设、主播专业培训，并开发开展传媒和电商双向课程交流，共同培育行业未来的新生力量，并建成了"内容电商数字中心"共同探索传媒与内容电商的前沿领域，也以学术的角度去研究传媒赋能的内容电商这一数字零售

经济新模式在发展中的方法论，推进行业的高质量发展。

有人说未来的生意都将是内容型生意，未来的组织都将会是内容型组织。

内容电商还在继续发展，伴随着这场浪潮，只有用力生长。

数字化零售实务搭建中的三个特征

王　林[*]

摘　要：随着互联网基础建设和物流网络建设的广泛和深入，零售业数字化的能力和规模快速提升。数字化在零售实务中的渗透，从最初的渠道渗透，逐步深化到业务经营和组织管理的模式，进而影响零售思维的转变。基于对数字化零售长期观测和实务的经历，作者认为，数字化对现代零售商业模式和组织的影响因其大数据的特征体现在三个方面，即业务经营的"火车头效应"、组织"DAO化"和运营思维"生物学化"。

关键词：数字化零售；"火车头效应"；组织"DAO化"；运营思维

一　引言

我国零售业从 1996 年国际零售巨头沃尔玛在深圳开设第一家购物广场为分水岭，结束了以百货商店、夫妻老婆店和农贸批发市场为主要前端载体的传统零售业态，进入了现代零售业阶段。而现代

---

*　王林，乐其集团高级副总裁、高端美妆事业部负责人、数据中台负责人，拥有超过 14 年消费品行业的工作经历。

零售业在中国行政区域内的开疆拓土主要以"外来和尚"为主，如沃尔玛、家乐福和欧尚等大型连锁商超，其专业的零售运营系统和组织建设能力，帮助我国储备了第一批现代零售业人才。同时自1996年始到2016年的近20年时间内，国内丰沛的消费市场赋予了现代零售发展的黄金沃土。然而线下零售受制于物理空间的限制，其发展速度会因门店数量逐渐饱和、单店坪效边际收益递减等因素碰到经营天花板。

2003年，由阿里巴巴集团创办的淘宝网成立，在时空的平行线中与中国高速发展的现代零售业共存，其真正迸发光彩需要等待10年后的2012年11月11日。2007年6月，由刘强东先生创办的京东多媒体网正式更名京东商城，以全新面貌站在了B2C的数字化零售前沿战场，与淘宝网在另外一条战线中南北争辉。稍有不同的是，京东商城在成立1个月后建成了北京、上海和广州的三大物流体系，面积超5万平方米，面对数字化零售布局的两种思路自此分道，生态与自营的路线源于同宗，却方向各异，至今仍难评优劣。至此，数字化零售上半场参赛选手完成进场。从2003年开始，15年之后，数字化零售下半场的选手逐步入圈，他们的名字是拼多多、抖音商城和快手商城。

从1996年到2022年的26年间，中国巨大而复杂的消费市场，给予了上面故事的"主人公"们充分的运营空间，"消费升级""下沉市场""新中产""社交电商""分享电商"等概念你方唱罢我登场。这期间唯一不变的有两个事情，分别是品牌的建设需要遵循长期主义，以及消费者在物质供给快速上升过程中的注意力经营。本文基于以上两个不变和不断变化的数字化零售环境进行阐述，通过对数字化零售的观测和实务经验，探讨企业在数字化零售经营中关于业务、组织和思维的三件事，以期给出企业建立高效的数字化零售业务及组织的模型参考。

二 业务经营的"火车头效应"

现代线下零售业态受制于物理空间的限制，其商品陈列数量有限。如大型商超沃尔玛，平均占地面积在 1 万到 2 万平方米，平均陈列商品数量在 1 万左右。这些看似"大"的数字，相比于数字化零售业的"代表"而言，连零头都不到。截至 2021 年年底，根据淘宝网披露的对外数据，在线商家数突破 260 万家，我们以平均每家店铺 30 个商品计算，淘宝网在架商品数量约 7800 万个。

业务的核心是产品，产品在业态内的数量级决定了业态的特征。线下现代零售的商品库依靠的是采购中心的专业人员对商品的人工识别能力，经验可复制性差、迭代慢、中间成本高。

线上数字化零售的商品库依靠的则是系统算法，通过对每个产品的载体——链接，进行打标签，从而通过大数据计算其曝光后的成交转化概率，实现千人千面展现并提高交易效率，可以说，线上数字化零售的商品选择是通过消费者用"脚"选择出来的。

两种业态的商品数量差异，演化了两种商品管理思路。在现代线下零售业中，品牌主可入驻的商品数量有限，需要保障所能入驻的商品尽可能是被运营成功的"苗子"。非爆款产品、长尾产品和"尚未发育"的新品，在线下零售采购的眼中都是充满"不确定性"的因子。

在这件事上做到极致的现代零售企业是美国的 Costco，这家零售企业的运营理念是"选择市场上最受欢迎的品牌商品"。在这样的运营理念下，北美 Costco 的平均商品陈列数量在 3500 个左右，即使到了 2018 年进入中国后，面对中国消费者广泛的商品选择消费特征，Costco 上海店的商品陈列数量也仅仅扩容到 4000 个左右，差不多是沃尔玛的三分之一。

在这种经营逻辑下，单一品牌只能拿出"王牌"产品交付市场和消费者，但是对于绝大多数品牌主而言，品牌长期的建设过程中，产品根据市场需求的迭代和品类赛道的扩容是"搏未来"的刚需。

数字化零售对于这种业务经营需求的满足展现了其维度上升后的巨大能量，在数字零售的世界里，理论上可以陈列的商品数量等于无穷。这对于品牌主来讲，好消息是可以不再局限于物理世界的束缚，这种束缚的解绑反映在时间和空间上。线上零售通过订单系统和物流系统，完成了 24 小时营业的可能性；同时产品可触达的消费者不受门店空间拓展局限，物流可达之处皆可卖，在此之上的则是近乎无限的商品陈列空间。但是凡事皆有两面，坏消息则是在这种资源供给下，品牌主如果对于数字化零售的货品经营思路不能理解其运转规律，则会在数字零售的世界中，对于商品经营雾里看花。

我们现在对前文谈到的业务经营的"火车头效应"进行破题，业务经营的核心在于商品，所以业务的"火车头效应"即是商品运营的"火车头效应"。在数字化零售的世界里，商品是无限的，店铺的数量级也远远超过线下，而线上线下不变的是消费者数量。如何让无限的"品"更有效率地覆盖有限的"人"，这是数字化零售赛道中商品运营的关键命题。

在数字零售世界中，商品的承载形式是商品链接，而链接之下，则是系统标签。标签的分类非常复杂，有行为标签，比如浏览、点击、收藏、加购、购买等；有人群标签，比如性别、年龄、职业、地区等；也有历史场域标签，比如直播场、群聊场、互动游戏场等。淘宝对链接的标签分配有上千种，并且标签的数量和内容在不断迭代，标签的交叉形成了数以万计种的可能性。

任何一个用户在进入数字零售世界后，用户的所有路径信息都会在标签中有记录，这种记录会强化与该用户类似的一群用户在对应标签上被曝光的概率。用最简单的模型来举例，张三，男，30 岁浏览过 A 和 B 商品，最终选择购买 A 商品。说明 A 商品对于男性，

30 岁人群的曝光后转化成交概率可能性大于 B 商品，那么未来 A 商品对于男性，30 岁人群的曝光能力就会高于 B 商品；同理，李四，女，18 岁，浏览 A 和 B 商品后，选择购买 B 商品，则 B 商品对于 18 岁女性人群的曝光能力就会高于 A 商品。未来一个 32 岁男性在搜索 A 和 B 商品的类目的时候，基于上述判定，A 商品就会有更高的曝光概率。这是一种计算后的千人千面逻辑，当然在实务操作中，标签的复杂度远远大于我们上述举例的简单模型，同时商品的供给丰富度也远远超过 A 和 B。

通过以上解读，我们知道，虽然数字化零售环境中的商品陈列空间近乎无限，但是商品被算法选择的曝光概率则天差地别。交易数量大的商品拥有广泛的标签，对于不同画像的人群都有曝光的优先概率，反之则曝光概率越小，在数字世界中不断被边缘化，直到消失。这是一种类似于"强者恒强"的逻辑，为了平衡这种逻辑的尴尬，数字零售世界衍生了其数字化的营销工具，品牌主可以借助丰富的营销工具组合对曝光能力进行运营，此处重点扣题本章节，对于该细节按下不表。

清楚了这层逻辑，那么品牌主该如何通过这种标签运营的特征来发展品牌及品牌所物化的商品库呢？那就是上文提出的"火车头效应"概念，即专注培育数字化零售世界中的"王者"级商品链接，利用其巨大的虹吸效应，给品牌库内相对"弱势"的链接补充曝光概率，进而推动产品库的壮大和品牌人群的扩容。

在实务中，这种方式被称为"打爆"或者"爆款思路"。品牌主在商品经营的策略上，需要有先后的思路，不能因为喜悦于无限的商品陈列空间而选择什么都要，而应该专注于自己品牌发展历史中被消费环境验证过的商品，先行对其链接和标签内容进行深度运营，集中资源提升该商品对应链接的交易数量，进而提升该链接的曝光概率。

当该链接具备"自转"能力时，再依次借势运营梯队产品。这个做法就像是火车启动的过程，希望每一节车厢都能够前进，是一个复杂和耗费能量的事情，简单高效的做法是先集中力量让火车头动起来，这样整个品牌的列车才能在数字零售的世界中快速开动。

作者在实务操作中，曾经在2018年对某品牌的线上商品库进行研究，通过标签和人群组合分析，寻找到了该品牌在数字零售赛道中更有发展潜力的商品，集中资源对其进行拉动。经过约2年的营销和投资，该商品在品牌线上零售的成交占比从最初的不足10%发展到接近40%，带来的效应是提升了整体品牌在数字零售赛道中高消费人群的占比，进而提升该类型标签的展现能力，最终帮助整个品牌在数字零售运营中的客户单价在两年间提升了接近50%，顺利承接住了整体品类消费升级的趋势，同时提高了品牌在消费者内心的调性。

"火车头"的经营并非一成不变，在实务经验中发现，"火车头"在数字零售世界中的更换相当频繁。这取决于整体市场和消费者对于不同品类的偏好转移，比如在美妆品类中，2017年的"火车头"是化妆水，2018年的"火车头"则换成了精华液，到了2020年，"火车头"换成了面部护理套装。这种变化的底层是消费者需求的变化和经济环境的变化，2019年中国人均GDP突破1万美元关口，按照化妆品市场的趋势，人均1万美元大关是化妆品市场蓬勃发展启动的信号。如同1980年日本突破该条数据线之后品类市场的蓬勃发展，中国恰恰从2019年11月开始，迎来了美妆整体品类的直播市场大爆发，一切现象的背后都是经济规律铁一般的支撑。

通过该章节的解读，我们知道在数字化零售的赛道中，时空出现了相比于传统线下零售更广阔的机会，而如果要更好地在广阔空间中步步为赢，需要在对市场有深刻解读的同时，了解数字化零售中的商品经营规律。利用"火车头效应"发展出品牌的领先优势，让一部分商品先卖起来，卖多起来，然后借此为星光，照亮暗处，于品牌发展破圈虹吸。

三　组织"DAO 化"

在上一篇章我们分析了数字零售世界中业务经营的载体，即商品的运行规律和发展逻辑，以此为门，我们需要继续探索数字零售不同于传统线下零售的深层次逻辑。时空的大规模扩容对商品陈列的影响和数字化零售衍生的数字化工具形成了其有别于传统线下零售的特征，即数据量级大和信息获取频次高。

在作者 15 年的零售实务经验中，对于该特征的体会相当深刻，传统线下零售在商品陈列的时空有限性在上文已有论述，此处对数字化工具的特征进行展开。传统线下零售，即使到了传统现代零售时代，零售数据获取的颗粒度在时间和空间上都有相当的局限性。其原因在于过度中心化的零售思路和存量思维让零售商对数据有着天然的保护心态。比如线下零售的消费数据更新周期颗粒度为周，而数字零售的消费数据更新颗粒度为日，部分字段的数据甚至达到实时；再比如线下零售对消费者的标签一般不超过 10 个，且消费者的研究更多依托线下调研和深度访谈，定性研究大于定量研究，而数字化零售对于消费者的研究标签过百，呈现出海量的定量研究。

这种数据和信息的供给能力差异，对零售组织的工作流程有着直接的影响，所谓事在人为，建立一支能够灵活管理数字化零售世界中海量数据和信息，并迅速据此调整经营策略的团队成为了数字零售赛道中商品经营逻辑之后的第二大逻辑，也是本章的主要内容。

传统现代零售组织管理所依托的组织管理思路源自于一百多年前的管理余韵，1911 年，美国管理学家泰勒创作了《科学管理原理》。在此书中，泰勒在工作和研究中认识到，强调分工和专业化对于提高生产效率是重要的，因此，他首先提出了管理者和被管理者的工作其实是不一样的。简单地说，管理者主要在计划，而被管理者主要在执行。其"科学分工"的理念，作为组织管理的一种理念，持续影响至今。

数字零售的组织管理并非要颠覆科学分工的管理哲学。事实上，随着数字零售团队管理实务的深入，作者愈加发现经典的营销理念和管理理念有着其强盛的生命力。更加智慧的方式则应该是基于过往坚实的理论基础，结合实际管理场景去做延展和创新。

通过对数字零售世界的差异化特征及对应组织的观察，作者对传统现代零售和数字零售的组织管理过程的特性进行如下两点归纳。

第一，从串联到并联，组织的高度扁平化。

传统现代零售的分工明确，其生产、规划、营销、销售、财务等部门相对独立和清晰。组织内的信息流以"串联"为主，一个决议的发生如同公交车，在每一个部门"停靠"，得到确认和理解后，进入下一站。

而在数字零售的协作模块中，分工相对弱化，虽然也有分工，但是不同模块互相之间的协作关系更为紧密，同时单一模块的运作需要更多"并联式"协作。

这种并联式协作的原因在于信息从发生到被处理的周期相比于传统线下零售大大缩短。在一个信息进入组织后，其往往需要若干模块同时响应，这种响应不仅伴随着不同模块对信息的解读和该模块的本地化反应，同时也包含着该子模块需要预判其对信息处理后的结果对相邻模块的涟漪效应。

举个例子，我们对某一个商品链接进行促销机制的调整，在调整信息到达团队之后，涉及图片素材更换、付费媒介调整、系统赠品代码绑定更换、消费者信息文案变化、库存监控变化、转化数字信息监控启动、客户服务文案调整及推送信息调整、自动化回复内容调整和上线检查等十几种动作的并发。在这种并发的工作协作关系中，组织的中心人员需要完成对调整信息的校对和审核，而组织的执行人员需要自主理解指令并协同完成指令在各自模块的发生、校验和上线调整。

这个过程往往发生在以分钟为单位的调整周期中，传统组织管理中的层层审核和"给意见"就会在这种环境中显得臃肿与低效率。所以在数字零售的组织管理当中，扁平化的组织结构可以支撑这种快速的并联式响应和操作，过程中没有绝对的管理者，单一模块的组织人员在发现实务问题的时候，均需要本着对整体组织动作交付的责任心向管理者"举手"。管理者的存在价值更多是基于其经验部分对需要进行并联操作的作业做把控，校验和信息的拉通传递，更像是"linker"而非"manager"。

第二，从专才到一专多能的人才特征。

科学管理在传统现代零售的人才应用上，由于科学分工的理念，人才的专业性有明确的要求，每个人把自己擅长的部分做到专业而有效率，整个组织的效率就会出现最优解。在上述第一点中，我们提到了数字零售过程中的分工并非不存在，而是相对弱化的观察，此处我们从组织特征向下延展到组织中的个体特征。

数字零售的组织个体相对于传统现代零售的个体要处理的数据量和信息量更大，其个体之间快速连接的方式并不是简单通过信息流传递的方式进行，而是通过对不同模块之间的理解进行。换句话说，数字零售的组织个体，需要一专多能，在本模块的交付专业性上能够承载组织需求之外，还需要对临近模块及相关模块的作业内容有理解，这种理解的颗粒度决定了组织的效率。

打个比方，传统线下零售组织更像是信息化程度较低的部队，需要参谋部进行统一调度和部署，不同部队得到上级命令后，前往指定集结地完成集结并根据作战计划在指定时间完成指定进攻动作，由于信息化程度低，难免出现盲人摸象的状态。而数字零售组织的信息化程度高，且不同部队理解不同部队的作业任务和特性，在作战大屏上解读信息后，可以做到自主运动和协同配合作战，参谋部的工作更多在于信息的解读、判断和认知拉通。

这种一专多能的人才在实务中的培养模式通过实操轮岗的方式完成。比如一个视觉控制人员，通过在不同岗位的实务工作，可以知道在不同媒介内的人群特性，而这种理解并不需要达到专业人群运维人员的深度。但是在这种特征理解的基础上，视觉调整的工作可以基于视觉控制人员本身对视觉把控的专业度以及对不同媒介人群特征的理解能力产出适配不同媒介的视觉素材，这个工作流并不需要不同媒介的作业人员和视觉控制人员进行强交互。

通过以上两个特征归纳，我们对数字零售的组织管理趋势进行描述，即"DAO 化"，DAO 是分布式自治组织英文的简称（Distributed Autonomous Organization）。这个概念最早由美国管理思想家和作家奥里·布莱福曼提出。在他的作品《海星和蜘蛛》中，他将蜘蛛比作中心化组织，把海星比作分布式组织，并分别对两者做出了详细解释。蜘蛛是中心化（细胞）组织，如果把它的头切掉后（整个组织）就无法生存。海星则是由彼此对等（无中心）的一堆细胞组成的，海星撕下的每只触手都可成长为完整的海星。而海星和蜘蛛就分别代表着现实世界中去中心化和中心化的两种组织。

数字零售组织正在向着"DAO 化"发展，其本身蕴含的大数据量和高频信息量使得经营决策无法完全集中和依赖在头部"大脑"，因为这些信息的处理大大超过了人类大脑的承载量。这种环境下的组织需要自治式组织，组织高度扁平，组织内个体对不同模块作业有一定理解，保障在并联作业模式下的协作效率。

而在整个组织运转的背后，是数字零售衍生的数字化工具，即BI 产品（Business Intelligence）的发展。事实上 BI 产品在数字化零售蓬勃发展之前，是英雄无用武之地的状态，因为数据量和信息量的规模不大，使得人的大脑的处理效率显现得更为强势，直到数字零售携带着"大数据"和"大信息"而来，BI 的应用才有了真正的市场环境。

当然，在数字化零售组织"DAO 化"的过程中，作者在实务中也发现了新的协作关系中，组织对个体在数据和信息处理的高要求与现实中组织人员工作能力供给不足的矛盾。这种有 BI 却无法在思维上 BI 化的状态是数字零售组织关系进化的过渡，个体在数字化零售中的经营思维变化我们会在本文第三章节中展开。

本节通过对数字化零售组织与传统线下零售组织的差异性研究，提出了组织"DAO 化"的变迁趋势。事实上作者在数字零售实务中的观察发现，数字零售组织中的最大能量损耗恰恰在于行业的资源和决策者依然依赖中心化组织的思维模式在做经营决策，这本身和数字零售的经营特征有摩擦。我们在下一章节会就数字零售的经营思维做论述，这种思维是双向的，自上而下对"DAO 化"的理解和自下而上基于"DAO 化"的个体能力发育，才能解放数字化生产力，从而应对海量信息和数据，完成经营目标。

四　经营思维"生物学化"

我们知道数字化零售经营是一个与数字化零售平台复杂生态环境的交互，线上可追踪的数据量远远大于线下，即所谓"大数据"。我们在线下把消费者叫"客户"（Client），在线上却叫作"流量"（Traffic/UV），这并非是不尊重消费者的举动，而是因为我们无法对每一个线上消费者做精准的服务。有过数字化零售运营经验的人会知道，我们在数字零售世界中通过数字营销工具进行投放，我们用的是"圈人"这个词，这个词代表了"一类人"，而不是"一个人"；同样的，我们上了一款新页面，好不好，我们只能去看素材的点击率（CTR），点击率其实是这个素材被一群人喜欢的概率表达。所以说，线上对用户的服务是一种"群"的、"概率"的行为方式，这与线下服务非常不一样。

比如线下一个主城区的购物中心，平均每天4万左右的客流，而购物中心一般都有5层左右，每层20家左右的商铺，整个商场合计约100个商铺，这道数学题非常好解答，每个商铺不考虑地理位置，平均每天可以获得400个消费者的光顾。传统现代零售对于有限的客流，其经营上的策略在于提升单个用户的支付金额，即客户单位价值。实现的方式是通过精细化的服务来取悦消费者，进而不断增加一个消费者在本店内的消费金额。

而在数字化零售世界，以天猫店铺为例，一家日销10万元左右的店铺，基本上至少需要5000—10000的流量才有机会支撑销售产出，更不用谈那些线上日均流量以"十万"为单位的大型店铺。也就是说，从数字角度来看，线上客流大概是线下客流的10—1000倍，所以线上无法使用线下的"精耕细作"思路来对待每一个消费者，这是线上线下底层逻辑的根本区别。

接下来，我们把视角放大一下，来观察这成千上万的"流量"们。为了做数据分析，阿里的数据产品"生意参谋"，很好地将这些流量做了安排，他们被安排了"出身"，也就是数字零售世界中的流量归类，比如"手淘搜索""购物车"等；同时也被安排了"贡献"，比如分渠道流量的转化率和买家数。而这些流量还可以被切回到每一个商品，你可以通过"品类"商品360来观察你的每一个商品的流量组成和转化率。别急，这才刚开始，据不完全统计，生意参谋中可以被观察的数据维度超过400个，且这些数据没有唯一"归因"，存在复杂的重叠现象。

在这个世界上，一堆东西放在那里，即使很多很乱，那只是叫"庞杂"。但是一堆东西到了一定数量，他们之间还互相影响，发生"级联效应"（编程代码和代码之间发生的互相影响的一种说法），这个叫"复杂"。一旦达到这样的复杂，那就是一个无法控制的，甚至是无法理解的系统。[①]

庞杂是我们人类最近 200 年来发展的物理学世界的主题词，是机械时代的产物，在这个世界里，无论多么机巧的设备，发明人是这个设备的唯一真神。但是在大数据时代，真神消失了，所谓"去中心化"，不是一种"崇高理念"，其实是人类面对"复杂时代"的必然妥协。今天的代码工程师，他们一辈子都要和代码的 bug 打交道，永远不可能彻底消除，不是因为他们愚蠢，而是因为这个系统太复杂，你永远无法想象当你解决一个问题后，衍生的问题会是什么，在哪里出现，什么时候出现。[②]

人类在近几十年制造的系统的复杂性出现了空前的提高，这种复杂性表现在系统之间多变的关联上，比如你无法找到一条方法论让你可以这样描述，"我在今天中午 12 点半上了 A 素材，配合了 B 机制，通过直通车（天猫数字投放媒介的一种），设置了 C 出价，打了 D 人群，这是一种最优解"。我们知道你的素材在同一时间，可能有几十种选择，而你的机制的组合并不简单，而推广计划约有 20 种以上的计划类型，你的出价基于历史经验和系统建议，人群即便是核心用户，也有至少 10 个以上的人群包。

我说到这里，你能感受到一点复杂性的味道了吗？这 5 件事如果用物理学思路去做逻辑归因，测试的情况种类是以"万"为单位的。而且这仅仅存在于一个封闭环境中，如果考虑到店铺的情况、货品之间的关系、品牌营销的节奏等，你会发现，你要做归因的难度，基本和分析 1996 年阿丽亚娜 5 型火箭在发射升空 39 秒后爆炸这

---

① ［美］Samuel Arbesman：《为什么需要生物学思维》，贾拥民译，四川人民出版社 2019年版。

② ［美］Samuel Arbesman：《为什么需要生物学思维》，贾拥民译，四川人民出版社 2019年版。

件事没有区别，而这件事发生的 10 年前，美国挑战者号航天飞机爆炸的原因，是物理大神费曼研究了一个月的结论，这几乎就是人类大脑极限叫嚣系统复杂性的绝唱。人类的认知能力和思维方式与系统的构建方式根本不一样，人类的大脑不具备同时应对数万个组件或条件，且这些组件互相相关并大量交互的能力。

在接下来的描述中，我需要动用一个生物学概念来解释，这个词叫作"冗余"，我认为，在解释大数据复杂系统这件事上，生物学是可以使用的，我相信，这也是数字零售之所以喜欢叫自己是"生态"，而不是"系统"的原因，生态是复杂性的体现，生态内会发生"蝴蝶效应"，生态内的事情是"概率化"的，而非个体因果一一对应的。

生物进化的必要条件是可繁衍，低级生物的繁衍法则就是遵从"冗余法则"，生物进化越高级，繁衍需求越不冗余，比如哺乳动物，一胎也就几个，人类正常则为一个。那么为什么要有冗余这个概念呢？因为低等生物的数量级太大，我们说一个人，但是却会说一群鱼。鱼的繁衍是通过"拼概率"实现的，一条鱼一次产卵上百万枚，存活率大于 1%，这个种群就可以存活。这就像数字零售世界的流量，你不用去理会你有没有服务好每个流量，当然你也没有办法理会，你只要知道，你维持住你的转化率在一定水平，你的店铺生意就可以交付，这就好了。而线下的生意，由于数量级的差异，对于消费者的服务，就会像高等哺乳动物的繁衍行为，优生优育，精耕细作，这就是我们感知的所谓线下生意的服务性是线上无法替代的这句话的原因。

我们要明确我们所处的系统环境，不是物理学环境，而是生物学环境，物理学的方法论是先搞清楚原理，再改正错误，正本清源。而生物学的方法呢？在各种环境突变中，只要你能生存下来，能穿过"进化的剪刀"，就是好样的，就已经适者生存了，至于是不是已经完全没有错误，生物学不关心，这不重要。

所以希望通过物理学的逻辑归因来解释并提出优化建议，作用在生物学环境的想法是难以实现的。在数字零售的经营上，你很难去证明每一个动作的具体有效性，但是你可以知道每一个动作在过往历史中的"存活概率"，然后选择是否使用。就如同在一片雨林中行走，忽降大雨，我们的策略中有一条指引，可以去不要是最高的那棵树下避雨，以免遭雷劈，那么解决的办法就是选择一棵就近符合条件的树，然后跑过去避雨。至于这棵树是不是最优解，不重要，重要的是，你不会成为那个在雨中计算哪棵树可以少淋雨 20% 的"雨中人"。

五 尾章

通过上面的论述，作者给出了基于实务观察中，传统现代线下零售和数字零售的差异性。这种差异性的底层是"大数据化"和"大信息化"所引发的，其影响从业务经营到组织管理，再到思维转换。

数字化零售在实务中的本质，作者归纳为"基于数据和信息反馈的动作校对"。这种动作校对的基础是数据和信息，这种动作校对的保障是新组织和组织内个体的"生物学化"思维。随着互联网技术的发展和数字化零售人才的培养，数字化零售世界中的关键要素会不断得到提升与突破，站在零售世界的调整大局中，零售人需要拥抱新变化，洞察新机遇，归纳新认知，同时抱持着"知行合一"的理念，将所思所得应用于实务操作，实干兴邦。

论直播电商内容创新的五大策略

李新祥　韩雨洁[*]

摘　要： 随着移动互联网的普及和直播行业的蓬勃发展，直播电商已逐渐被人们广泛接受，成为各行各业争先布局的主流营销方式。根据直播电商行业的现状，针对直播电商行业在直播内容方面遇到的问题，文章提出产品情感化、功能场景化、服务可视化、企业媒体化、品牌人格化五大直播电商的内容创新策略。

关键词： 直播电商；直播内容；场景化；品牌人格化

直播电商是一种以网络平台为依托，由一个或多个主播向观众传递产品信息从而促进电商销售的新模式，电子商务是基础，直播是工具，电子商务借助直播获得客户流量，从而达到增加销售量的目的。[①] 据中国互联网络信息中心（CNNIC）发布的《第50次中国互联网络发展状况统计报告》，截至2022年6月，我国网民规模为10.51亿，互联网普及率达74.4%。其中，网络直播用户规模达7.16

---

　　* 李新祥，管理学博士，管理科学与工程博士后，浙江传媒学院教授、硕士生导师、互联网直播与网红研究中心主任、网络与新媒体专业负责人；韩雨洁，浙江传媒学院新闻与传播硕士研究生。

　　① 张艳荣、闫晓彤：《论"电商＋直播"营销新模式》，《经济学管理学研究》2021年第4期。

亿，较2021年12月增长1290万，占网民整体的68.1%；[①] 可以看到，"直播＋电商"这种全新的营销方式正在不断重塑着人们的消费习惯，再造着人们的生活方式。但是，直播电商在吸引海量用户、贡献巨大交易额的同时，也面临着直播内容质量低下、创新乏力等问题，甚至有很多直播类目已经遭遇销售瓶颈。因此，本研究提出以下五大内容创新策略，以期为直播电商的内容创新提出一些具有可行性的建议。

策略1：产品情感化

产品情感化，简单来说就是指在呈现产品基本外形、功能的基础上，着重为用户提供情感体验，以引发用户购买欲望的一种直播策略。从产品本身入手，赋予产品更生动的外表、更丰富的内涵，这样不仅有利于瞬间吸引用户，更有利于在较长期的观看和体验中打动用户，促进产品与用户的良好互动。

产品情感化可分为狭义和广义两种，狭义的产品情感化是指能够给用户带来积极、乐观、喜悦等正面情感的直播思路，而广义的产品情感化则是指能够引发用户所有一切情感，包括悲伤、怜悯、焦虑等情感的直播思路。引发不同情感的直播思路之间没有高下之分，判断直播思路是否成功的依据还是它是否增加了用户对产品的好感，是否提升了电商直播的销量。

一　视觉层面：精心排布色彩、图案、文字，激活用户情感

美国著名心理学家特瑞赤拉（Treiche）曾经表示，83%的人是通过视觉获得信息的，11%是通过听觉获得的，3.5%是通过嗅觉获

---

① 中国互联网络信息中心（CNNIC），第50次《中国互联网络发展状况统计报告》发布，http://www.gov.cn/xinwen/2022-09/01/content_5707695.htm，2022-09-01.

得的，1.5%是通过触觉获得的，1%是通过味觉获得的。[①] 在当今的直播电商行业，最主要的营销方式也仍然是通过画面和声音来吸引用户的眼球、耳朵以及注意力。由此，想要让产品触动更多用户，从而切实提高直播销量的话，在视觉层面下功夫是一条必由之路。

首先，在色彩上，应该使用匹配直播平台类型的色彩，以增强用户购买意愿。暨南大学的实验证明，交易型平台（以交易购买为主的直播平台，例如亚马逊、淘宝）使用色彩丰富的互动元素设置时，相较于单一的互动元素色彩，消费者购买意愿更高；相反，内容型平台（以社交和内容为主的直播平台，例如抖音、快手）使用色彩单一的互动元素时，相较于丰富的互动元素色彩，消费者购买意愿更高。[②]

因此，在设计直播时，为尽量让直播间互动元素的色彩丰富度和直播平台类型相匹配，亚马逊、淘宝等交易型平台应更多地使用多样化色彩界面，而抖音、快手等内容型平台则应更多地使用单一化颜色界面，从而增强用户的购买意愿。

其次，在图像上，应该使用突出产品特色的鲜明图案，以吸引用户注意力。作为视觉中最重要的元素之一，图像有着很强的传播力，能够快速给受众带来视觉冲击。对于需要在极短时间内吸引用户注意力的直播电商来说，这种图像所发出的视觉冲击也是必不可少的。因此，不论是对直播间的设计还是对产品包装的设计，都应该注重图像的使用和搭配，利用直观形象的图像将产品内容和情感传达给用户。

这方面可以借鉴的是知名酱料品牌"老干妈"的直播思路。"老干妈"的直播间可大致划分为前后两部分，前方的桌子上是摆放

---

① 高定国、肖晓云：《认知心理学》，华东师范大学出版社2004年版，第120—121页。
② 曹安琳：《不同直播平台类型互动元素色彩的平面效果对购买意愿的影响》，硕士学位论文，暨南大学，2021年。

整齐的老干妈产品和主播展示产品时出镜的手，后方背景则是创始人陶华碧的高清动态讲话图像。当用户进入直播间，瞬间映入眼帘的就是后方陶华碧的讲话图像，绝大多数没有仔细观察的用户会以为这是陶华碧本人在亲自直播。与普遍是年轻脸庞眉飞色舞的一众直播间相比，创始人亲自上播是很独特的。这样的图像运用不仅能够给用户提供全新的直播内容体验感，也能够唤醒用户的情感认知，能够给用户留下一个真实可信的印象。

最后，在文字上，应该配合色彩、图像，以直观引导用户购买。一般来说，人主掌感性的右脑在图像、色彩等方面更为敏锐，而主掌理性的左脑则擅长处理文字、数字、分析等工作，左脑与右脑、理性与感性相辅相成。产品情感化不仅应注重色彩、图像的设计，也应该注重运用文字配合色彩与图像，以更快速便捷地向用户传递信息。在直播带货的行业逻辑之下，应尽量增大直播间文字的信息密度，用有限的文字向用户呈现足够的信息量，从而配合色彩与图像，理性感性双管齐下，高效引导用户下单。

"肯德基"的几个直播间都把文字运用得十分合理，主播身后虚拟背景上的文字统一是醒目的"活动名称（文字）+优惠价格（数字）"，配合诱人的美食图像和饱满的大红色调，大大降低了用户处理冗余信息、寻找有效信息的难度，激发了用户的购买欲望，缩短了用户从进入直播间到点击下单的路径。

二 听觉层面：以音调、音色、响度为直播重点，唤醒用户情感

当前各大平台的直播重点都是视觉表现力，即通过靓丽的主播、鲜艳的色调、大胆的图案等极具视觉冲击力的画面来吸引用户的注意力。视觉层面的直播内容花样百出、不断翻新，但这些同一层面的"创新"是否真正有新意还有待考察。想要进行颠覆性的直播内容创新，并在直播电商行业打下一片新天地，不妨从声音层面入手。

声音是人们听觉的影响者，而听觉作为"视听味嗅触"五感之中的第二大感觉，也对人们的知觉乃至行为产生着重要影响。主播李佳琦就因为感染力极强的声音"OMG，买它买它"被誉为"魔鬼主播"，一度拥有超强带货能力。主播薇娅的助播琦儿在前几次尝试直播时，也因"过于尖锐的音色"为部分用户所不喜。可见，在直播带货的情境中，声音对用户的购买行为能产生一定影响。

具体来说，在主播层面，可以把主播个人的音调、音色甚至响度，而非外表形象作为直播重点，力求唤醒用户的情感，触动用户的知觉，影响用户的行为。注重启用声音辨识度高的主播，运用主播的声音识别度唤醒用户的情感。例如针对部分女性用户，启用以"低音炮""烟嗓"为特色的主播；针对部分男性用户，启用"小嗲音""萝莉音"为特色的主播等。

在产品层面，可以将直播重点从展示产品外形转移到展示产品声音上去。目前抖音平台吉他、鼓、二胡等乐器的大部分直播，仍然在重点展示乐器本身的外形。如果能从音调、音色、响度入手进行直播内容创新，根据乐器本身的特点和本店产品的特有功能，请主播进行一场尽显产品优势的展示性音乐直播，用声音引发用户情绪，引起用户共鸣，那么带货量一定会再上一层楼。

在直播间层面，可以根据直播产品和直播内容设置直播间专属音乐或产品专属音乐，营造专属情感氛围。例如明星赵雅芝的带货直播间，会经常播放赵雅芝所主演经典电视剧"新白娘子传奇"中的音乐，目的就是唤醒用户对本主播间的怀旧情绪，促进用户的情感消费。

此外，开拓"音频直播＋带货"的电商模式也是一种内容创新的思路。在头部音频内容app"喜马拉雅FM"的直播间内，就有相关产品的购买链接，用户点击即可直接下单购买。在如今车联网的大环境下，音频直播也可以通过汽车系统内置音频应用和销售音频硬件产品的方式拓展商业市场①。

三 内涵层面：输出知识、故事、剧情，为用户提供情感价值

视觉层面和听觉层面的产品情感化一般指狭义的产品情感化，即能够给用户带来积极、乐观、喜悦等正面情感的直播思路。而在更深一层的内涵层面，则能够覆盖广义上的产品情感化，即所有能引发用户一切情感，包括悲伤、怜悯、焦虑等情感的直播思路。

随着大量新企业、新产品的入局，直播电商行业发展初期的流量红利开始枯竭，争夺流量成为每一位从业者都要面对的急迫任务。如果跳出狭义的产品情感化创新，从更广义的产品情感化视角来思考，那么，通过知识、故事、剧情的输出，为用户创造更具价值的内容，提供更深层的情感体验，似乎是一条不那么拥挤的"蹊径"。

在一众声嘶力竭的"叫卖式"直播中，泛知识类直播带货就是一种具有天然竞争优势的模式。以 2022 年现象级的"东方甄选"直播为例，"牛排的'原切'怎么说？Original Cutting""什么是独立？听世界的意见，保留自己的判断""美好得就如山泉，就如明月，就如穿过峡谷的风，就如仲夏夜的梦"……"东方甄选"令人耳目一新的直播内容能够迅速吸引用户的注意力，甚至引发用户更深层的情感，例如惊奇、焦虑、满足、怜悯、感激等。正如南京大学媒介经济与管理研究所所长丁和根所言，"'知识＋直播'将商业行为与文化结合在了一起，使卖货具备了一定的文化内涵和色彩，激发了用户消费心理中的多种影响因素，比如知识获取、审美欣赏、情感满足、怀旧心理等。"② 这样深层次的情感激发让许多人愿意观看直

---

① 童云、李雨琪、启锐：《网络音频直播的特征与商业模式》，《现代视听》2019 年第 11 期。

② 方紫薇：《泛知识类直播模式能否长红》，《中国城市报》2022 年第 8 期。

播、购买产品，给"6·18"期间的"东方甄选"直播间带来了突破3亿的累计观看人数和连续4天的超5000万日均销售额。①

其他直播间也可以参考这一思路，精心策划直播内容和剧本，根据商品卖点、用户需求规划内容和流程，甚至将直播间的布置、音乐的起落等要素都包含在内容策划当中，真诚地为用户奉上产品情感化的"盛宴"。

具体来说，泛知识类直播应根据产品自有内涵，追溯产品发展历史，做足产品相关功课，在每款产品的规定时长内给到最贴合且最适量的知识，同时充分展现产品价值，用主播丰厚的底蕴和产品丰富的内涵激发用户的情绪。对故事类来说，应梳理好每一种产品背后的故事，围绕产品的特色进行创新。例如，想要讲述一款产品背后的故事，平铺直叙显然会落入直白无趣的窠臼，可以在直播伊始设置故事悬念；在直播中的几个时间节点分别给出重要信息；在直播后期，也即勾起用户购买意愿的关键时刻，再抛出故事的结局或剧情的高潮，给予用户优质的情感体验，以增加用户对产品的好感，激起用户的购买欲望。对剧情类直播来说，重点则是结合用户喜欢的元素精心设置直播剧情和流程，让直播成为用户喜爱的"原生直播"。护肤品牌"佰草集"2021年10月的"佰草集延禧宫正传直播"是一个很好的案例，在这个直播间里，主播和助手们穿上精致的宫廷服饰，扮演"娘娘""皇后""嬷嬷"等角色，通过主角、配角的台词互动来介绍产品，把直播带货融入剧情中，增强直播的趣味性和感染力。

策略2：功能场景化

"场景"一词最初是影视术语，"表达在一定时间空间内发生的

---

① 蝉妈妈：《618 抖音带货榜丨东方甄选破3亿成最大黑马，老罗改名后依然领先!》，https://mp.weixin.qq.com/s/HdcQVhobKPAi6jCUlc0kuA，2022-06-19.

行动，或者因人物关系构成的具体画面。"① "场景"被引入传播学后，媒介环境学派的代表人物梅洛维茨在戈夫曼拟剧理论的基础上将其概念扩展为"情境"，这种"情境"不仅指"空间"，也包括人们心理、意识上的环境氛围。这种无形的环境氛围由对人产生影响的媒介信息所营造，因此可以将整个媒介信息系统理解为场景。我国学者彭兰认为，构成场景的基本要素应该包括空间与环境、用户实时状态、用户生活惯性、社交氛围，"场景"与"用户"相连，实质是实现更精准的信息传播。②

在如今的移动互联时代，用户分散性的阅读和消费习惯已经养成，注意力更难被集中，那么，利用场景化实现更精准的信息传播正是值得直播电商行业探索的创新路径之一。

需要场景化什么呢？具体来说，直播带货可以理解为一种直播电商从业者通过直播技术将所销售产品及其功能进行展示、呈现，以带动产品销量的新商业模式。而场景化有利于塑造真实的情境，增强产品及其功能的可信度，助力产品及其功能的传递。因此，直播电商可以从产品功能的场景化入手进行内容创新，完善用户的观看体验感，增强产品对用户的吸引力。以下是功能场景化策略的三个细分方向。③

一 展演式场景：多样化展示产品功能，为直播内容增添新意

"展演式"是当前直播电商行业的主流场景化策略，即主播在专门搭建的直播间里进行自我社交表演，一个一个对产品进行介绍，通过吆喝和叫卖来打动用户、促成交易。这种方式在直播电商行业发展初期尚且行得通，在赛道拥挤、竞争压力加大的今天，已经面临销售瓶颈。想要寻求突破的话，还应该更加注重对产品功能的场景化展示。

① 梁旭艳：《场景传播：移动互联网时代的传播新变革》，《出版发行研究》2015 年第 7 期。
② 彭兰：《场景：移动时代媒体的新要素》，《新闻记者》2015 年第 3 期。
③ 张志远：《探析场景视角下的网络直播带货模式》，《西部广播电视》2021 年第 22 期。

这种场景化展示既要优质，又要多样。优质可以理解为精准、高效地向用户呈现产品功能，最好要经过丰富的训练和实践，能够在有限时间内保证展示商品功能、提升用户消费欲望；多样则可以理解为不断增添直播间的新奇性、趣味性，例如李佳琦在带货零食时就常让多个工作人员入镜试吃并表达试吃感受；薇娅直播间的特色也是与嘉宾玩趣味游戏。[①]

更重要的是，还应该拥抱新技术。可以利用 AR/VR、抠像特技等将不同场景的视频或图像嵌入直播间，经常切换不同产品功能的作用场景，弥补固定直播间单一背景的不足，从而让用户全方位地感受产品功能，为用户营造一种高质量的内容体验。

二 临场式场景：真实还原功能场景，刺激用户感官认知

功能场景化的第二个方向是"临场式场景策略"，简单来说就是还原产品使用的真实场景，突出直播的临场感和沉浸体验，提升用户对产品功能的感官认知和信任度，从而提升信息传播效果和购买转化率。

洗护品牌"当妮"的临场式直播就是一个很好的创新案例。这场香薰产品的直播以火锅店为主要场景，启用网红主播在充斥着异味的火锅店直播，把香薰产品和看似毫不相关甚至互斥的火锅结合起来，成功把持久留香的产品功能推广出去，在用户心中建立起产品认知。另外，"YAYA 鸭鸭登山服饰"的雪山场景直播也值得借鉴，主播在真实的雪山上，戴着护目镜、手套、帽子，介绍身上羽绒服的功能，入目皆是真实的皑皑白雪。这场非常具有说服力的实景直播带货，不仅让该直播间在 8 月 30 日一天内获得了 81.9 万的累计观看人次和 35.5 万元的总销售额，[②] 也让品牌凭着"雪山直播卖

---

① 王逸楠：《短视频平台算法逻辑下带货主播的展演实践研究》，硕士学位论文，暨南大学，2021 年。

② 飞瓜数据：《3000 粉新号打造出 126 万人围观爆款？"鸭鸭"是怎么出圈的？｜飞瓜专访》，https://mp.weixin.qq.com/s/UOrX-wx8O42rITPO9w6OiQ，2021 – 09 – 08.

羽绒服"的话题冲上了抖音热搜榜,实现了产品的"破圈"营销。

三 陪伴式场景:创新性打造直播陪伴性,实现差异化营销

有学者通过研究证明,很多用户将观看电商直播看作一种放松休闲的渠道,也就是说,电商直播在某种程度上就是对用户的一种在线陪伴。[①] 2020 年疫情期间"雷神山""火神山"慢直播的爆火也足以证明,用户在心理上需要直播的陪伴。而陪伴式场景就是要强化直播内容的陪伴性,满足用户的心理需要,实现直播电商的差异化营销。具体来说,主播可以在直播中讲述自己的真实生活与工作,与用户交流互动,让用户感受到在这个直播场域中的参与感和存在感。

在这方面,潮流服饰品牌"匡威"的官方直播间做得比较好,一方面,它可以做到每天有规律地长时间直播,用户基本上可以随时进入直播间汲取陪伴感;另一方面,匡威的主播也在有意识地营造直播间亲切的氛围,引导用户形成对直播场景的依赖感。例如当用户评论"主播的妆容、发型每天都好好看"时,主播及时回应:"谢谢你的喜欢,可以点点关注每天都来看我的新妆发哦。"这样每天都在直播间发生的互动,不仅为用户带来愉悦、满足的积极情感,拉近了与用户之间的距离,还突出了匡威直播间的独特性,有利于实现产品的关系营销。

策略 3:服务可视化

基于网络平台的直播营销,其根本逻辑是流量经济。[②] 随着直播电商行业市场竞争的加剧,竞争的焦点也已经从产品竞争、价格竞

---

① 姚曦、张梅贞:《电商直播服务场景社会线索与消费者场景依恋研究——认同感和商业友谊的中介作用》,《湖北大学学报》(哲学社会科学版)2021 年第 2 期。

② 任晓敏:《产品销售、知识服务与价值共创:出版业直播营销模式探析》,《编辑之友》2021 年第 8 期。

争转向服务竞争。只有提供用户认可的服务，才能让直播抢到流量，让品牌和企业在激烈的竞争中胜出。因此，直播电商在制定直播策略时也可以适当增加对产品所附带服务的展示，有意识地将服务可视化，增强所售产品的竞争力。结合当前直播电商行业的现状，根据服务过程与销售过程，可以将服务可视化策略归纳为以下三部分。

一 售前服务：展示产品实用易用性，增强用户购买欲

在产品销售出去之前，即为用户分享产品信息、实时答疑解惑的售前阶段，重点就是在用户心中建立起良好的产品印象，为用户后续的购买行为打好基础。想要做到这一点，既需要全方位展示产品本身，让用户充分了解产品，又需要详细解释产品本身的用途、产品如何使用、使用过程中要注意什么等重点问题。这要求主播对产品、品牌、服务流程都有深入的理解，也要求主播有足够的卖货技巧和语言表达能力。这一阶段既不能过度宣传，也不能草率敷衍。

这里有一个反面案例供吸取教训。在某酒水类直播间的产品介绍环节，主播说出了"第二天也没有很强的宿醉感""易醉不上头"这样的语句。试想，"没有""很强"的宿醉感、"易醉"但又"不上头"，到底醉了还是没醉、上头还是不上头呢？用户停留在直播间的时间是非常短暂的，主播的每一句话、每一个动作都有可能影响用户的去留。在售前与用户的初步接触阶段，主播矛盾的两句话很可能会消耗用户本就有限的耐心，给用户留下负面印象，以至于成为降低销量的一个因子。应该利用好每一句话、每一个镜头，抓住每一秒尽量消除用户的疑虑，用妥帖的直播解说增强用户的购买欲望。

此外，售前服务的网络基础设施也很重要。网络是直播带货的媒介，直播过程中需要与用户多多交流互动，这对网络稳定性的要求较高。如果网络质量不佳，经常卡顿、掉帧，那么与用户互动的

流畅度就会大大下降，这显然会影响用户的观看体验感。应该完善、升级直播的配套基础设施，让其成为内容呈现的助力，以更好地达成服务可视化目标。

二 售中服务：宣传退换服务便捷性，提升用户下单率

直播电商背景下，用户在做购买决策时，除了关心产品本身外，其实还关心很多相关问题，这些问题都影响着用户的购买行为。

有研究已经证实，直播电商退换服务会对消费者冲动性购买行为产生正向影响。一方面，"直播平台往往提供更便捷的退换服务，且退换成本极低，与普通网络购物平台相比显得更加珍贵，降低了消费者的购买顾虑"。另一方面，"直播电商的高互动性、可视性特征会极大增强消费者对于退换保障的信任感，其中很重要的原因在于直播互动使消费者投入更多的情感，其高度的可视性和情感体验会增强消费者的认同感。"[①]

因此，在运用服务可视化策略时，应该在售中环节突出展示商品退换的便捷性。具体来说，可以通过屏幕示范操作或仓库实景直播的方式，呈现真实的服务内容，提升用户对退换服务的信任感，从而提升用户的下单率。

三 售后服务：公开售后服务全流程，巩固用户信任感

对用户来说，直播电商产品是"看得见、摸不着"的，因此，产品质量和售后服务都是用户顾虑的关键点。绝大多数直播都在重点展示产品质量，而对售后服务则少有涉及，因此，可以将售后服务的公开呈现作为直播电商内容创新的突破口之一。

---

① 吴国英、闫建钢：《"趋利"还是"避害"？——直播电商退换服务对消费者行为的影响研究》，《现代财经》（天津财经大学学报）2021 年第 12 期。

以空调、电脑、洗碗机等需要专人安装的产品为例，当前各平台的直播还大多停留在主播坐在直播间讲解的阶段，带货成绩很难有大的起色。如果要创新，可以考虑定期直播上门安装的真实场景，把精湛的安装手法、规范化的操作流程、严格的疫情防护以及妥帖周到的服务向用户实时呈现。每场直播还可以剪辑成短视频发布在内容平台，提升账号的活跃度和丰富度，配合直播帮助商家"破圈"营销。

除此之外，还可以直播产品的售后保修服务。对手机、平板电脑、耳机等电子产品来说，商家是否提供保修服务以及是否真的履行保修承诺都是用户很关心的问题。可以把线下维修店作为直播场景，定期直播对线上售出产品的维修过程。更进一步，甚至可以提前策划，把从接收用户维修需要，到高效维修换件，再到完璧发回的整个流程合理整合，作为直播内容来展示，以此为直播增添新奇感和吸引力，同时巩固用户对产品、商家和品牌的信任感。

策略4：企业媒体化策略

企业媒体化，指的是目前在产业与传媒格局之下，企业与媒体边界模糊乃至互相交融的趋势，即企业自身越来越像一个媒体。2005年，前金融时报记者、美国珪谷观察网站博主汤姆·福斯基就提出"每家公司都是一个媒体公司"。[①] 伴随着移动互联网的高速发展，传播格局和传播生态被深刻改变，电视、报纸、广告牌等传统第三方中介的营销效果大不如前，新第三方中介也存在高成本、高同质性、弱可控性等缺点，那么，企业从自身入手，创新营销模式以实现高水平营销已经成为激烈市场竞争下的不二选择。

于企业而言，直播电商既是一个帮助企业营销的新第三方中介，也是一条助力企业营销的媒体化路径。如果将其看作第三方中介，实

---

① 李伟豪：《企业媒体化趋势初探》，硕士学位论文，湖南大学，2016年。

质上还是他人代直播，存在上述种种缺陷；如果将其看作媒体化路径，那么很大程度上，这就是一种顺应时代趋势的营销模式创新。从这一层面入手，还可以区别于一般的直播，抢先进行直播内容创新。以下是企业利用直播电商实现企业媒体化，创新直播内容的三点具体策略。

一 搭建专业化直播矩阵，根据企业特点策划内容

第一点也是最基础的一点，就是在企业内部搭建起专业化的直播队伍，以立体化传播矩阵致力于直播内容输出。在这方面做得好的是"中国邮政"。在抖音平台，每天都有几十个头像为中国邮政绿色图标的账号正在直播，它们的昵称一般由"中国邮政"加"地区名"组成，这些地区小到县城、大到首都，范围铺设得十分广泛。这些账号的直播目的大多是帮助企业和当地卖货，直播内容围绕所在邮政分公司的具体情况展开。比如，济南邮政、中邮直播间主要售卖邮票和文创产品，北京邮政主要售卖美妆护肤品，新乡邮政、贵州邮政选品主要是农产品和农副产品。这样立体全面的直播矩阵和科学合理的内容安排，已经让好几个直播间的销售额达到了千万级。

二 提升全员直播意识，通过绩效激励助力直播创新

搭建起基础直播矩阵后，还要注意员工直播意识的提升。在直播电商蓬勃发展的今天，很多企业主都认识到应该入局直播电商，认识到要通过自主直播推动企业的业务拓展和产品销售。但是，仅仅企业主或领导有直播意识显然是不够的，当全体员工的直播意识跟上时，才能达到企业直播的最佳效果。目前很多企业主都苦恼于如何激发员工的直播意识，平时员工忙于本职工作，额外的直播任务对他们来说更多的是一种负担，因此，员工们大多不会自动自发地投入直播中，也很难在内容创新上下足功夫，这就造成员工直播的机械和低效。那么，怎么样才能真正提升员工的直播意识，助力企业的直播营销呢？

具体来说，一方面，需要聘请专业的直播培训导师和团队，系统化、专业化传授直播知识、开展实战模拟，从而培养企业的直播人才，让直播意识入脑入心。另一方面，还应优化员工的评价、激励制度。可以建立起电商直播人才的评价系统，以直播时长、互动量、销售额等数据作为量化标准，对员工进行排名，同时设置一定数额的积分奖品，对员工的直播意识进行有效激励。

三 更新企业经营机制，学习借鉴 MCN 机构运营策略

第三点也是企业媒体化最深入的一步——从顶层设计入手，更新企业的经营机制。这里的经营机制主要指的就是成立 MCN 机构，"中国邮政"仍然是可以参考的案例。2022 年 1 月，"中国邮政 MCN 运营中心"正式成立，组建起覆盖全国的中国邮政主播矩阵。目前，中国邮政 MCN 运营中心旗下拥有 100 多名主播，半年内累计直播场次近两千场，覆盖抖音、快手、微信视频号、淘宝、微信小程序等各个直播平台，形成"主播孵化—优质内容生产—流量运营—商业变现"的独立闭环。企业可以借鉴这种思路，以企业的免费培训和免费场地、设施支撑员工的直播内容生产，让企业与员工之间的关系从简单雇佣变为个人与平台的合作，这样就更能够可持续地发掘员工创新能力，长久助力企业的直播营销。

策略 5：品牌人格化

美国营销专家菲利普·科特勒曾把人们的消费行为大体分为三个阶段：第一是量的消费阶段，第二是质的消费阶段，第三是感情的消费阶段。① 在物质极大丰富、资源极大充裕的当下，用户购买商

---

① 陈香、姜范圭：《感性消费的情感诉求和产品设计的战略》，《艺术与设计：理论》2009年第 1 期。

品时看重的已不只是商品质量的好坏以及价格的高低，他们越来越追求一种心理上的认同和感情上的满足。

品牌人格化简单地理解就是把品牌拟人化、拟物化、情感化，以实现与消费者进行包括品牌拥有的价值观、格调以及情怀等一切能彰显品牌差异化元素在内的有效交流。[①] 品牌人格化可以拉近品牌与用户之间的心理距离，让用户在情感上认同品牌，从而促进品牌的营销。直播电商的内容创新也可以考虑从品牌人格化的角度切入，从用户的情感、心理上突出重围，更加注重用户的情感需求，突出具有人格化特征的品牌价值。

目前学界对品牌人格化的理解主要有两种，第一种是印象型线索、交互型线索二维度论[②]，第二种是内在层面、外在层面、社会层面三维度论。[③] 以下将以更被学者们广泛接受的内在层面、外在层面、社会层面三维度论作为研究基础，提出能够服务于直播电商的品牌人格化策略。

一 内在维度：发掘品牌基因，找准个性精准设计直播内容

品牌人格化的内在维度主要包含品牌的历史基因、文化内涵以及内在个性等。有学者认为，当个体偏好购买与品牌个性特征相近，或该品牌传递、树立的个性特征满足了消费者特定期望时便会刺激消费者进行购买。[④] 想要利用品牌人格化推动直播内容创新，首先就要从品牌的基因中找准品牌个性，并基于这种个性，为用户精准地

---

① 李志军：《品牌人格化》，《中国服饰》2018 年第 11 期。

② Pankaj Aggarwal, Ann L. McGill, When brands seem human, do humans act like brands? automatic behavioral priming effects of brand anthropomorphism, *Journal of Consumer Research*, 2012, 39 (2): 307 – 323.

③ Henrik Hagtvedt, Vanessa M. Patrick, The perception and evaluation of visual art, *Empirical Studies of the Arts*, 2008, 26 (2): 197 – 218.

④ 孙畅菲、沈雷、李雪：《新媒体环境下的服装品牌人格化营销策略》，《毛纺科技》2021 年第 11 期。

设计直播内容。

抖音平台上"太平鸟""回力""妖精的尾巴"等国货服饰品牌，都已经通过找准国风、潮流、时尚的品牌基因，打造创意化的直播场景和个性化的产品介绍，赢得了不俗的直播战绩。尤其是"太平鸟"品牌的直播，凭借优质的自播内容、针对性的选品组货、人设鲜明的主播团队以及超长的直播时间，几乎每个月都名列抖音服饰类品牌自播带货榜的第一名。

另一个值得借鉴的对象是 30 天内抖音店播 GMV 达 1.2 亿的国货美妆品牌"花西子"。[①] 花西子以"东方彩妆，以花养妆"为品牌定位和理念，以有韵味的中国风为品牌基因。根据这种品牌定位和品牌基因，花西子专注于产品直播话术、直播间风格的个性化。花西子的主播有着专业的直播营销能力，对皮肤类型、产品成分、使用场景等问题的解答信手拈来；花西子直播间的风格与品牌特色一致，直播背景是青青蓝蓝的品牌主色，直播镜头集中展示美妆产品细节，力求让直播间的内容个性化、精准化。

二 外在维度：培养符合品牌定位的主播，不断巩固品牌人格

品牌人格化的外在维度主要指品牌给人的拟人印象，可以包括品牌在公众面前表现出的品牌外在行为特质和品牌的代言人。在直播短视频时代，不只电视里的名人明星可以被称为品牌代言人，网络主播也已经成为品牌代言人的全新表现形式。很多研究已经证明，不仅品牌代言人有利于品牌人格化[②]，其和品牌之间的一致性还会增加消费者对品牌的正面态度（Kamins，1990）。因此，对于品牌直播

---

① 众引传播：《30 天抖音店播 GMV 达 1.2 亿：花西子凭什么?》，https://mp.weixin.qq.com/s/tNwWunZ4A9jG-Y1BlGRkhA，2022-02-24.

② 彭博、晁钢令：《品牌代言人对品牌的作用及选择研究》，《现代管理科学》2011 年第12 期。

来说，所选主播和品牌之间的一致性非常重要。

品牌挑选主播一般有两种方式。第一种是与外界大 V、达人合作，这种方式的直播间为主播所有；第二种是自主孵化主播，这种方式大多是在品牌自有直播间直播。外界主播往往有更强的自我意识，通过第一种方式挑选出的主播较难与品牌独特的人格高度匹配，因此难以保证其在品牌人格化方面会持续产生正向作用。而自主培养主播就避免了这个问题，一方面，品牌自主培养出的主播大多与品牌的契合度极高，另一方面，拥有专业的自有主播团队后，品牌还能够自上而下把控直播内容，进行系统化的直播内容创新。上文提到的太平鸟团队就基于自身品牌定位，打造出"PB女团"主播团队，根据每位主播的体型、气质搭配不同风格的服饰产品，给予用户丰富多样的产品选择。这种内容创新既推动了太平鸟品牌巩固其人格化形象，也为太平鸟直播间快速积累了大量粉丝。

三　社会维度：塑造品牌社会形象，注重直播互动交流

在社会维度上，品牌人格化主要包含这一品牌在社会上扮演的角色以及品牌与用户的互动沟通方式。

从品牌社会角色的角度来说，在直播时，品牌应该注重塑造一个有社会责任的品牌形象，并借此为直播的内容创新赋能。2021年7月，"鸿星尔克"品牌因捐款事件爆红网络，鸿星尔克主播以及董事长在直播间恳请用户理性消费，与用户真诚互动，打造出"野性消费""缝纫机踩到冒烟""不合适我去修脚"等热梗，这种新颖的直播内容不仅延续了鸿星尔克的品牌热度，还成功在全社会树立起饱含社会责任和家国情怀的品牌形象。

从与用户互动的角度来说，网络直播中能够"运用多形式的人格化表达、丰富的人格化输出，最终达到一种共景共时共地的人格

化共情，完成人格化传播效果的最大化"①，因此品牌应该利用好直播的即时性和互动性，通过与用户之间个性化的沟通增强直播内容的吸引力，助力直播效果的强化。在这方面，虚拟带货主播是一个新方向。2022年2月，阿里巴巴推出虚拟人冬冬作为"冬奥宣推官"，为冬奥周边产品带货。除了像传统带货虚拟人一样介绍商品外，冬冬的互动性更强，她可以用有感情且自然的声音回答问题，还可做出竖大拇指、比心和哭泣等各种动作。在冬奥会后期，冬冬直播间的观看人数基本可以达到14万②，有效帮助冬奥周边品牌与用户深度交流，也大大增强了直播内容的创新性。

如今，全民直播时代到来，直播电商这一新兴行业深刻影响着整个商业环境和商业生态。在经过短暂的飞速发展后，直播电商行业的流量红利衰减，用户也已经不像最初那样狂热；同时，直播电商的内容同质化严重、创新性不足。直播电商行业出现了增速减缓的趋势。针对这种现状，直播电商行业及其从业者可以从产品情感化、功能场景化、服务可视化、企业媒体化、品牌人格化五个层面进行内容创新，以突破当前的瓶颈，实现更长久可持续的发展。新媒体的变化日新月异，直播电商的内容创新要求也会随之改变，因此有关直播电商内容创新的策略研究仍有更新空间，期待学者们继续深入探讨。

---

① 赵行知：《直播时代的"人格通货"——符号修辞视域下网络直播的人格化传播》，《中国主持传播研究》2021年第1期。
② 花脸数字：《14万人涌入直播间，冬奥会虚拟主播"冬冬"，为直播带货指明新方向》，https：//mp. weixin. qq. com/s/QE1iETeWPhOEYIzXFuQx4w，2022 – 02 – 19.

案例

景宁畲族自治县持续推进电商直播式"共富工坊"建设

叶扬成*

摘　要： 推进电商直播式"共富工坊"建设是发挥电商特殊优势，探索山区和民族地区高质量发展新路子的重要举措，景宁位于浙闽两省交界处，是华东地区唯一的少数民族自治县，是全省山区26县之一。随着电商直播式"共富工坊"的持续推进，高效、精准的助农直播活动在景宁畲乡遍地开花，逐步形成形态"精而美"、功能"聚而合"、机制"新而活"的鲜明特点，为建设共同富裕示范区、谱写"两个先行"山区实践新篇章提供了"景宁样本"。

关键词： 共同富裕；"共富工坊"；景宁畲乡；助农直播

直播电商作为网络零售的新模式、新业态，在助农兴农、扩大就业、助力品牌发展、提升消费新增长点等方面发挥了重要作用，已成为促进农民就近就地就业的新动力。近年来，国家出台的数商兴农政策已超过30个，加之农产品、幼教木玩等产品与网络直播的契合，可充分发挥其绿色天然、情节叙事等相关优势，直播带货发

---

* 叶扬成，企业管理硕士，景宁畲族自治县经济商务科技局商贸科工作人员。

展迅猛。2022年，省委组织部、省商务厅相继下发《"组织工作助跑共富行动"实施方案》《关于全面推广党建引领"共富工坊"建设的指导意见》《浙江省商务厅关于开展2022年度省级直播电商基地创建工作的通知》等文件，景宁畲族自治县结合实际认真贯彻落实有关文件精神，全力推进电商直播式"共富工坊"建设。

一 景宁电商直播式"共富工坊"探索情况

电子商务是山区和民族地区实现跨越式高质量发展的重要引擎和工作抓手之一，景宁县在电商直播式"共富工坊"建设过程中，坚持以"电商兴业促富 山区赶超发展"为主题，始终立足畲乡特色、山区特点、后发特征，借力多方电商资源，打好"民族+生态"牌，逐步推动"共富工坊"直播电商的渐进式发展，努力打造全国民族地区共同富裕的"景宁样板"。

一是强党建引领，植根放心消费基因。成功探索出"党建+商圈""党建+农贸市场""党建+景区"等运行模式。如景宁邮政分公司党支部依托邮乐购平台，走进田间地头开展公益直播，将农户和企业的优质农产品推向城市，助力农特产品销售打开市场。截至目前，先后开展惠明茶、冷水雪菜、畲乡小黄姜、地瓜面、稻鱼米、葛山黄桃等助农直播38场次，累计销售农产品2.8万单近350万元，为群众增收加"邮"造势。在直播活动中，通过对本地产业进行产品销售环节的梳理，不断优化产品品质和售后服务，在实际生产销售中积累经验，实现稳步前进的销售生态环境。将放心消费的绿色内涵与畲族民族特色有机融合，厚植放心消费民族文化底蕴，打造景宁独有的放心消费形象规范和价值体系。"直播电商+"文旅、农产品、食品、宠物食品、服饰、手工艺品等县内主要实体产业的营销模式，正逐步成为引领县域经济高质量发展的主引擎，党建引领下的"直播电商+"模式正以前所未有的发展态势阔步向前。

二是强人才培养，扩大受众群体。景宁电商公共服务中心结合电商下乡需求，依托丽水学院、景宁县腾翼电子商务培训中心、景宁县职业高中、景宁惠商职业技能培训中心等，大力培养电商直播、互联网营销师等多个数字经济新业态工种的技能人才。浙江国贸数字科技有限公司积极对接跨境电商、社交电商等优质电商资源，开展各类电商培训，帮助新农主播提升他们对于商品的理解力和直播带货表现力。据不完全统计，自 2022 年 1 月以来，景宁已累计开展电商专项培训活动 9 场，培训人数 300 余人，开展资源对接活动 3 次，促成人力资源或产业合作 3 次，通过链接省市直播培训资源、洽谈对接活动、采风活动等方式，相继培育"畲里云集""济公先生""牛妈""彩云吃茶去"等一批有代表性的畲族青年主播，持续为乡村振兴、全域旅游贡献青春力量。

三是强品牌培育，深挖产品内涵。按照"一乡一品、一村一业"的布局，实施惠明茶产业提质增效、食用菌转型升级、高山菜篮子培育、"畲五味"培育、"高山水干果"振兴、高山生态畜牧业培育和稻鱼共生扩面提质 7 个"行动计划"，不断丰富农产品体系。倡导"一个龙头企业打造一个品牌、一个行业包装一个品牌"的品牌共建共享模式，树立"景宁 600"品牌形象，提高产品声誉。当前，已开发出"景宁 600"系列农产品 7 大类 100 余款，打造知名子品牌 24 个，景宁"药肥双控"行动强力推进，新增"三品一标"产品 66 个，成为全省首批农产品质量安全追溯体系示范县、农产品质量安全放心县、食品安全示范县。

四是强平台资源，做优"红绿文章"。以"青春圈粉"计划为抓手，深入实施"四季网红"项目，开展"景宁 600"农产品、探访原产地、寻访非遗传承人等农文旅系列直播活动 50 余场次，推送短视频 300 条。通过"景宁 600"生态精品营销联盟直播平台、"抖音"直播平台等，鼓励优秀农创客以网络主播身份宣传当地农特产品，同时发展现场教学模式，带动更多农民参与，助力畲乡农产品销售。持续打造"快递 +"民族地区分区域协作新模式。通过多方合作，联手直播带货等，推出"邮善邮乐"网上慈善超市、"两山邮局"等平台，叠加"快递进村"相关服务和业务功能，打通网上慈善义卖、农产品上行等功能。据不完全统计，已为 5000 多畲汉农户零成本销售农产品 4 万多份 30 万余斤，有效拉动销量，为农民增收，实现了互利共赢。

五是强公共服务，为电商发展搭桥助力。一是提升优化县电商公共服务中心服务水平。建立了网络公共服务平台，内容涵盖店铺装修、美工设计、运营技巧和问题咨询、信息传送等功能；建立了电商实践实习平台，为初学者、残疾人等提供免费实践；举办了"双百行动"走进景宁等活动，精准对接紧缺电商服务资源。二是升级改造农村电商村级服务站点。全面提升农村电商服务站点为益农服务站，叠加农村信息入户工作，实现行政村全覆盖，解决从业人员 200 多人，累计发生业务 11 万余人次、涉及金额 1.5 亿多元，为群众节省资金 430 多万元，并较好地推动了农产品销售、农民消费和农村创业。

六是强成果转化，赋能乡村电商直播特色产业。景宁畲族自治县综合考虑产业分布、区域平衡、方便培训等因素，深入挖掘乡土富民产业致富潜力，积极打造黄桃、茭白、幼教木玩等产业 24 个"强技共富学堂"，累计培训学员 3300 余人次，为实现电商直播式"共富工坊"激活"技能引擎"。据不完全统计，2022 年 1—12 月，景宁直播带动当地农特产品网络销售额达 2 亿元，实现低收入农户人均可支配收入 3670 元，比上年增长 37%；吸纳就业 3000 余人。在众多农村经济产业中，农村电商直播已成为景宁县农业增效、农民增收和农村繁荣的新亮点。

但是，从电商直播式"共富工坊"建设质量来看，景宁县与其他市县还存在较大差距。主要体现在：一是直播间数量不足，普及农村直播电商应用程度有待深化；二是直播间质量参差不齐，深度发挥畲播优势的能力有待提升；三是直播间差异化程度不高，农民主体融合畲族特色能力不强，深层次创新能力建设有待破题。因此，景宁推进电商直播式"共富工坊"建设要强化问题导向，固根基、扬优势、补短板、强弱项，持续推进景宁电子商务高质量发展。

二 景宁电商直播式"共富工坊"建设工作计划

（一）景宁电商直播式"共富工坊"建设总体思路

坚持以习近平新时代中国特色社会主义思想为指导，全面落实习近平总书记对浙江、对丽水、特别是对景宁的重要指示批示精神，坚定以"景宁奋斗"践行"丽水之干"，加快建设山区和民族地区共同富裕先行示范区。景宁电商直播式"共富工坊"建设突出党建引领，打好数字下乡、电商进村、特产出山"组合拳"，提供"学、用、产、供、销"五大功能支撑，向着"小而美""精而专"的方向稳步发展，探索形成了"1 + 5 + N"的电商直播式"共富工坊"发展矩阵，即高水平建设电商直播式"共富工坊"一个高地，聚焦内培外引、品质品牌、外联内通、集中集聚、强链补链五大专项行动，朝着人员培育、农产品上行、冷链物流和仓储建设、供应链优化、农村直播网点建设等方向积极发力，努力在新起点率先突破、先行先试，为电商直播式"共富工坊"建设提供有亮点、有特色、可复制、可推广的景宁方案。

（二）景宁电商直播式"共富工坊"建设工作举措

深挖区域特色，着眼于农村电商主体培育、农村直播电商应用、农村电商人才队伍建设等方面，围绕"两园两村"畲乡电商产业，持续为民族电商企业孵化提供低成本、便利化、全要素、开放式的创新创业服务，推动现有电商企业、村电商服务站转型，积极发展农村直播带货、抖音短视频等"数字农业"新业态，以新服务促进新消费，以新消费引领新供给，不断推动直播电商进农村、进社区，全面提升景宁各地区直播电商规模和实力，推动我县农村直播电商经济迈上新台阶。

1. 聚焦内培外引，筑牢人才之基

不断增强农村电子商务人才的职业素质培养和专业技能培训，稳住基础人才、留住核心人才是电商助农发展的重要保障。在内部培育方面，一是建立健全政府、高校、社会、企业多方联动的农村电商人才培养体系。立足"人才＋技能"，开展畲汉电商人才技能专题培训，研发具有畲乡元素的培训教材，采取"陪跑式"电子商务培训方式，打造景宁电商兴业促富"铁军"。二是托"之江创客"全球创新创业大赛等活动平台、农创客培育工程和村播学院建设，支持电商直播式"共富工坊"培育一批农村电商项目和创新创业"带头人""共富合伙人"。三是深入推进"四季网红"项目，组建青春农旅主播联盟，孵化短视频创业基地 20 个，建成创客直播间 50 个，助力农旅产业开拓线上市场。四是统筹推进实施直播经济三年行动计划。在外部招引方面，大力实施对直播电商人才团队的"双招双引"工作。系统开展绿谷精英·创新引领行动，实施畲雁归巢、畲乡英才、智库建设系列计划，重点对 MCN 直播机构、头部主播等进行招引，特别是在外的景宁籍直播团队、电商企业的招商引资。到 2023 年，争取依托"共富工坊"服务中心、"共富学堂"等常态化开展电商销售、"新农人"培训、"线上＋线下"等形式培育电商直播人才 500 人以上。

2. 聚焦品质品牌，打响畲播之名

聚力品牌培育，持续深化内涵挖掘，优化要素配置，做深海拔经济，持续打响"景宁 600"品牌，培育具有山区特征、生态特色、民族特味的新型现代生态电商产品品牌。一是坚定走高品质、全程控的高质量绿色发展之路，开展农产品品质评价及品牌策略研究，不断丰富"高山 + 有机"的品牌内涵。二是建立品牌共建共享机制。倡导"一个龙头企业打造一个品牌、一个行业包装一个品牌"的品牌共建共享模式，提高产品声誉。三是健全统一品牌推广体系。紧抓山海协作重大战略机遇，与温岭、上虞、海盐、宁海开展深度合作，形成"五县联盟"的山海协作新格局，积极融入长三角共享一体化发展，抢滩沿海地区生态农产品"高端消费市场"。

3. 聚焦外联内通，织密互联之网

健全县、乡、村三级寄递服务体系，补齐农村寄递物流基础设施短板弱项，推动城乡均衡发展，是满足农村生产生活和消费升级需求的必然要求。在平台建设方面，一是整合淘宝直播、抖音、快手、蘑菇街等直播电商平台的资源，结合农产品销售和农村青年创业，立足提升大学生、农村青年、返乡农民工、退伍军人、基层干部、低收入农户人群电商应用水平。二是创新发展农村电子商务，大力孵化培育本土电商平台，积极对接各类传统电商平台和新媒体平台。在基础设施方面，深入实施"互联网 +"农产品出村进城工程和快递业"两进一出"工程，推进"数商兴农"工程，加快电子商务进乡村。一是积极谋划农产品产地、集散地、销地批发市场，健全农产品现代流通服务体系。二是加快推进农产品仓储保鲜冷链物流设施建设，健全农产品物流骨干网络和生鲜冷链物流体系，发展重要农产品流通主渠道企业。三是加快农村快递物流基础设施建设，整合乡镇快递服务资源，支持快递、物流、电商等市场主体共建共享基础设施和配送渠道，降低农村末端寄递成本。四是培育快递服务现代农业项目，畅通农产品进城渠道，促进寄递服务与农村电商协同发展，稳固"快递进村"水平，逐步拓宽农村物流快递服务的广度和深度。到 2023 年，争取在国内外电商平台上新开生态工业品或畲族工艺品网店共 10 家以上，每年和省内外知名电商平台策划景宁专场线上线下营销节 1 场以上，打通景宁电商兴业促富"通道"。

4. 聚焦集中集聚，凝聚布局之力

作为推动乡村直播电商发展的重要保障，公共服务体系建设直接影响着电商下沉和农产品上行的"双向循环"流畅度和持续性，要更加注重公共服务的精准配置。一是加快数字化平台建设和流通网络改造升级，大力发展电子商务，形成网上交易、仓储物流、终端配送一体化经营，实现线上线下融合发展。二是持续开展浙江省电子商务公共服务"双百"行动，鼓励电商平台增加面向传统企业特别是中小微企业的普惠性数字化转型产品和服务供给。三是建立健全县乡村三级电商公共服务体系，支持县级公共服务中心建设升级，充分发挥"指挥中枢"功能，联动电商直播式"共富工坊"运营，统筹推进品牌、标准、品质控制、金融、物流、培训等服务供给。

5. 聚焦强链补链，发挥体系之势

在促进产业链质效提升。通过引进高层次研发人才、与国内外院校合作、企业员工自主创新等方式，充分利用各类创新研发人才资源；鼓励企业走"研发＋市场"之路，从市场消费特点和需求出发，适应当前产业互联网发展现实，面向消费者需求，研究消费心理，有针对性地研发市场需要的产品，探索个性化定制模式，开发适合不同市场和不同客户群体的创新产品；鼓励企业走"研发＋先进科技"之路，引入新技术、新工艺，发展高端精深加工产品；鼓励企业走"研发＋文化创意"之路，加强与文创艺术院校合作，鼓励充分挖掘畲族传统文化资源，融合幼教木玩共同发展。在产业链延伸方面。以电商直播式"共富工坊"和企业为纽带，农产品、手工艺品为依托，创意创新为发展动力，推动农民和生产企业根据自身所处产业链位置向上或者向下延伸产业链条，形成贯穿原料、加工、销售等环节的循环式、全链条生态圈层;加强与其他地区的合作,寻找农村电商产业链的合理定位;加强与义乌、宁波等地产业链协同,重点在关键技术引进、龙头企业配套等领域加强合作,形成由多条协同配合的产业链组成的生态圈层。

数字化内容营销助力品牌长短期价值提升

习　音*

摘　要：提到"内容营销"，品牌可能首先会想到的是内容平台的"短视频带货""直播带货"。作为一贯主张短期成交效果和长期品牌价值并重的淘系电商，我们看到内容营销之于品牌更深远的价值，并且希望以一套"可量化""可追踪"的数字化指标体系帮助品牌看到内容营销为品牌和电商带来的长短期价值。

关键词：淘宝天猫；内容营销；品牌价值；用户心智

为什么淘宝天猫这样的电商平台能引领内容营销方法？

作为以零售效率和规模著称的电商平台，淘系有何底气提出"内容营销"的指标体系和方法论呢？我想还是要回到我们作为品牌DTC数字化经营主阵地的定位本身，以往品牌通过丰富的货品供给与消费者产生互动链接，未来我们将帮助品牌通过"货品内容化"更早地在消费者决策旅程的前链路产生联结，内容营销本身不是目的而是手段，我们更注重"内容营销为品牌带来的确定性价值"，它包含了内容带来的短期商品成交和长期心智沉淀，因此淘系以品牌

---

* 习音，淘宝天猫商家品牌策略内容营销负责人。

的生意诉求为中心形成内容力指标体系和方法框架，目标是帮助商家在"内容化"趋势下制胜。

为了达成这一目标，淘系做了两件事：第一，提供一套统一指标帮品牌看到"内容营销的确定性价值"；第二，加强品牌"内容营销策略的精准性"，打破"内容规模""内容质量""投入成本"的不可能三角。

图1 传统营销的不可能三角

基于这样的初衷，淘宝天猫品牌商家策略团队于2023年5月推出了"START"内容力指标体系和方法框架，帮助品牌全面看清内容营销的价值贡献，用数字化方法全面支持品牌内容营销的价值转化和沉淀。

淘宝天猫内容力START指标如何帮助品牌统一内容营销的价值度量衡？

内容的本质在于沟通和传播，因此淘宝天猫内容力指标体系从内容触达的人群广度（声量）、内容本身的可看性和信息传递的有效性（质量），以及通过内容让人们产生了购买行为（效果）三个方面量化考察内容传播沟通的效率，同时以被内容有效沟通的消费者人数，作为统一衡量单位。

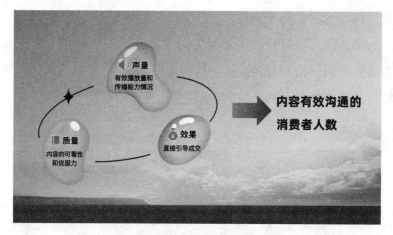

图 2　淘宝天猫商家内容力指标三维度与衡量单位

基于此，再考虑品牌商家在经营的三要素——"商品""店铺/私域""品牌"，形成一套完整衡量品牌整体内容营销量、质、效水平的 START 模型。品牌可以从定量定性两位视角看到内容为生意三要素带来的效益。

定量视角：

Seeding 种草力：指短视频对商品的种草效果，衡量的是店铺内所有带商品短视频对于商品种草效果的平均水平，它综合测算了平均每条带商品短视频的完播率和引导商品加购收藏的系数。

Transaction 带货力：指短视频直接带货成交的效果，衡量的是店铺内所有带商品短视频在播放后直接引导成交的平均水平，它测算了平均每条带商品短视频当日播放并直接引导成交的人数。

trAffic 引流力：指短视频引导到店铺和引导到商品详情页访问的能力，衡量的是短视频为店铺和商品的引流情况，它综合测算了短视频引导到店和引导到品的去重人数总数。

Reaching 触达力：指短视频有效触达人群的能力，衡量品牌通过短视频完成有效曝光的能力，它测算的是较长一段时间内所有品牌相关短视频被有效播放的人群去重总量。

inTeraction 沟通力：指短视频有效传递品牌内涵的能力，衡量品牌通过短视频这一载体完成与目标人群深度沟通、有效互动的情况，它测算的是较长一段时间内所有品牌相关短视频深度沟通到的人群总量（包括：深度播放、点赞、评价、转发）。

图 3 START 指标的定量描述

定性视角：

START 指标不仅帮助品牌看到内容带来的人群数量，也能帮助品牌看到内容带来的人群质量。举例而言，内容是否成功将商品卖点、品牌心智等"种草词"种在消费者心中，比如引发受内容影响人群的关键词搜索；被内容影响的人群是否在商品购买成交时愿意支付更高的溢价，提升品牌整体的溢价能力；被内容影响的人群是否有更多在店铺私域和账号私域的复访和互动；内容是否为品牌带来了更高的精准人群浓度，等等。这些视角更能够全面反映内容为品牌带来的长期价值。

有了 START 指标体系，品牌可以全面看清内容在短期营销和长期品牌资产沉淀上贡献的价值，电商团队可以重点关注和"商品"

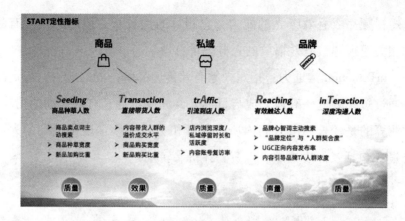

图 4　START 指标的定性描述

"店铺私域"相关的短期营销指标（S—种草、T—带货、A—引流），品牌市场团队可以重点关注和"品牌"相关的长期品牌资产沉淀指标（R—触达、T—互动）。

图 5　START 内容力指标体系的商业应用

品牌如何用好 START 来提升内容对品牌的价值贡献？

有了内容力指标作为标靶，品牌还需要一套瞄准器才能真正发挥内容对品牌的价值贡献。而通过灵活应用 START 这套标靶体系，也能助力品牌更好地完成数字化内容营销的"两件事"。

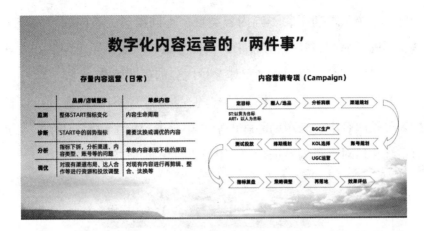

图6　品牌数字化内容营销的两件事

两件事指"已有内容资产的日常运营和管理"和"新营销活动的内容规划和生产"。

针对存量内容资产运营管理：

品牌可以利用 START 指标监测品牌整体存量内容素材的价值贡献，一方面横向和同行对比，看到自己的相对优劣，另一方面可以月度监测自身在 START 各方面的表现情况。

另外，START 的每个字母其实都是一个人群包，品牌可以进一

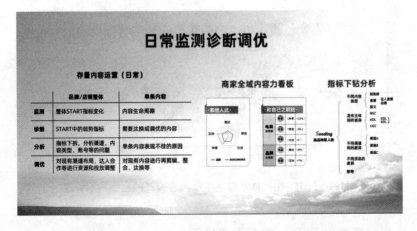

图7　利用 START 指标日常监测内容并及时调优

步拆解每个人群包下，不同内容类型、不同渠道、不同内容发布主体、不同货品/系列的内容带来的人群量级，从而诊断出问题和发现应该增投的部分，进而指导整体存量内容的运营策略。

此外，对于短视频、图文这样的存量内容，START 表现可以被打到单条内容上，来帮助品牌识别"单条内容的生命周期价值"，进而系统化地对存量内容进行"调优""再剪辑""汰换"等。

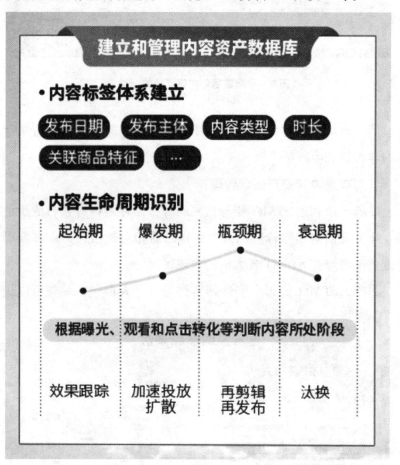

图 8　START 指标体系指导单条内容资产的生命周期管理

针对营销 Campaign 增量内容运营

START 本身作为内容指标可以充分与品牌的"货品 Campaign"

"人群 Campaign"目标进行结合，进而直接作为品牌特定营销活动的出发目标，指导品牌进行内容营销的整体策划、矩阵布局、制作采买和测试投放。

比如，品牌上新时，以新品爆发或市场份额提升为核心目标，这时可以将与商品关联的 S（种草）、T（带货）作为内容营销的核心目标，进而针对新品进行货人匹配，确定新品目标人群之后，再确定目标人群在该品类下的内容洞察，包括应当选取哪个核心利益点进行沟通、内容沟通的脚本、何种创作手法会得到该人群的青睐等，在往下形成整体的规划生态和发布策略。

图 9 以 START 为目标的专项营销策略布局

再比如，当品牌想要主打特定人群，比如年轻群体，则品牌可以选取 START 中的 A（引流）、R（触达）、T（互动）三个以确定人群为目标的内容力指标为项目目标，进而去做选品、组货，找到针对该特定人群最适合用内容化去沟通的货品组合，再来找到形成针对该人群的渠道内容范式洞察、达人矩阵等的布局。

基于 START 各指标人群的进一步运营：

商家还可以将 START 指标每个字母对应的人群包进行与"新老

客""策略人群""AIPL 人群"等的交叉分析，进而针对性地进行"千人千程、千程千策"的运营，不断拉近消费者和品牌之间的关系。

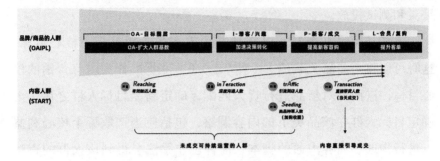

图 10　内容人群与品牌/商品 AIPL 人群关系图

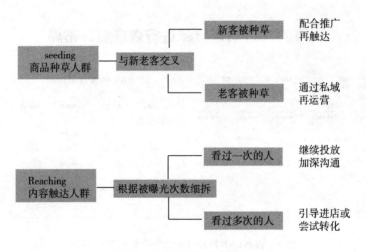

图 11　内容人群再运营举例

淘宝天猫如何支持生态做好对品牌的全域数字化内容营销策略交付?

淘宝天猫建立了这套数字化内容力指标体系和打法框架之后，通过开放数字化"生态实验室"的方式引入了多家拥有数字化内容营销解决方案能力的服务商入驻，这些服务商在数字化内容营销的各个环节都拥有各自的能力强项，有的服务商拥有"模块化内容制作"能力，有的服务商在"内容沟通点洞察"上拥有独特的分析模型，有的服务商擅长"达人精准匹配"，有的服务商专门致力于帮助品牌做"存量内容管理"，有的服务商拥有"内容排期规划"特色模型，等等。可谓"八仙过海，各显神通"。服务商的各项能力构筑了淘宝天猫数字化内容力的各个模块，并基于淘系的数字化加持围绕提升品牌的 START 表现为目标进行整体交付。

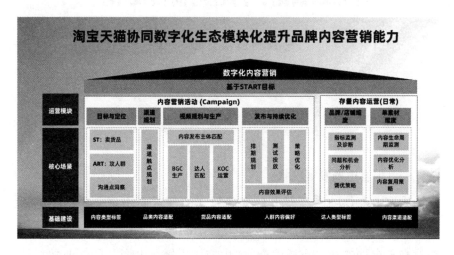

图 12 内容力场景和能力大图

写在最后：

最后，希望通过以上介绍让各位品牌朋友，一方面帮助品牌看到数字化为内容营销带来降本提效的加持，但更重要的还是希望品牌能够用好数字化内容营销拉近与消费者的距离，用内容营销为自己的品牌带来更多增益。好的内容营销一定是充分考虑受众所思、所虑、所需、所欲的，首先服务好消费者，并且能以可听、可看、可爱、可亲的方式将品牌的内涵传递给消费者。好的内容帮助了消费者，也就帮助了品牌自己。

艺恩数据：内容电商白皮书

艺恩数据解决方案中心[*]

一　内容电商发展现状

内容电商伴随内容型平台变现模式的探索而出现，现已经进入高速发展阶段，社交平台与电商平台不断融合，微博、微信、抖音等社交平台加速布局直播电商，"内容＋直播＋电商"的产业链持续优化完善，新锐品牌、国产品牌等借助内容电商多样化的内容运营和营销手段实现突围。

内容电商作为对传统电商的创新和发展，重塑了人与货之间的关系。它以消费者为中心，围绕消费者兴趣进行内容创作，引导消费者进行购买。一方面，利用内容激发消费者潜在的购买欲望，另一方面，利用销售转化机制实现内容和商品的转化，从而实现电商从"满足需求"到"创造需求"的进化。

内容电商的典型特征是借内容构建沉浸式消费场景，将兴趣流

　　[*]　艺恩数据解决方案中心。该中心隶属于艺恩数据，艺恩数据致力于通过大数据、AI 技术连接内容与消费者数据，以驱动客户业务增长。公司成立以来依托数据智能产品提供多场景解决方案，服务于内容及消费行业上千家客户，获得业界广泛认可；荣获"国家高新技术企业""中关村高新技术企业""中国大数据创新企业"及"中国大数据最佳行业实践案例"等称号，共持有独立研发的产品软件著作权与发明专利 30 多项。

内容电商的发展历程

内容电商自2012年起步以来,已经进入到高速发展阶段,社交平台与电商平台不断融合,"内容+直播+电商"的产业链持续优化完善。

2012—2015	2016—2018	2019—2020	20121至今
起步期 内容电商开始出现	**成长期** 内容电商变现模式加速	**爆发期** 内容电商爆发增长	**高速发期** 内容电商全面发展
微博、今日头条、知乎、小红书、微信公众号等平台上线,各大平台等开始探索变现模式,内容电商模式开始出现,社交互动+打造使用场景是当时内容电商最主要的运营方式 内容形式以图文种草为主	抖音、快手等短视频平台兴起,自媒体大V开始打造个人品牌,如何基于社交流量实现直播带货成为内容电商主要命题 内容形式以短视频种草推荐为主	疫情影响下,电商直播呈现出井喷之势,社交平台接入电商巨头,通过社交+电商的相互协同,推动内容电商变现的发展;明星艺人、自媒体KOL纷纷布局直播带货,内容电商爆发式增长 内容形式以直播带货为主	社交平台与电商融合程度不断加深,包括微博、微信、抖音等社交平台加速布局直播带货,打造"内容+直播+电商"完整产业链;自播带货成为品牌增长长效驱动力 内容形式呈现多形式融合并存,玩法升级

source:网络公开资料,艺恩分析整理

图1 内容电商发展历程

内容电商的定义

内容电商是指以消费者为中心,围绕IP、KOL、直播、热点事件等进行内容创造,利用销售转化机制实现内容和商品的转化,达到商品随内容的同步流通与转换的目标,从而提升电商营销效果的一种电商模式。

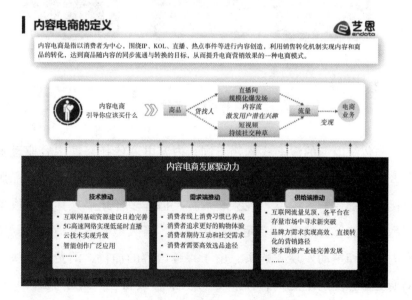

图2 内容电商定义与发展驱动力

和商品流进行融合。兴趣流方面凸显内容属性,品牌从消费者兴趣出发,围绕产品的功能卖点等,借助多样化内容形式构建沉浸式消

费场景，通过明星艺人、多圈层 KOL 等对潜在消费者进行触达；商品流则凸显电商属性，内容电商的商品展示方式与推荐方式有别于传统货架电商，其主要以消费者兴趣内容为核心，做基于内容的商品信息精准推荐，最终促成购买转化。

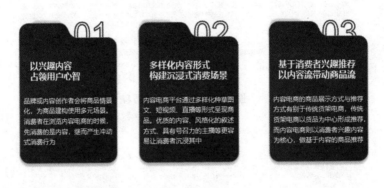

source: 网络公开资料，艺恩分析整理

图3　内容电商的特征

　　与传统电商的搜索式购物不同，内容电商依托兴趣内容驱动消费者发现式购物。在内容电商场域内，内容是消费者与商品和品牌链接的关键要素，种草短视频、带货直播等多样化形式让多维度的商品信息能够自然融入多元兴趣场景中，极大地激发了消费者对商品的兴趣和主动发现式购买，由于兴趣内容的加持，消费者的决策周期更短，复购率更高，品牌更易积累忠诚粉丝。对于品牌而言，通过内容建立和强化品牌形象与认知，在内容电商平台直接促成交易，已经成为品牌突围的重要方式。

　　兴趣内容型和传统货架型是内容电商的主要平台类型。抖音、快手、小红书等兴趣内容型平台更加重视消费者兴趣圈层与内容种草质量,通过商品属性为平台注入商业盈利来源,借电商化实现用户的兴趣变现。淘宝、京东等传统货架型平台则主要借视频、直播、图文等内容丰富商品展现形式,为平台贡献新的增长点,降低消费者决策成本。

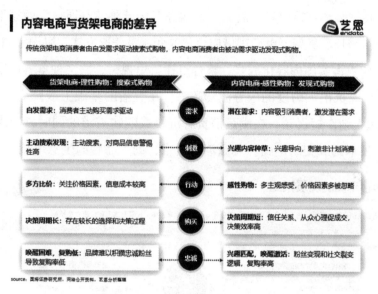

图 4　内容电商与货架电商的差异

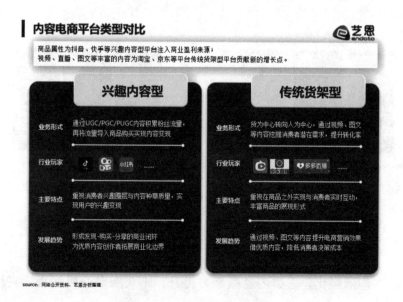

图 5　内容电商平台类型对比

内容平台电商化和电商平台内容化成为目前内容电商的主要发展模式。以抖音为例，2022 年抖音电商将兴趣电商全面升级为全域兴趣电商，一方面通过内容覆盖用户全场景、全链路购物需求，另一方面通过短视频和直播内容、商城、搜索等多场域跳转互通，为商家生意带来新增长。货架型电商则借内容化改变流量获取方式，以淘宝为例，2022 年点淘实施内容化战略，整合直播、短视频、图文种草等内容资源，同时推出大力度的内容激励政策，在直播的基础上鼓励商家/主播/达人创作短视频，在满足消费者沉浸式购物需求的同时，实现从内容种草到成交的链路，刺激消费增量，助力品牌的生意增长。

图 6　内容电商的发展模式

二　内容电商兴趣趋势

兴趣圈层化，垂类内容凝聚力提升，小众圈层商机涌现。兴趣圈层已成为吸引年轻消费者聚集的利器，人群向基于生活兴趣的美食圈、宠物圈与基于文化共鸣价值认同的如饭圈、国风圈等聚集，越小众的圈层凝聚力越强，同时人群也越少，品牌在对标圈层时可选范围极广。以宠物圈层为例，2022 年"它"经济持续爆火，抖音平台专注宠物食品、用品和智能设备等的品牌内容持续丰富，以金三柜、王泡芙等为代表的宠物 KOL 通过优质的视频内容创作，在满足爱宠人士兴趣的同时，助力品牌实现商业变现。

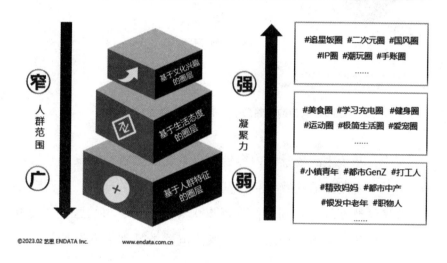

图 7　兴趣圈层趋势

此外，伴随圈层的兴起，消费者愿意为圈层 IP 买单。带有其所处圈层特性的品牌 IP、内容 IP 或明星 IP 等，更容易激发 TA 们对品牌的好感度和购买欲望，这种 IP 联名的方式也成为品牌渗透消费圈层、激发用户购买的有效手段。

兴趣种草玩法多样，品牌借多元或垂类内容种草消费者。从2022 年抖音账号分类情况看，生活类和颜值类内容仍旧占比最高，各类垂直分类占比较为平衡，品牌可借多元或垂类内容种草消费者。

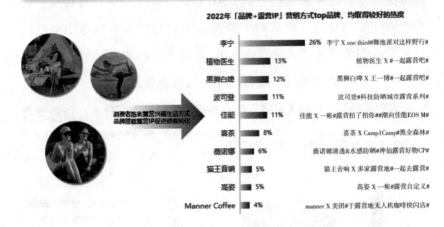

图8 兴趣购物趋势——消费者愿意为IP买单

其中，基于生活场景的内容创作更真实、更容易激发用户代入感，更易引发用户的购物欲望，基于1月份同比数据看，露营野餐类内容场景热度较去年同期提升近2000%，李宁、植物医生、佳能等户外、服装、美妆、食品饮料、家用电器类品牌借露营场景植入收获高声量。

以国产品牌鸭鸭为例，2022年"双11"期间，品牌重点投放生活类、颜值类达人，种草视频主要凸显时尚颜值与生活场景穿搭，通过塑造沉浸式的购物场景实现种草引流的目的。

"她"经济仍旧是内容电商平台的生意贡献主力军。抖音美妆相关视频量2月份环比增长741%，品牌主要通过植入颜值场景，借KOL护肤心得分享强化品牌认知，芦荟、视黄醇成为种草内容最多的三大功效成分。

以国产美妆珀莱雅为例，2022年"双11"期间，主打单品双抗精

兴趣种草趋势｜品牌借多元或垂类内容种草消费者

内容电商的商家和达人们以鲜活的创意、生动的场景打造出丰富多彩的商品内容,激发用户为兴趣消费;生活类和颜值类内容仍旧占比最高,各类垂直分类占比较为平衡,品牌可借多元或垂类内容种草消费者。

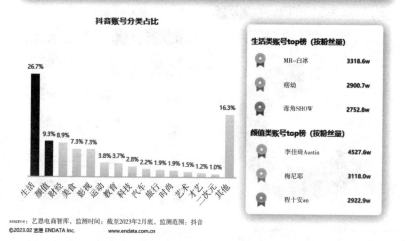

source: 艺恩电商智库,监测时间:截至2023年2月底,监测范围:抖音
©2023.02 艺恩 ENDATA Inc.   www.endata.com.cn

图9　兴趣种草趋势——品牌借多元或垂类内容进行种草

兴趣种草趋势｜生活场景植入助力货品热度增长

基于生活场景的内容创作更真实、更容易激发用户代入感,在特定生活场景和剧情下出现的品牌和商品,推广发生得更为自然,更容易引发消费者关注和好感。

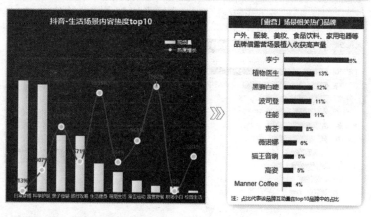

source: 艺恩电商智库,监测时间:2023年1月vs2022年1月,监测范围:抖音
©2023.02 艺恩 ENDATA Inc.   www.endata.com.cn

图10　兴趣种草趋势——生活场景植入助力货品热度增长

兴趣种草趋势 | 品牌借多种生活场景种草内容实现引流

2022年"双11"期间，国产羽绒服鸭鸭重点投放生活类、颜值类达人，种草视频主要凸显时尚颜值与生活场景穿搭，内容视频实现种草引流。

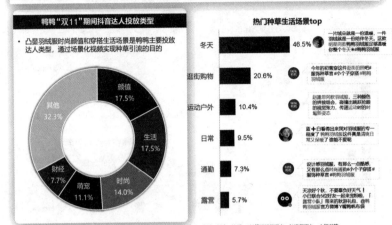

鸭鸭"双11"期间抖音达人投放类型

- 凸显羽绒服时尚颜值和穿搭生活场景是鸭鸭主要投放达人类型，通过场景化视频实现种草引流的目的

其他 32.3%
颜值 17.5%
生活 17.5%
时尚 14.0%
萌宠 11.1%
财经 7.7%

热门种草生活场景top

- 冬天 46.5%
- 逛街购物 20.6%
- 运动户外 10.4%
- 日常 9.5%
- 通勤 7.3%
- 露营 5.7%

source: 艺恩电商智库，艺恩营销智库，监测时间: 2022年10月-2022年11月，监测范围: 微博、抖音、快手、B站等短视频平台、长视频平台、小红书等
©2023.02 艺恩 ENDATA Inc.   www.endata.com.cn

图11 兴趣种草趋势——品牌鸭鸭案例

兴趣种草趋势 | 颜值场景借护肤心得分享强化美妆品牌认知

抖音美妆相关视频频量环比增长741%，TA们依靠专业护肤知识和美妆经验心得，为消费者种草或"排雷"，氨基酸、芦荟、视黄醇成为种草内容最多的三大功效成分。

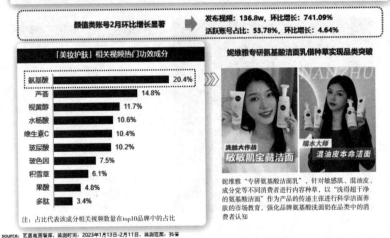

颜值类账号2月环比增长显著

发布视频: 136.8w，环比增长: 741.09%
活跃账号占比: 53.78%，环比增长: 4.64%

「美妆护肤」相关视频热门功效成分

- 氨基酸 20.4%
- 芦荟 14.8%
- 视黄醇 11.7%
- 水杨酸 10.6%
- 维生素C 10.4%
- 玻尿酸 10.2%
- 玻色因 7.5%
- 积雪草 6.1%
- 果酸 4.8%
- 多肽 3.4%

注: 占比代表该成分相关视频数量在top10品牌中的占比

妮维雅专研氨基酸洁面乳借种草实现品类突破

妮维雅"专研氨基酸洁面乳"，针对敏感肌、混油皮、成分党等不同消费者进行内容种草，以"洗得超干净的氨基酸洁面"作为产品的传递主张进行科学洁面养肤的市场教育，强化品牌氨基酸洗面奶在品类中的消费者认知

source: 艺恩电商智库，监测时间: 2023年1月13日-2月11日，监测范围: 抖音
©2023.02 艺恩 ENDATA Inc.   www.endata.com.cn

图12 兴趣种草趋势——颜值场景助力品牌"她"经济

华和红宝石面霜,通过多类型美妆 KOL 的投放,强化修护、补水保湿与抗氧化的功效认知,针对抗敏感、抗初老、抗皱等护肤需求的消费人群进行内容种草,助力其主打单品成为"双 11"期间爆款产品。

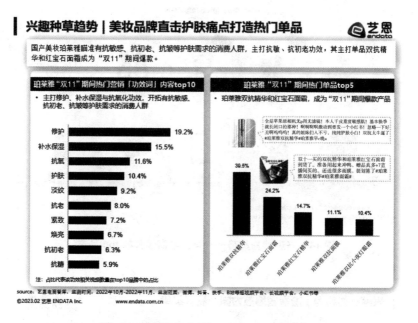

图 13 兴趣种草趋势——品牌珀莱雅案例

2022 年抖音销售平台服饰、美妆两大颜值经济品类位居前列,食品饮料、家居用品和母婴用品等紧随其后,受益于露营、飞盘等户外运动的爆火,运动户外跻身 top10 品类。

国潮与国内品牌影响力的逐步提升,促使消费者更愿意尝试国货品牌。2022 年"双 11"大促期间,美妆护肤、3C 数码与服装户外等国产品牌销售火爆,优质国货在内容中加速崛起。

以家电品牌海尔为例,其在"双 11"期间以"潮醒新世界"为主题,植入居家、厨房等场景,将产品特性与亲子场景、健康饮食、居家食谱等兴趣内容做链接,燃爆柔音破壁机新品声量,不断强化国产品牌在小家电领域食在有趣、食在健康等的形象与认知。

兴趣购物趋势｜服饰、美妆两大颜值经济品类位居前列 e艺恩

服饰内衣、美妆护肤、食品饮料等位居top3。

抖音电商销售额top10品类分布

top1 服饰内衣　top2 美妆　top3 食品饮料　top4 家居用品　top5 母婴用品

top6 运动户外　top7 鞋靴箱包　top8 3C数码　top9 珠宝首饰　top10 个护清洁

source: 艺恩电商智库，监测时间: 2022年1月-12月，监测范围: 抖音
©2023.02 艺恩 ENDATA Inc.　　www.endata.com.cn

图 14　兴趣购物趋势——抖音电商销售额 top 品类

兴趣购物趋势｜消费者愿意为国产品牌买单 e艺恩

2022年"双11"大促期间，美妆护肤、3C数码与服装户外等国产品牌销售火爆，优质国货在内容中加速崛起。

抖音平台"双11"期间品牌预估销售额排行榜

品牌排名	品牌名称	主营类目	预估销售额
1	ESTEE LAUDER/雅诗兰黛	美妆	9250w-9750w
2	PROYA/珀莱雅	美妆	7250w-7750w
3	YAYA/鸭鸭	服装户外	6500w-7000w
4	MOUTAI/茅台	食品饮料	6400w-6900w
5	WARRIOR/回力	服装户外	6250w-6750w
6	ADIDAS/阿迪达斯	服装户外	6050w-6550w
7	SNOOPY/史努比	母婴宠物	6000w-6250w
8	V/雅鹿	服装户外	5550w-5750w
9	HAIER/海尔	3C数码家电	5000w-5250w
10	可卡莉	美妆	4950w-5150w
11	WULIANGYE/五粮液	食品饮料	4900w-5100w
12	GREE/格力	智能家居	4600w-4850w
13	CHANDO/自然堂	美妆	4500w-4750w
14	OSM/欧诗漫	美妆	4475w-4725w
15	OLAY/玉兰油	美妆	4450w-4650w
16	ROMON/罗蒙	服装户外	4200w-4450w
17	TCL	3C数码家电	4175w-4400w
18	REDMI/红米	3C数码家电	4050w-4175w
19	HUAWEI/华为	3C数码家电	4050w-4125w
20	MIDEA/美的	3C数码家电	4000w-4025w

美妆品牌: 30%
国产品牌: 珀莱雅、可卡莉、自然堂、欧诗漫上榜

3C数码品牌: 25%
国产品牌: 海尔、TCL、红米、华为、美的全部为国产品牌

服装户外品牌: 25%
国产品牌: 鸭鸭、回力、雅鹿、罗蒙上榜, 鸭鸭、回力超越国际品牌Adidas

source: 艺恩电商智库，监测时间: 2022年11月07-2022年11月13日，监测范围: 抖音
©2023.02 艺恩 ENDATA Inc.　　www.endata.com.cn

图 15　兴趣购物趋势——国产品牌在内容电商加速崛起

兴趣购物趋势 | 国产品牌借兴趣场景为新品造势

从带货视频投放看,海尔借"双11"以"潮醒新世界"为主题,植入居家、厨房等场景,燃爆柔音破壁机新品声量,不断强化国产品牌在小家电领域食在有趣、食在健康等的形象与认知。

2022年11月抖音平台智能小家电带货视频声量top10

种草视频数	视频点赞数
既可以给孩子做美味可口的食物,又节省了时间,真的太适合懒人麻麻了~#海尔小家电 #海尔柔音破壁机	50284
看把爸爸气的 快喝杯豆浆消消气吧#海尔小家电#潮醒新世界 #海尔破壁机D01 #食在有趣	26401
妈妈想吃包子,秋妹一早起来包,个个皮薄馅儿多,妈妈直说好好吃#包子#面食#海尔小家电#海尔免手洗破壁机	26387
让你弟弟给你做养颜的《五白羹》《单生莲子 百年好合》#海尔柔音破壁机 #海尔小家电	20333
三分练七分吃 健身党的营养饮品食谱来啦#海尔小家电#健康饮品 #海尔免手洗破壁机	19906
来姐妹家里玩,给她做一份暖心的早餐 ~#海尔柔音破壁机#海尔小家电	19075
婆婆说吃豆花,一早忙开忙活,虽然过程繁琐,但味道是好的,饭桌上小女儿的一举动? 逗得大家开怀大笑#我的乡村生活 #婆媳	16830
只要有他在,我就能一直安心做老公宝女啦!#海尔小家电 #潮醒新世界 #海尔破壁机D01 #食在有趣	14706
源来被子这么脏! 请大数据推给不爱晒被子的人#海尔小家电#潮醒新世界 #海尔C9除螨仪	13762
#丁丁式闺蜜 丁丁又get新技能了! 以后早晚不用愁了#海尔小家电 #潮醒新世界 #海尔破壁机D01 #食在有趣	11840

#食在有趣
视频卖点:
· 居家场景和亲子关系
· 借入柔音卖点
· 方便免手洗
带货商品

#健康饮食
视频卖点:
· 健身党的营养饮品食谱
· 强调破壁机营养留存的卖点
· 免手洗更方便
带货商品

#破壁机食谱
视频卖点:
· 破壁机健康食谱
· 实用好物分享
· 每日早餐饮品不重样
带货商品

source: 艺恩电商省屏。监测时间: 2022年11月数据。监测范围: 抖音
©2023.02 艺恩 ENDATA Inc.   www.endata.com.cn

图16 兴趣购物趋势——品牌海尔案例

兴趣场景趋势 | 消费场深度沟通,缩短转化路径

内容电商主要消费渠道向直播快销转型,通过短视频、图文的种草能力先做认知培育,再通过氛围感+优惠价多重组合的直播方式,让用户"有需找货"主动消费模式转变为"有货促需"的品牌主动销售模式。

抖音年度热门主播

看播人次排名	主播名称
1	东方甄选
2	疯狂小杨哥
3	唐艺
4	刘畊宏
5	董先生
6	交个朋友直播间
7	胜仔
8	衣哥
9	电影频道央影传媒
10	广东夫妇

source: 艺恩营销省屏-KOL系统   数据周期: 2022.01.01-2022.12.31   监测对象: 抖音直播分析-主播投案
©2023.02 艺恩 ENDATA Inc.   www.endata.com.cn

图17 兴趣场景趋势——内容电商向直播快销转型

　　伴随内容电商重心向直播快销的倾斜，用户"有需找货"的主动消费模式逐渐转变为"有货促需"的品牌主动销售模式。其中，主播成为最关键的一环，主播们既要了解消费者所需所想进行选品，又要通过直播间氛围感＋优惠价多重组合的直播方式带动购买，东方甄选、疯狂小杨哥等头部主播已俨然成为消费者与品牌对话的重要窗口，销售转化路径也因此不断缩短。

　　此外，随着品牌私域建设重要性的提升，除借助主播带货外，处于成本、自由性等方面的考虑，越来越多的品牌意识到构建品牌自播矩阵的重要性，品牌自播占比持续提升，自播积累的品牌粉丝，在后续消费过程中也更愿意基于品牌忠诚和信任进行买单。

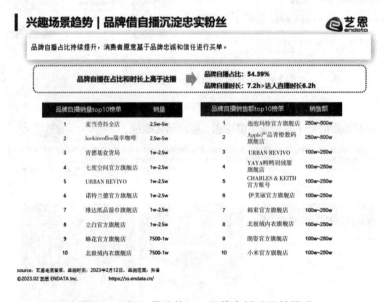

图18　兴趣场景趋势——品牌自播重要性提升

三　内容电商营销趋势

　　新技术的发展让内容焕发新能量。VR＋内容电商的体验式消费极大刺激了消费者的购买欲望，VR购物的方式可满足消费者立体化、个性化等购物需求,开启全新的体验式消费时代。

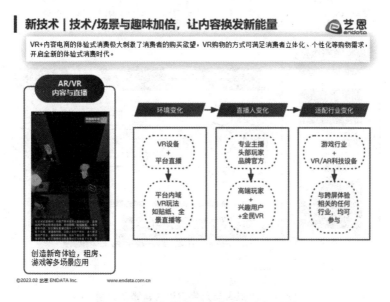

图 19　新技术的发展让内容焕发新能量

虚拟人与元宇宙商业土壤充分,伴随虚拟偶像、虚拟主播、虚拟员工、虚拟客服等虚拟人 IP 的不断涌现,虚拟人在品牌营销领域的应用场景持续拓宽,区别于传统 IP 形象的调用,短视频虚拟人商业价值更强,且合作可控度更高,品牌可借虚拟人的话题性助力其线上直播带货,发力品牌年轻化形象的塑造。

直播过程中,品牌可通过加入虚拟动效元素,3D 全景建模、AR 实时互动等技术,为用户带来沉浸式看播体验,助力品牌丰富内容营销新生态。

聚合式直播引领内容电商新风尚。聚合式直播通过头肩腰尾 KOL 的合理选择和配合,打造"PGC – BGC – UGC – 聚合式直播"等玩法,能够强化品牌信任和圈层渗透,通过明星、头部 KOL 直播打出品牌影响力,通过腰部、尾部 KOL 常态化日常种草持续向圈层用户释能,通过官方店铺自播,引流私域形成可持续转化能力,最

新技术 | 虚拟人与元宇宙商业土壤充分，仍为营销窗口期

伴随虚拟偶像、虚拟主播、虚拟员工、虚拟客服等虚拟人IP的不断涌现，虚拟人在品牌营销领域的应用场景持续拓宽，虚拟人的话题性帮助品牌在线上直播带货，年轻化等方面重点发力。

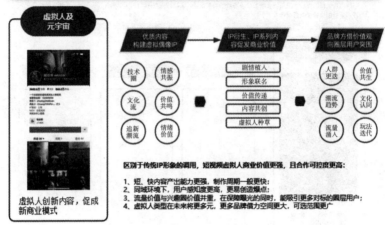

区别于传统IP形象的调用，短视频虚拟人商业价值更强，且合作可控度更高：

1. 短、快内容产出能力更强，制作周期一般更快；
2. 同域环境下，用户感知度更高，更易创造爆点；
3. 流量价值与兴趣圈价值并重，在保障曝光的同时，能吸引更多对标的圈层用户；
4. 虚拟人类型在未来将更多元，更多品牌借力空间更大，可选范围更广

©2023.02 艺恩 ENDATA Inc.　　　www.endata.com.cn

图 20　虚拟人与元宇宙仍为营销窗口期

新技术 | 虚拟人与元宇宙营销案例

品牌在直播中加入虚拟动效元素，通过3D全景建模、AR实时互动等技术，为用户带来沉浸式看播体验，助力品牌丰富内容营销新生态。

©2023.02 艺恩 ENDATA Inc.　　　www.endata.com.cn

图 21　虚拟人与元宇宙营销案例

终通过 KOL 矩阵促进营销转化。

本地生活场景的延伸为线下品牌提供了更多可能性，线下品牌可尝试"到店营销直播 + 品牌营销 + 达人带货"等组合形式，匹配"PGC - BGC - UGC - 聚合式直播"等玩法，激活线下生意，挖掘生活场景下的品牌生意机会。

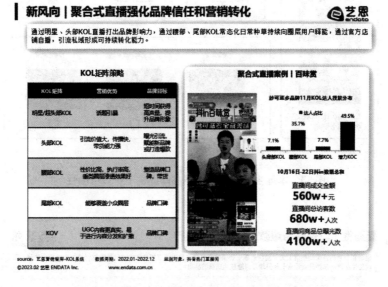

图 22   聚合式直播量强化品牌信任与营销转化

创意式直播借新颖形式和出圈内容提升品效价值。佰草集宫斗剧情、张大大娱乐直播、T97 喊麦式直播等通过新创意内容带动热度汇集，通过融合娱乐、表演的直播内容易引发用户的病毒式传播与讨论，形成平台热梗，带动整体品牌认知提升，这种以爆梗带爆款的创意直播适合于新品牌及自播较为成熟的品牌。

此外，演唱会、专项栏目等内容形式无疑成为 2022 年内容营销新大陆，以抖音直播为例，2022 年平台演艺类直播超 3200 万场，其中有超 2000 场优质专业演出在抖音上演，有 40 多个品牌客户做了"第一个吃蟹人"，借助平台上的优质演出内容实现品牌、销量双丰收。

新风向 | 跨域线下本地生活场景

线下品牌可尝试"到店营销直播+品牌营销+达人带货"等组合形式,匹配"PGC-BGC-UGC-聚合式直播"等玩法,激活线下生意,挖掘生活场景下的品牌生意机会。

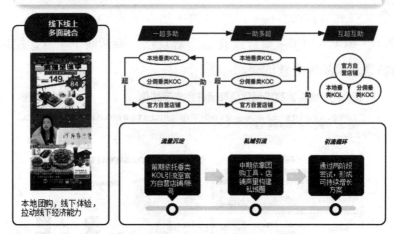

©2023.02 艺恩 ENDATA Inc.　　www.endata.com.cn

图 23　本地生活场景为线下品牌提供了更多可能性

新直播 | 以爆梗带爆款的创意直播盛行

通过新创意内容带动热度汇集,融合娱乐、表演的直播内容易引发了用户的病毒式传播与讨论,形成平台热梗,带动整体品牌认知提升,适合于新品牌及自播较为成熟的品牌。

source: 艺恩营销智库-KOL系统　　数据周期: 2022.01-2022.12　　监测对象: 抖音热门直播间
©2023.02 艺恩 ENDATA Inc.　　www.endata.com.cn

图 24　创意式直播提升品效价值

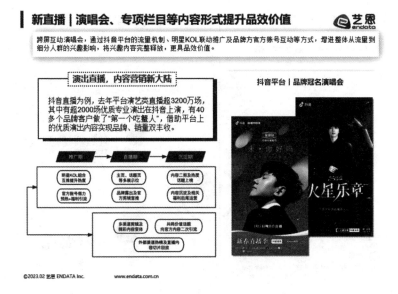

图 25　演唱会、专项栏目等内容形式成为内容营销新大陆

四　内容电商营销启示

品牌侧,注重品牌自播矩阵的搭建与短直结合的种草带货模式。品牌自身账号矩阵,需要明确每个账号的定位与内容调性,通过品牌账号矩阵进行差异化内容自播,触达不同的圈层用户,实现种草与蓄水、转化与销量等不同营销目的。

围绕货品的种草内容方面,品牌前期可通过短视频进行产品卖点不断深挖和角度各异的展示刺激,激发用户种草,为直播带货中的产品销售和大促活动做内容铺垫,在大促或平台活动期借直播间疯狂秒杀等带货模式实现拔草和生意转化。

此外,品牌也可借娱乐式营销激活粉丝购买,明星空降、周年庆宠粉、植入平台综艺等都是常用的手段,2022 年"双 11"期间"所有女生的 offer2"拉动相宜本草、自然堂、欧诗漫、逐本雅等国产护肤品牌热度,为种草引流起到推动作用。

内容侧,基于产品特点和目标消费者打造差异化内容,借 KOL

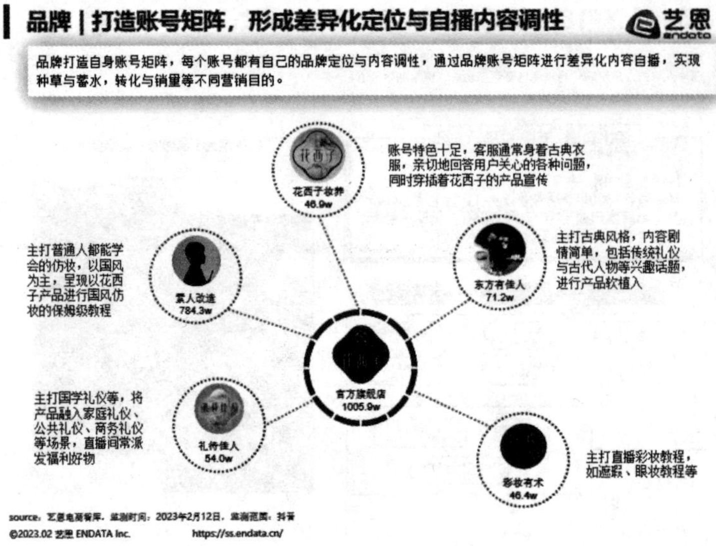

品牌 | 打造账号矩阵，形成差异化定位与自播内容调性
艺恩
endata
品牌打造自身账号矩阵，每个账号都有自己的品牌定位与内容调性，通过品牌账号矩阵进行差异化内容自播，实现种草与蓄水，转化与销量等不同营销目的。
花西子妆养
46.9w
账号特色十足，客服通常身着古典衣服，亲切地回答用户关心的各种问题，同时穿插着花西子的产品宣传
主打普通人都能学会的仿妆，以国风为主，呈现以花西子产品进行国风仿妆的保姆级教程
素人改造
784.3w
东方有佳人
71.2w
主打古典风格，内容剧情简单，包括传统礼仪与古代人物等兴趣话题，进行产品软植入
官方旗舰店
1005.9w
主打国学礼仪等，将产品融入家庭礼仪、公共礼仪、商务礼仪等场景，直播间常派发福利好物
礼待佳人
54.0w
彩妆有术
46.4w
主打直播彩妆教程，如遮瑕、眼妆教程等
source：艺恩电商智库，监测时间：2023年2月12日，监测范围：抖音
©2023.02 艺恩 ENDATA Inc.
https://ss.endata.cn/

图 26　品牌账号矩阵——以品牌花西子为例

品牌 | 短视频种草+直播带货双模式打造爆款营销
艺恩
endata
品牌以短视频内容进行产品卖点的不断深挖和角度各异的展示刺激，激发用户种草，为直播带货中的产品销售和大促活动做内容铺垫，借直播间疯狂秒杀等带货模式实现拔草和生意转化。
短视频
兴趣种草
产品宣传
拉新促活
直播预热
围绕货品的种草转化
直播
兴趣转化
卖点深挖
新客收割
生意达成
短视频：将产品功能、差异化卖点等融入生活和兴趣场景
直播：直播间福利优惠等活动加之主播话术引导，促进用户消费转化
短视频：兴趣内容分享，形成兴趣内容圈层社区
直播：以兴趣内容为主题，营造直播间氛围
短视频：凸显大促优惠、福利活动等内容进行产品展示，进行直播预热
直播：承接短视频引流，派发宠粉福利，重点展示产品特色
货品
内容
福利
围绕货品的爆款营销
©2023.02 艺恩 ENDATA Inc.
www.endata.com.cn

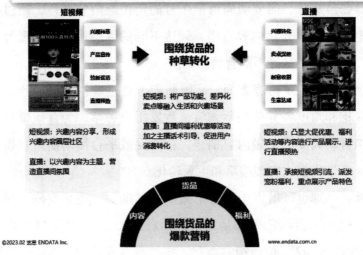

图 27　短视频种草 + 直播带货打造爆款营销

品牌 | 借娱乐式营销激活粉丝购买

从品牌营销玩法角度来看,空降直播间、达人坐客引流、平台综艺植入互动等形式,逐渐成为直播间抢夺黄金时间段流量的常态化方式。

图 28 品牌借娱乐式营销激活粉丝购买

内容 | 以产品为核心打造差异化内容

围绕产品功能、卖点、使用操作等打造差异化种草内容,将产品价值以沉浸式场景体验的方式呈现给用户,将用户体验搬进内容场域,激发消费欲望。

图 29 品牌以产品为核心打造差异化内容

矩阵实现种草转化。品牌可围绕产品功能、卖点、使用操作等打造
差异化种草内容,将产品价值以沉浸式场景体验的方式呈现给用户,
激发消费欲望。

以抖音平台隅田川咖啡为例,该品牌围绕"隅田川大事件"
"新品发布""创意大咖"和"你的专属特调"四大板块打造种草内
容,满足不同消费者对追星娱乐、追新尝鲜、娱乐追剧和产品使用
等方面的不同需求,持续触达不同的消费者,深化品牌心智。

图 30 品牌差异化内容打造—以品牌隅田川为例

此外,在 KOL 选择上,不同达人对营销的贡献价值各有差异,
流量型 KOL 能够帮助品牌快速提升认知度,种草型 KOL 凭借专业知
识能够促进品牌口碑积累,而李佳琦、疯狂小杨哥等带货型 KOL 对
品牌收割转化效果最好。品牌可借助多圈层 KOL 立体式种草引爆行
为转化。

以 INTO YOU 唇泥为例,借势头肩部明星达人的圈层影响力,

持续深化"唇泥品类开创者"的专属认知印象，圈粉新生代。

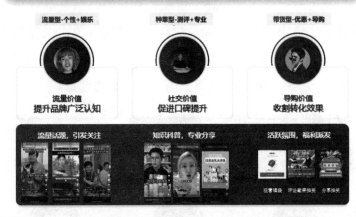

图31 品牌选择的 KOL 类型

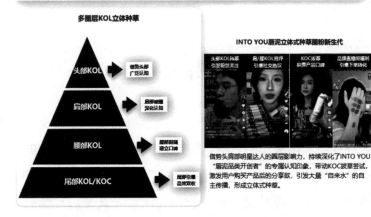

图32 多圈层 KOL 立体种草——以品牌 INTO YOU 为例

产品侧，品牌要持续关注消费者舆情变化，持续深挖新痛点、新需求、新场景，作为后续产品研发或升级的基础。知名度较低的品牌可借当下流行风向博关注、蹭热度、引共鸣，借势热门流量网红产品，通过与网红品的对比、搭配、平替等凸显产品优势，但建议品牌此方法慎用，如果产品实力跟不上营销宣传，很容易造成品牌口碑的反噬。此外，对于亟需进行破圈或形象换新的品牌而言，借助跨界联名、打造联名话题不失为一种不错的选择。

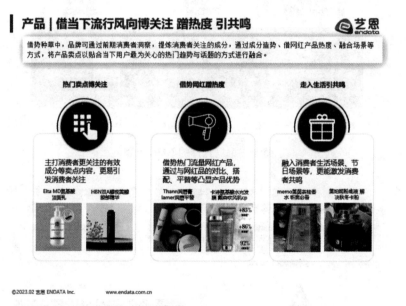

图33　产品营销热度提升方式

2023年，内容电商将继续经历高速发展和变化。社交平台与电商融合程度不断加深，平台侧，加速打造"内容+直播+电商"完整产业链，打通"人找货"和"货找人"双向链路；消费侧，消费者对购物体验和兴趣社交的追求仍旧持续，尤其是后疫情时代，消费者的购物欲望和兴趣体验被大大激发；对于品牌而言，洞察消费者的兴趣所在，进而围绕用户兴趣深挖产品卖点，进行内容创作和商品开发，才能在内容电商新时代实现持续增长。

作者介绍

杨 吉

杨吉，法学博士，浙江传媒学院副教授、硕士生导师；浙江传媒学院乐其数字经济研究中心副主任、研究员。

浙江省司法厅"长三角"法治专家智库、浙报智库专家成员、浙江省优秀创新创业导师。

中央电视台《法律讲堂》（文史版）主讲人。曾先后访学于美国密苏里新闻学院、圣地亚哥州立大学、台湾大学新闻研究所。

北京京师（杭州）律师事务所联合创始人、执行主任。中国电视剧制作产业协会法委会专家委员。上海市法学会文化产业法治研究会理事。浙江省文化艺术作品权益保护协会副会长、浙江省律师协会文化传媒与体育专委会副主任。

主要从事知识产权、网络传播、影视传媒和新媒体趋势领域的研究与实务工作，已出版《法理的解释》《在线革命》《数字时代的必修课》《互联网：一部概念史》《娱乐业的玩"法"》《媒介盲盒》等 14 部著作。

赵礼寿

赵礼寿，2012 年毕业于武汉大学，获管理学博士学位，复旦大学博士后，现为浙江传媒学院文化创意与管理学院副教授，硕士生导师。

浙江传媒学院新闻与传播专业学位研究生教育指导分委员会委员；浙江传媒学院"十四五"培育学科及学科带头人广告学与传媒经济学学科方向建设负责人。主讲《新媒体概论》《网络与新媒体导论》《新媒体研究与应用》等多门思政课程与研究生专业必修课程。

研究方向为新媒体管理和数字出版管理，在《出版发行研究》《出版参考》《出版科学》《中国出版》《河南大学学报》等期刊发表论文30余篇；已出版《数字化转型背景下中国出版产业政策研究》《新媒体研究总论》等多部学术著作；主持、参与科研和社会服务项目研究多项，主持国家社科基金项目"网络文学产业链健康发展的影响机制及治理对策研究"、浙江省哲学社会科学重点项目"网络文学知识产权资源的开发与运营研究"。

于雅琨

于雅琨，媒体与传播学博士，浙江传媒学院讲师，浙江传媒学院乐其数字经济研究中心研究员。

于英国斯旺西大学先后获得比较新闻学硕士学位和媒体与传播学博士学位。2015—2020 年间组织、参与国际学术论坛、会议十余次。代表性研究成果包括两篇期刊文章（2021 年与 Zhen Weifeng，Bu Yamin 合著 "A case study of management of academic journals effect improvement in the context of new media" 发表于 AESEE2021 和 2021 年与 Wu，Y.，Rees，S.，Thomas，R. 合著，"Branding the Chinese Dream：Reception of China's Public Diplomacy in Britain's 'Cultural China'" 发表于 British Journal of Chinese Studies – BACS）及 2020 年与 Wu，Y.，Thomas，R. 合著书籍章 "From External Propaganda to Mediated PublicDiplomacy：The Construction of the ChineseDream in President

Xi Jinping's New Year Speeches"。

主要研究领域：跨文化传播研究、软实力与媒体研究等。

叶扬成

叶扬成，企业管理硕士，景宁畲族自治县经济商务科技局商贸科工作人员。

2019—2020 年，先后参与中国航空油料有限责任公司云南公司工作分析咨询、云南华叶投资有限责任公司公开遴选工作咨询、红河工业园区管委会企业化改革规划咨询，参与编写《五华区推动民营经济发展研究》，2018—2020 年，先后参与 33 次高校精准扶贫第三方评估工作，主要有禄劝县人民政府扶贫开发办公室委托的项目课题"禄劝县农业人口生活状况摸底调查与动态监测"、四川省扶贫开发局委托的项目课题"四川省 2018 年贫困县退出专项评估检查协作项目"、国务院扶贫办/中国科学院地理与资源研究所委托的项目课题"2019 年国家精准扶贫工作成效海南省第三方评估"、广西人民政府扶贫开发办公室委托的项目课题"广西 2019 年贫困县退出专项评估 C 分标"、国务院扶贫办/中国科学院地理与资源研究所委托的项目课题"2019 年贫困县退出抽查项目第九包"。

主要研究领域：企业创新、企业竞合、博弈与演化博弈、平台经济。

王 林

王林，乐其集团高级副总裁，高端美妆事业部负责人，数据中台负责人，拥有超过 14 年消费品行业的从业经历。

在平台侧担任阿里妈妈投资咨询顾问、阿里妈妈万堂书院特聘导师。

在校企合作侧担任浙江传媒学院乐其数字子经济研究中心副主

任，浙江工商大学人文与传播学院"新媒体前沿"课程主讲讲师。

主要从事高端美妆，个人护理用品和食品领域的品牌整合营销规划，品类及货品矩阵策略制定、媒介规划、团队治理，品牌策略咨询和电商大数据处理及产品研发。

李新祥

李新祥，管理学博士，管理科学与工程博士后，浙江传媒学院教授、硕士生导师、互联网直播与"网红"研究中心主任、网络与新媒体专业负责人。

长三角数字创意产业联盟副理事长、中国电视艺术家协会网络视听研究中心特约研究员、中关村新媒体产业联盟短视频专委会副会长、浙江省政务短视频联盟特约专家、浙江省电子商务促进会智库专家、浙江省跨境电商研究院研究员、浙江省网络界人士联谊会常务理事、浙江省文化创意产业协会常务理事、浙江省青年研究会新媒体与网络文明专委会主任。

主要从事智能物联网、新媒体、出版与数字阅读等领域的研究、教学与社会服务工作，已出版《新媒体研究总论》《抖音全效运营手册》《数字时代国民阅读行为嬗变》《出版学核心》《出版传播学》等6部著作，发表论文60余篇。

陈 珂

陈珂，文学硕士，浙江传媒学院讲师；浙江传媒学院乐其数字经济研究中心研究员。

浙传网络与新媒体专业（浙江省一流本科专业建设点）创始团队成员、骨干教师，曾任系主任。曾供职于杭州日报报业集团都市快报社。

研究方向为媒体融合、数字营销、创新创业。担任"数字营销"

（浙江省一流课程）课程建设负责人。担任教育部产学合作协同育人项目负责人。

朱永祥

朱永祥，复旦大学传媒管理高级管理人员工商管理硕士，浙江传媒学院高级编辑、硕士生导师；浙江省青年"网红"研究中心主任。

中国电视艺术家协会网络视听研究中心特聘研究员，中国电影剪辑学会短片短视频艺术委员会常务理事，中国（浙江）网络视听节目专家评议评审委员会委员，浙江省传播文化与产业研究中心副主任，浙商总会新媒体专委会副主任。

具有二十多年主流媒体和新媒体机构管理从业经历，主要从事媒体融合、主播经济、人格化传播等领域的研究与实务工作，目前已发表相关文章五十余篇，并出版《8个农民20年》《走出混沌》《主播经济产业高地前沿报告》等三部著作。

洪长晖

洪长晖，传播学博士，上海大学新闻传播学院副教授、硕士生导师；上海大学媒介与江南研究中心研究员。

兼任中国新闻史学会视觉传播专委会理事，中国高教学会媒介文化委员会理事，中国广告协会学术委员，《中华文化与传播研究》学刊编委。

曾在菲律宾、厦门等地担任记者、编辑，目前主要从事传播与社会变迁、新媒体文化等领域研究，主持国家社科重大攻关项目子课题研究，并完成多项省市社科规划项目，出版专著一部，在国内外发表学术论文70余篇；研究成果曾获浙江省社科成果一等奖、山东省新闻奖（论文类）二等奖等奖项。

卓紫艳

卓紫艳，上海大学新闻传播学院硕士研究生；主要研究兴趣为新媒体与社会。

陈　楠

陈楠，浙江传媒学院硕士。曾任湖畔创业研学中心（原湖畔大学）校刊《在湖畔》的责任编辑，整合撰写多篇创业专栏文章；实习于《三联生活周刊》，撰写并发表累计阅读量达十万次以上的深度报道多篇。

研究领域：新媒体运营、公关传播。

吴向然

吴向然，时尚管理博士，毕业于英国曼彻斯特大学，浙江传媒学院讲师、网络与新媒体专业负责人；浙江传媒学院乐其数字经济研究中心研究员。

重点关注时尚传播、电商经济、受众消费者行为与心理研究等领域；擅长市场及用户数据分析，现研究方向为聚焦认知神经传播学和元宇宙产业研究。

陈瑜嘉

陈瑜嘉，传播学博士，浙江传媒学院文化创意与管理学院教师。

浙江传媒学院媒介传播优化协同创新中心研究员，浙江省社会治理与传播创新研究院研究员。主要研究方向为品牌传播及影视传播，重点关注品牌资产、影视文化传播等相关研究研究领域，主持、参与多项浙江文化艺术发展基金项目。

卢 佳

卢佳，复旦大学硕士，中欧首届工商管理学博士在读，乐其电商董事总经理兼首席市场官，浙江传媒学院乐其数字经济研究中心理事。

拥有十年品牌和咨询行业从业经历，并在数字化和电商行业深耕多年，积累了大量深度的实践经验，引领乐其集团开启了内容电商领域的深度探索。

兼任浙江传媒学院产业导师、上海对外贸易大学市场营销专业产业导师，曾参与《中国互联网发展报告2022》案例编写。

艺恩数据

艺恩致力于通过大数据、AI 技术连接内容与消费者数据，以驱动客户业务增长。

公司成立以来依托数据智能产品提供多场景解决方案，服务于内容及消费行业上千家客户，获得业界广泛认可；荣获"国家高新技术企业""中关村高新技术企业""中国大数据创新企业"及"中国大数据最佳行业实践案例"等称号，共持有独立研发的产品软件著作权与发明专利30多项。